Roland Girtler – VERBANNT UND VERGESSEN

Roland Girtler

VERBANNT UND VERGESSEN

Eine untergehende deutschsprachige Kultur in Rumänien

VERITAS

Die Deutsche Bibliothek – CIP-Einheitsaufnahme

Girtler Roland: Verbannt und Vergessen: Eine untergehende deutschsprachige Kultur in Rumänien / Roland Girtler. – Linz: Veritas, 1992

ISBN 3-85329-978-4

Gedruckt in Österreich; 1. Auflage/1992
Gesamtherstellung: LANDESVERLAG Druckservice Linz

Die Fotos im Innenteil und auf dem Umschlag stammen von Nathalie Schüller, Wien.
Lektorat: Dr. Maria Seifert, Wien
Umschlaggestaltung: Hans Schaumberger, Wien

Gewidmet allen
Verbannten und Vertriebenen
dieser Erde.

INHALT

Prolog

Die vorliegende Forschungsarbeit bezieht sich auf die sogenannten Landler in Rumänien. Heute sind viele von ihnen, wie andere auch, auf dem Weg in den Westen. Zumindest seit Kolumbus übt der Westen einen eigenartigen Zauber aus. Menschen brechen nach dem Westen auf, der untergehenden Sonne entgegen, in der Hoffnung auf ein besseres Leben. In den Osten verbannte man Menschen, bereits den römischen Dichter Ovid, und später die Landler.

Die Landler, gottesfürchtige Protestanten aus den österreichischen Landen des Heiligen Römischen Reiches Deutscher Nation, wurden im 18. Jahrhundert von frommen katholischen Landesherren wegen ihres Glaubens nach Siebenbürgen vertrieben.

Dort blieben sie als Pilger auf dieser Erde ihrem Glauben treu, und in gottgefälliger Arbeit pflegten sie ihre dörfliche Kultur bis heute. Und jetzt sind sie dabei, sich auf Wanderschaft in die Länder des Westens zu begeben, denen sie sich von allem Anfang an eng, in Treue und Liebe, verbunden fühlten: nach Deutschland und Österreich.

Einleitung

Eine fromme bäuerliche Gemeinschaft – Das Erbe der Verbannten

Europa ist im Umbruch. Menschen begeben sich, nach dem Scheitern von Ideologien und dem Öffnen ehemals starrer, unüberwindlicher Grenzen, auf Wanderschaft. Auf der Suche nach einem sagenhaften Land, in dem Milch und Honig zu fließen und die Menschen glücklicher zu sein scheinen, verlassen sie ihre Dörfer und Familien. Unter diesen Wandernden befinden sich auch die sogenannten Landler. Ihr Name leitet sich von jenem Gebiet in Oberösterreich ab, in dem der Bauernkrieg 1626 seinen großen Anfang nahm, nämlich vom sogenannten „Landl", dem Gebiet um Peuerbach und Eferding im oberösterreichischen Hausruckviertel.

Die Landler sind Bauern, deren Vorfahren vor über 200 Jahren wegen ihres protestantischen Glaubens aus Oberösterreich, der Steiermark und Kärnten, damals Gebiete des Heiligen Römischen Reiches Deutscher Nation, nach Siebenbürgen im heutigen Rumänien verbannt worden sind. Als Vergessene haben sie dort ihre alte Kultur und ihren alten österreichischen Dialekt bis heute bewahrt.

Auf sie bezieht sich die vorliegende Darstellung. Allerdings in der Form, daß auch geschildert wird, wie es in diesem Volk der Landler ausgesehen hat, wie die Landler ihren Alltag meisterten und ihre Feste feierten, denn heute ist diese Kultur im Untergehen. Ich möchte mit dieser Forschungsarbeit ein Tor in eine vergangene Welt auftun. In der Absicht, die bäuerliche Kultur der alten Landler zu studieren, bevor sie endgültig verschwindet, habe ich mich nach Siebenbürgen begeben. Insofern sollen meine Ausführungen ein Licht auf eine alte bäuerliche Kultur mit ihrer oft tiefen Frömmigkeit werfen, aber auch beispielhaft sein für Gruppen von Menschen, die aus religiösen oder anderen Gründen mehr oder weniger geschlossen ihre alte Heimat verlassen mußten und danach trachteten, ihre ursprüngliche Kultur zu bewahren. Diese Gruppen entwickeln grundsätzlich ein sehr intensives Gemeinschaftsleben mit vielen Symbolen und einer tiefen Frömmigkeit. Und noch etwas ist wichtig: die Idealisierung und Romantisierung des Herkunftslandes, eines Herkunftslandes, von dem man sich das Heil erwartet. Zu solchen Gruppen gehören unter anderen die nach den USA ausgewanderten Hutterer, aber auch die Juden, für die Israel durch die Jahrhunderte das Land der Sehnsucht war. Es ist dieses bereits in der Bibel genannte Land der Verheißung, das man in Träumen verklärt und preist, überhaupt dann, wenn man in einer feindlichen Umwelt lebt. Ähnlich wie Juden entwickelten auch Landler ein diszipliniertes und intensives Gruppenleben weitab des Landes, aus dem man sie vertrieben hat. Und beiden gelang es, ihre Kultur zu tradieren.

Während meines Aufenthaltes bei den Landlern wurde mir der Unterschied zu unserer durch den Konsum bestimmten, nicht sehr religiös orientierten und überaus freizügigen, aber den Menschen nicht immer befriedigenden Kultur deutlich. Ich erlebte strenge Formen des Zusammenlebens, die jedem seinen Platz im Gemeinschaftsgefüge zuteilen und die viel mit Disziplin zu tun haben. Solche Gemeinschaften versprechen Geborgenheit, Sicherheit im Alltag und gegenseitige Hilfe, aber auch soziale Kontrolle.

Und dennoch, ja vielleicht gerade darum, zieht es heute vornehmlich junge Landler hinaus aus der Enge ihrer Dörfer in die reichen Länder Deutschland und auch Österreich, in die Länder, denen sich bereits ihre Vorfahren von Anfang an verbunden fühlten.

Die von den USA ausgehende, Europa netzartig überziehende Konsumkultur übt eine große Faszination aus, besonders auf jene Menschen, die unter einer ungeliebten politischen Herrschaft zu leiden hatten und haben. Es scheint, daß das Öffnen der Grenzen und die Möglichkeit des Ausreisens auch als Legitimation dafür angesehen werden, der Enge des Dorfes zu entfliehen. Die Verlockungen vor allem aus Deutschland motivieren ganz besonders den jungen Landler, neue Freiheiten zu suchen, fernab der kleinen, aber auch engen Welt der Landlerdörfer.

Die Welt der drei Landlerdörfer

Während es eine Vielzahl von Dörfern der sogenannten Siebenbürger Sachsen gibt, existieren in Siebenbürgen nur drei Landlerdörfer, nämlich die zwischen Hermannstadt (Sibiu) und Karlsburg (Alba Julia) liegenden Ortschaften Großpold, Neppendorf und Großau.
Es ist der Ort Großpold, der wegen seiner besonderen Lage und seiner relativen Unberührtheit für mich zum Ausgangs- und Mittelpunkt meiner Forschungen wurde. Dieses Dorf, dessen rumänischer Name „Apoldu de Sus" lautet und das zum alten (Gerichts-)Stuhl Reußmarkt unweit von Mühlbach (Sebes) gehört, werde ich dem Leser im Verlauf meiner Ausführungen näher vorstellen. Der Protestantismus der Landler und Siebenbürger Sachsen schaffte eine spezielle Kultur, eine Kultur der Arbeit und der peinlichen Sauberkeit, die jedoch nicht engherzig und düster, sondern auch von Heiterkeit geprägt ist. Das Bewahren dieser alten Kultur bedingte freilich eine gewisse Distanz zu den sie umgebenden Kulturen der Rumänen und Zigeuner, könnte doch ein allzu naher Kontakt mit anderen Kulturen den Niedergang der eigenen bedeuten.
Wenn daher in dieser Arbeit gezeigt wird, wie die Landler darauf beharren, als Deutsche eingestuft zu werden, und Distanz zu Rumänen und Zigeunern pflegen, so soll damit keineswegs ausgedrückt werden, daß die Landler Chauvinisten oder gar Rassisten seien. Vielmehr zeigt die Situation der Landler, wie eine Gruppe von Menschen in einer fremden Umwelt zu überleben gelernt und sich um die Erhaltung einer eigenständigen Kultur bemüht hat.
Darüber hinaus ist auch die Frage von Interesse, mit welchen Strategien eine Kultur überlebt, die auf der protestantischen Ethik aufbaut, einer Ethik nämlich, für die die Arbeit wesent-

lich zum Menschsein gehört. Die Erinnerung an ihre alte Heimat tragen die Landler weiter. In einem Seitenraum der Kirche von Neppendorf befindet sich ein kleines Landlermuseum, in welchem die „Transmigration", die Verbannung der Landler aus dem österreichischen Raum, dargestellt wird. Manche Landler, so die Familie Reisenauer, können ihren Stammbaum bis nach Goisern zurückverfolgen, in die Zeit nach dem großen oberösterreichischen Bauernkrieg, der mich seit meiner Kindheit beschäftigt.
Der zunächst vergebliche Kampf der kühnen und trutzigen Bauern unter der Führung des Stephan Fadinger oder Fattinger, wie er auch genannt wird, hatte mich in seinen Bann gezogen. Fadinger gehörte zu den Helden meiner Jugend.
Viele der Nachfahren der edelmütigen oberösterreichischen Bauern widerstanden den „Bekehrungsversuchen" der frommen und heiligmäßigen Maria Theresia und zogen die Verbannung vor. In den Landlerdörfern bei Hermannstadt lebten und leben also noch jene Leute, deren Vorfahren sich nicht beugten und dafür „umgesiedelt" wurden. Und das ist bemerkenswert.

Der Anstoß zu der Studie – Die Fahrt mit dem Orientexpreß nach Siebenbürgen – Ankunft in Großpold

Als eines Tages Herr Dr. Wilfried Schabus vom Phonogrammarchiv an der Universität Wien mich anrief, ob ich Lust hätte, mit ihm im Herbst 1990 nach Siebenbürgen zu fahren, sagte ich sofort zu. Dr. Schabus wollte den Dialekt der Landler studieren, und ich könne eine Studie über das Leben der Landler verfassen, nämlich von Menschen, die im Aufbruch nach dem Westen sind. Bald werde es sie nicht mehr geben, die Landler, meinte Dr. Schabus, denn die Dörfer leerten sich.
Ende Oktober 1990 fuhren nun Dr. Schabus, die beiden Volkskundler Professor Dr. Moser und Dr. Franz Grieshofer, die Musikwissenschaftlerin Dr. Juhasz, die Fotografin Nathalie Schüller und der Zigeunerforscher Mozes Heinschink unab-

hängig von mir in Autos nach Großpold, wo sie – und dann auch ich – freundlich von der Familie Bottesch empfangen und einquartiert wurden. Ich benützte als einziger den Zug. In einem alten Waggon des Orientexpreß trat ich die Reise an und erhielt auf dieser bereits einen Einblick in die kulturelle Situation Rumäniens.

Mit mir teilten ein Sudanese, der in Budapest studierte, ein Italiener, der sich in Bukarest gute Geschäfte erhoffte, eine Rumänin, die in Italien im Hotelgewerbe arbeitete, und eine andere Rumänin, die Österreich besucht hatte, das Abteil. Aus dieser zufälligen Konstellation ergab sich eine soziologisch höchst interessante Situation, denn der Sudanese sprach Englisch und Ungarisch, der Italiener Italienisch und Deutsch, die eine der Rumäninnen Rumänisch, Italienisch und Englisch und ihre Landsmännin Rumänisch, Deutsch und Ungarisch. Der Sudanese sprach also mit der einen Rumänin Englisch und mit der anderen Ungarisch. Der Italiener sprach mit der einen Italienisch und mit der anderen Deutsch. Ich sprach mit dem Sudanesen und der einen Rumänin Englisch, und mit dem Italiener und der anderen Rumänin Deutsch.

Die Zugfahrt zeigte mir also bereits symbolisch die Vielfalt der Kulturen an, denen man im europäischen Osten begegnen kann. – Und schließlich bestiegen in Ungarn an der rumänischen Grenze Leute den Zug, die man mit gutem Grund für Schmuggler halten konnte. Tatsächlich ist die Wirtschaftslage in Rumänien heute derart katastrophal, daß es den Menschen dort beinahe an allem mangelt. Schmuggler, meistens sind es Zigeuner, beliefern den schwarzen Markt mit Jeans, Schuhen und anderen Dingen.

Mit diesen Leuten fuhr ich also im Zug nach Alba Julia, wo mich Dr. Schabus mit seiner Gastgeberin abholte und nach Großpold brachte. Als überzeugter Radfahrer hatte ich im Reisegepäck auch mein Fahrrad mitgenommen. Dieses händigte man mir jedoch nicht aus: Es fuhr weiter bis nach Bukarest und langte erst ein paar Tage später wieder in Alba Julia ein. Eine Schilderung der Schwierigkeiten, die mir der Zoll machte, würde den Rahmen dieses Buches sprengen. Jeden-

falls erinnert mich heute noch ein Aschenbecher mit der Aufschrift „Direction Generale des Douannes de la Roumaine", der sich aus mir unerklärlichen Gründen plötzlich in meiner Tasche befand, an jene Turbulenzen.
Um weiteren Schwierigkeiten mit dem Zoll und anderen Behörden vorzubeugen, schickte ich mein Rad sofort wieder zurück nach Wien.
In Großpold teilte ich mit dem Volkskundler Dr. Grieshofer im nun leerstehenden Landlerhaus der Familie Bottesch ein Zimmer. Dr. Schabus und Professor Moser bewohnten bei der Schwiegermutter von Frau Johanna Bottesch, Professorin an der deutschen Abteilung des Gymnasiums in Mühlbach, jeweils einen netten, sonnigen Raum. Das Bett, das mir zugeteilt wurde, zeichnete sich durch eine klassische „Grube" aus, in die ich mich zur Nachtzeit vergrub und in der ich – zugedeckt durch eine alte Bauernsteppdecke – fest und gut schlief.
Während der folgenden Tage, die von harter Arbeit angefüllt waren, lebte ich nun in Großpold auf dem Hof der Familie Bottesch an der Hauptstraße. Für mein körperliches Wohlbefinden in dieser Zeit bin ich Frau Johanna Botteschs Kochkunst zu überschwenglichem Dank verpflichtet.
Ein paar Gedanken zu meiner Methode seien noch angebracht. Ich bediente mich bei meinem Vorgehen der „freien Feldforschung"[1], das heißt, ich versuchte, einen möglichst engen Kontakt zu den Menschen von Großpold herzustellen. Um auch die Umgebung, in der sie leben, zu erkunden, marschierte ich viel, stand auf den waldreichen Hügeln oder durchstreifte die Weinberge rund um Großpold.
Ein solches Vorgehen scheint mir eine wichtige Strategie zu sein, denn man sollte, wenn man das Leben in Dörfern und Städten studieren will, auf einen Hügel oder auf einen Kirchturm steigen, um zunächst von oben sich ein Bild über die Anordnung der Häuser und Plätze zu machen. Auf diese Weise erhält man eine Ahnung oder ein Gefühl von den verschiedenen sozialen Gruppen eines Dorfes und ihren kulturellen Äußerungen.[2]

Ich machte Beobachtungen, saß mit den Burschen beim Wein und führte viele Gespräche (das übliche soziologische Fachwort „Interview“ lehne ich ab, verweist es doch auf die Macht des Forschers, mit der er einem zu befragenden Menschen seine Fragen aufzwingt). Ungefähr 30 Stunden von solchen Gesprächen hielt ich auf meinem Kassettenrecorder, der niemanden störte, fest. Durch einen regen Briefverkehr mit Landlern konnte ich meine Ausführungen erweitern. Je eine erste Fassung der Studie schickte ich im Frühjahr 1991 an Herrn Martin Bottesch und Frau Anneliese Pitter. Beide sahen die Arbeit auf eventuelle Mißverständnisse hin durch und brachten Ergänzungen an. Und schließlich fuhr ich im September 1991 neuerlich nach Großpold und nach Neppendorf, um zu sehen, wieweit sich das Dorfleben durch den Wegzug der jungen Leute verändert hatte. Durch diesen Aufenthalt, bei dem mich mein Sohn Dr. Roland Girtler begleitet hat, konnte ich noch einige bemerkenswerte Aspekte einflechten. Dafür danke ich ihm.

Dank an jene, die mir geholfen haben

Mein erster Dank gilt Herrn Dr. Wilfried Schabus vom Phonogrammarchiv der Österreichischen Akademie der Wissenschaften für seine hervorragende Idee und die Durchführung der Vorbereitungsarbeiten. Auch dem Phonogrammarchiv mit seinem freundlichen Leiter Hofrat Dr. Schüller sei gedankt, immerhin erfolgte die Koordinierung der Forschung durch diese achtbare Institution. Dank ist ebenso dem Bundesministerium für Wissenschaft und Forschung auszusprechen, es hat dieses Projekt freundlich unterstützt.
Bedanken möchte ich mich an dieser Stelle herzlich bei Martin Bottesch, geborener Großpolder und Professor am deutschen Gymnasium in Mühlbach (Sebes). Er hat mich nicht nur beraten, sondern war mir auch sonst in jeder erdenklichen Weise behilflich. Darüber hinaus hat er die

Arbeit mit großer Geduld durchgesehen, Mißverständnisse beseitigt und einige Ergänzungen angebracht.
Zunächst befürchtete ich allerdings, er würde meine Arbeit in Grund und Boden kritisieren und mir Vorhaltungen machen, warum ich überhaupt auf die Idee gekommen sei, so etwas zu schreiben. Zu meiner Überraschung aber meinte Herr Bottesch, ihn wundere, daß ich in kurzer Zeit ein solch umfassendes Bild von der Kultur der Landler geben könne. Auch seine Mutter habe die Arbeit gelesen, auch sie sei zufrieden und freue sich auf das fertige Buch. Mich ehrten diese Feststellungen.
Besonders zu danken ist Herrn Botteschs Frau, Johanna Bottesch, ebenso Professorin in Mühlbach, deren Kochkünste mich begeisterten und die mich mit gutem Käse versorgte.
Mein großer Dank gebührt Frau Anneliese Pitter, einer liebenswürdigen Bäuerin zu Großpold. Die Gespräche mit ihr waren der vorliegenden Arbeit sehr förderlich. Ohne Frau Pitter hätte ich vieles wohl nicht begreifen können. Auch sie hat sich die Mühe gemacht, die fertige Arbeit durchzusehen und mich auf Mängel hinzuweisen. Schließlich verdanke ich ihr und ihrem lieben Mann, Herrn Andreas Pitter, schöne Tage im Haus ihres bereits nach Österreich ausgewanderten Sohnes im September 1991, als ich noch einmal nach Großpold reiste.
Mit Herrn und Frau Pitter verbrachte ich vergnügliche Abende bei trefflichem Wein und starkem Schnaps.
Schließlich gilt mein Dank den Landlern aus Großpold, namentlich Frau und Herrn Piringer, und Neppendorf, im besonderen der Familie Reisenauer, die mir alle freundlichst begegnet sind und mein Interesse mit großer Offenheit akzeptiert haben. Ohne sie wäre diese Studie in dieser Form wohl nicht möglich gewesen.
Auf sie alle erhebe ich ein Glas des Siebenbürger Weines, den man mir mit nach Wien gegeben hat.

Zur Geschichte der Landler

Die Siebenbürger Sachsen als Vorläufer

Die Landler, die wegen ihres Glaubens im 18. Jahrhundert unter Kaiser Karl VI. und Maria Theresia nach Siebenbürgen verbannt wurden, kamen in eine Gegend, die bereits von den sogenannten „Sachsen" besiedelt und kultiviert worden war. Die Landler teilten mit ihnen ein gemeinsames Gut – die protestantische Religion, welche schließlich eine Symbiose von alteingesessenen Sachsen und eingewanderten Landlern ermöglichte.

Die Sachsen allerdings waren nicht als Verbannte (und auch nicht als Eroberer) in das Land gezogen, sondern es war der ungarische König Geisa II. (1141–1162) als damaliger Landesherr von Siebenbürgen gewesen, der sie „ad retinendam coronam" – zum Schutz der ungarischen Krone in Siebenbürgen – gerufen hatte. Der König erhoffte sich von ihnen nicht nur Steuern, sondern auch eine Erweiterung des Ackerbaues und insgesamt eine Belebung von Handwerk und Handel.

Es dürften nach vorsichtigen Schätzungen an die 500 Familien, also 2 000 bis 3 000 Personen, gewesen sein, die sich in der Gegend um Hermannstadt niederließen.[3]

Über die Zeit der Ansiedlung gibt es keinerlei Aufzeichnungen. Es ist aber anzunehmen, daß es die Jahre zwischen 1141 und 1162 waren, in denen deutsche Siedler siebenbürgischen Boden betreten haben. Die Siedler, die dem Ruf des ungarischen Königs in das Land „jenseits der Wälder" folgten, taten dies allerdings nur gegen Zusicherung besonderer Freiheiten. Ihnen war es wichtig, ihre alten Rechte weiter ausüben zu dürfen und nur dem König allein untertan zu sein. Und weil das Gebiet, auf dem die Deutschen siedelten, unmittelbar dem König unterstand, also keine Grundherren kannte, wurde es „Königsboden" genannt. Allerdings ließ sich der König durch einen Königsgrafen (Königsrichter) vertreten.

Der Gebietsname „Siebenbürgen“ entstand bald nach der Ansiedlung der Deutschen. Er tauchte zuerst in deutschen Heldenliedern auf und galt zunächst für die Zibinsebene um Hermannstadt und dann für das Gebiet der Sieben Stühle. Erst allmählich wird er der deutsche Landesname.
Die Ansiedlung der Deutschen in Siebenbürgen muß im Rahmen der deutschen Ostkolonisation gesehen werden. Zur selben Zeit, als deutsche Bauern, Ritter und Kaufleute nach Brandenburg, Pommern und Schlesien zogen, brachen auch Menschen auf der Suche nach einer neuen Heimat nach Siebenbürgen auf. In den ältesten päpstlichen Urkunden werden sie als Flanderer, Flamen, bezeichnet; im Andreanischen Freibrief heißen die Ansiedler der Hermannstädter Provinz „Unsere getreuen deutschen Gastsiedler“. So sollten sie sich noch bis in das 18. Jahrhundert bezeichnen. Während der Reformation spricht man von den neuen kirchlichen Bestimmungen als der „Kirchenordnung aller Deutschen in Sybembürgen“. Die ersten Ansiedler lassen sich jedoch nicht auf eine bestimmte Volksgruppe begrenzen: Wallonen sollen unter ihnen gewesen sein, aber auch Niedersachsen. Wahrscheinlich waren die ersten Bergleute in Siebenbürgen Sachsen, die dem Bergbaugebiet am Harz entstammten.
Gesichert ist jedenfalls, daß der Name „Sachsen“ den deutschen Siedlern von den Ungarn gegeben wurde.[4] Dennoch ist aus gutem Grund als mögliche Urheimat der „Siebenbürger Sachsen“ das ganze Gebiet des früheren Kölner Erzbistums, zu dem auch das Bistum Lüttich im Flämischen gehörte, mit Hunsrück, Westerwald bis ins Westfälische und das Bistum Trier, anzusehen.[5]
Aber nicht nur der König legte Wert darauf, Deutsche anzusiedeln. Auch die Grundherren, allen voran der Bischof von Siebenbürgen, wollten ihr Einkommen vermehren und riefen nach deutschen Ansiedlern, die diesem Ruf schließlich auch Folge leisteten.
Die wirtschaftliche Basis der Siebenbürger Sachsen blieb die Landwirtschaft.
Im „Goldenen Freibrief“ des Königs Andreas II. von 1224 wird

schließlich das Grundgesetz der Sachsen auf dem Königsboden festgelegt. Es ist ein wichtiges Gesetz, nach dem die Siedlergemeinschaften u. a. das Recht erhalten, ihre Richter und Pfarrer selbst zu wählen. Auch wird festgehalten, daß die Nutzung der Wälder und Gewässer allen zur freien Verwendung überlassen ist.[6]

Besonders diese Bestimmung erscheint im Vergleich zu den strengen Geboten im Deutschen Reich, wo es den Bauern bei schwersten Strafen untersagt war, zu jagen, geradezu als revolutionär.

Außerdem wird in diesem „Goldenen Freibrief" festgehalten, daß das Gebiet Siebenbürgens eine politische Einheit bilden und unter einem einzigen Richter stehen solle. Dies ändert sich allerdings, als nach 1325 neben dem Hauptstuhl Hermannstadt sieben (Gerichts-)Stühle[7] eingerichtet werden. Jedem Stuhl steht als Repräsentant des Landesherrn ein Königsrichter vor.

Für die Geschichte der Siebenbürger Sachsen sind schließlich die Türkeneinfälle des 15. Jahrhunderts bedeutsam. In dieser Zeit wurden die sächsischen Städte zu Waffenschmieden der Abwehrkämpfer. Fiel der Türke ins Land ein, so wurde zum Zeichen des allgemeinen Aufstandes gegen die Türken ein in Blut getauchtes Schwert durch die Gemeinden der sächsischen Stühle getragen.

In der Schlacht bei Mohacs, 1526, vernichteten die Türken das ungarische Heer. Siebenbürgen kam nun unter türkische Herrschaft.

Die Schriften Luthers nahm man in Siebenbürgen freudig auf. Der Humanist Johannes Honterus (1490–1549), Magister der Wiener Universität und Kosmograph, verfaßte die „Kirchenordnung aller Deutschen in Sybembürgen", die in allen sächsischen Gemeinden Gültigkeit erlangte. Gemäß dieser Kirchenordnung kam es zu einer Neuordnung des Gemeinwesens.

Und 1557 beschloß der Landtag zu Thorenburg, „daß jeder den Glauben behalten könne, den er wolle, mit neuen und alten gottesdienstlichen Gebräuchen und in Sachen des Glau-

bens ihrem Gutdünken überlassen, daß geschehe, was ihnen beliebt . . ."[8]
Damit wurde erstmals(!) in einem europäischen Land der Grundsatz der religiösen Toleranz ausgesprochen, der auch konsequent beibehalten wurde und vor dessen Hintergrund wohl auch die Einwanderung der protestantischen Landler zu begreifen ist. Am 9. Mai 1688, nachdem die Türken durch kaiserliche Heere geschlagen worden waren, sagte sich der siebenbürgische Landtag feierlich von der türkischen Oberhoheit los und unterstellte das Land Kaiser Leopold I. Der Kaiser bestätigte die Landesverfassung und die Religionsfreiheit. Dieses Diplom galt bis zum Jahr 1848 als Staatsgrundgesetz.
In den österreichischen Erblanden blieb die evangelische Lehre weiterhin verboten, aber eben nicht in Siebenbürgen, wo durch kaiserliche Verfügung den Protestanten die Ausübung ihrer Religion gesichert war. Siebenbürgen war somit das ideale Land, in das Kaiser Karl VI. und Maria Theresia ihre halsstarrigen protestantischen Untertanen, die Landler, verbannen konnten. Gleichzeitig erhofften sich die Regenten aber offensichtlich auch, daß der Monarchie die Arbeitskraft dieser Leute erhalten bliebe.
Diese „zwangsweise Umsiedlung" oder „Transmigration" der Landler steht am Beginn einer Kultur, die sich in Siebenbürgen auf dem Gebiet der Sachsen entwickeln sollte. Bevor ich darauf näher eingehe, möchte ich allerdings kurz noch die Geschichte der Verbannung der Landler schildern.

Der heldenhafte Kampf oberösterreichischer protestantischer Bauern – Die „Transmigration" der Landler

Es waren protestantische Bauern, aber auch Holzknechte und Salzarbeiter aus Oberösterreich, Kärnten, Salzburg und der Steiermark, die sich den katholischen Machthabern nicht beugten und dafür nach Siebenbürgen vertrieben wurden.

Das Hauptkontingent dieser Vertriebenen bildeten jedoch die Oberösterreicher als die eigentlichen „Landler" (s. o.), eine Bezeichnung, die sich in der Folge auch auf die anderen österreichischen „Umgesiedelten" übertrug.
Und eben weil der Name Landler aus dem Oberösterreichischen kommt und die oberösterreichischen Bauern einen besonders wagemutigen und blutigen, aber letztlich vergeblichen Kampf gegen die katholischen Unterdrücker führten, sei dieses Kampfes hier näher gedacht.
Er vermittelt ein Bild von der Situation, in der der aufrechte Protestant lebte und für seinen Glauben stritt.
Im gesamten deutschen Raum waren die Bauern des 16. und 17. Jahrhunderts zum Kampf gegen ihre Unterdrücker angetreten. In Tirol war es Michael Gaismair, der die Tiroler Bauern, voll des Hasses gegenüber dem 1519 verstorbenen Kaiser Maximilian, dessen überhegtes Wild die Felder vernichtete, anführte. Die Bauern, die zum Robot gezwungen waren und denen es verboten war, das Wild zu schießen, verlangten in ihren Aufrufen unter anderem das Recht auf die Jagd und das Recht, den Pfarrer selbst bestimmen zu dürfen. Gaismair, der frühere Sekretär der Bischöfe von Brixen, kannte die Probleme der Bauern und spürte ihre Erbitterung. Er war daher von dem Gedanken durchdrungen, nach Schweizer Muster die Habsburger aus Österreich zu vertreiben. Er führte einen langen Kampf, an dessen Ende er den Häschern der Habsburger zum Opfer fiel.
Hunderte Jahre später, als der Dreißigjährige Krieg wütete, wurde in Oberösterreich Stephan Fadinger – dem Tiroler Gaismair durchaus kongenial – zum Führer der Bauern.
Stephan Fadinger wurde 1626 bei der Belagerung von Linz von der Stadt aus erschossen. Bis heute ist sein Name unauslöschlich mit der österreichischen Geschichte und der des Protestantismus verknüpft.
Nach der Niederlage der Bauern folgte ein furchtbares Strafgericht. Viele Bauern wurden hingerichtet, viele vertrieben. Die katholischen Kaiser und schließlich Maria Theresia kannten kein Pardon, als Banditen und Räuber stellte man sie hin.

Noch um 1900 galten sie als Ketzer und Feinde der katholischen Kirche.
Erst nach 1800 gingen Historiker daran, ein wahres Bild der Bauernkriege aufzuzeichnen. Der erste war der Florianer Chorherr Franz Kurz, der sich aufrichtig um historische Wahrheit bemühte. Und 1924 beschreibt Julius Strnadt in seinem Buch „Der Bauernkrieg in Oberösterreich" mit sehr viel Fleiß und Einfühlsamkeit die Kämpfe der oberösterreichischen Bauern, die, aus protestantischen Familien stammend, es nicht verstanden, daß die katholische Kirche das Gebot „Liebe deinen Nächsten wie dich selbst" nicht auf die erniedrigten und unglücklichen Bauern angewendet wissen wollte. Als Strnadt 1903 in Mayershoferberg einen Vortrag über den Bauernkrieg halten wollte, wurde er von aufgehetzten Katholiken daran gehindert.[9]
Die Bedeutung der Bauernrebellen und ihres Kampfes hat schließlich auch Norbert Hanrieder, Pfarrer in Putzleinsdorf, in seinem in oberösterreichischem Dialekt geschriebenen Epos „Der oberösterreichische Bauernkrieg" (1907) dargestellt.
Der Bauer hatte dem Grundherrn Robotdienste zu erbringen und für alles mögliche Abgaben zu entrichten, so zum Beispiel, wenn er heiratete oder wenn jemand am Hof starb. Starb er selbst, so mußte die bejammernswerte Witwe das zweitbeste Stück Vieh an den Grundherrn abliefern. Als sie den Aufstand wagten, beriefen sich die Bauern auf das Gebot der Nächstenliebe. Ihr Zorn richtete sich vor allem gegen die Klöster und die katholischen Herrscher. Der erste große Gegner der Protestanten war der Habsburgerkaiser Ferdinand II., der einen Jesuiten zum Beichtvater hatte. Er wird als Verschwender und in Glaubensfragen als unnachgiebig geschildert. Er war streng katholisch, und von ihm stammt der Satz: „Lieber würde ich Land und Leute fahren lassen und im bloßen Hemde davonziehen, als zu Bewilligungen mich verstehen, welche der katholischen Religion nachteilig sein könnten."[10] Demgemäß hat er Innerösterreich gewaltsam zum Katholizismus „bekehrt". Den Ratschlägen seines Beichtvaters

folgend, traf Ferdinand durch die „Erleuchtung des Heiligen Geistes“, wie er selbst sagte, folgende Maßnahmen:
Die protestantischen Pfarrer wurden des Landes verwiesen. Bürger und Bauern sollten unter Androhung hoher Geld- oder sonstiger Strafen aufgefordert werden, innerhalb einer bestimmten Frist zur katholischen Religion überzutreten.
In den Häusern derer, welche als besonders halsstarrig erschienen, wurden Soldaten, sogenannte „Seligmacher“, einquartiert, die zu allerhand Gewalttaten bereit waren. Solche Einquartierungen wurden schließlich zur Regel, und jene, die sich nicht dem Zwang des Kaisers beugen wollten, flohen in benachbarte deutsche Lande.[11]
Der Kaiser verpfändete Oberösterreich dem bayerischen Herzog Maximilian, um ihn zur Kriegshilfe gegen die Böhmen zu gewinnen. Maximilian blieb nun so lange Herr von Oberösterreich, bis ihm seine Kriegskosten ersetzt worden waren. Zu seinem Statthalter machte er den Grafen Herberstorff. Die Landeshoheit jedoch blieb beim Kaiser.
Die Ausweisung protestantischer Prediger hatte der Kaiser 1624 verfügt und mit Trompetenschall den Leuten kundgemacht. Der Katholizismus sollte nun schleunigst wiederhergestellt werden. Jedermann hatte bei obrigkeitlicher Strafe dem katholischen Gottesdienst an Sonn- und Feiertagen in seiner Pfarrkirche beizuwohnen. Und schließlich wurde allen und jedem zum Übertritt zur katholischen Religion eine unüberschreitbare Frist bis Ostern des Jahres 1626 gesetzt. Wer nach Ablauf dieser Frist dennoch protestantisch blieb, mußte das Land räumen und einen bestimmten Geldbetrag an den Staatsschatz entrichten. Auch wurde aufgetragen, die im Lande vorhandenen unkatholischen Bücher innerhalb Monatsfrist abzuliefern.[12]
Zu Neujahr 1626 verschärfte man die Maßregeln und verlangte vom Auswandernden nicht bloß das „Freigeld“, sondern auch die gewöhnlichen Steuern für das laufende Jahr.
Der Druck auf die Bauern wurde immer größer, und schon begannen sich Bauernscharen zu erheben. Der bayerische

Statthalter Herberstorff begab sich mit Soldaten in Richtung Peuerbach, um die Aufständischen zur Räson zu bringen. Doch zu seiner großen Überraschung wurde er auf der Reichsstraße vor Peuerbach von Bauern unter der Führung von Christoph Zeller, dem Schwager von Stephan Fadinger, angegriffen und in die Flucht geschlagen. In einem Gedicht über diese kühne Bauerntat heißt es:

„Auf Schergenschädel mit wuchtigen Hieben
Hat der Landler (!) seine Bauernschrift
geschrieben.“[13]

In Peuerbach wählten die Bauern schließlich Stephan Fadinger zum Oberhauptmann. Es kam zum Aufstand, in dessen Verlauf Fadinger fiel. Die Bauern kämpften für ihren Glauben weiter, unterlagen aber dennoch den bayerischen Panzerreitern unter dem Freiherrn von Pappenheim, dem Stiefsohn von Herberstorff, und den kaiserlichen Soldaten. Pappenheim war von den kämpfenden Bauern derart beeindruckt, daß er über die Kämpfe bei Eferding an den bayerischen Kurfürsten diese Sätze schrieb:
„Es war das wunderbarste Fechte, welches vielleicht in langen Jahren geschehen ist. Kein Bauer hat seine Waffen weggeworfen, noch viel weniger sind sie weggelaufen. Obwohl sie weichen mußten, so ist dies doch nur Fuß für Fuß geschehen ...“
In der grausamen Schlacht in Pinsdorf bei Gmunden unterlagen die Bauern einer ungeheuren Übermacht, sie flohen nicht, sie wurden vielmehr niedergemetzelt. Der sogenannte Bauernhügel, unter dem die toten Bauern ruhen, erinnert heute noch an dieses Geschehen.
Damit war die Widerstandskraft der Bauern gebrochen, und nun sollte nach dem Willen des Frömmlers Kaiser Ferdinand Oberösterreich zur Gänze katholisch „gemacht“ werden.
Mitte des Monats Dezember 1926 saßen über 100 „Rädelsführer“ zu Linz im Kerker. Der Henker in Linz und seine Knechte hatten alle Hände voll zu tun. Das Land lag, wie Strnadt schreibt, gedemütigt und wehrlos zu Füßen des Kaisers,

welcher nunmehr die Weiterführung der Gegenreformation anordnete[14]. Die Absicht Ferdinands II. war, den Protestantismus „mit Stumpf und Stiel auszurotten".
Am 5. Mai 1628 ging Oberösterreich wieder in den Besitz des Kaisers über, der nun alles dareinsetzte, den katholischen Glauben wieder einzuführen. Unter großem Druck ließen sich tatsächlich viele Bauern „katholisch machen". Diese „Bekehrungen" gingen vielfach so vor sich: „Es wurden die Untertanen nach Dörfern auf bestimmte Tage zusammengefordert. Die Missionare, Jesuiten und Kapuziner, erteilten der ganzen Menge Religionsunterricht, worauf die also in summarischer Kürze Belehrten, ohne daß ihnen auch nur mehrere Tage Bedenkzeit gewährt wurden, übertreten, beichten und kommunizieren mußten."[15]
Aber dennoch gab es sie nach wie vor, die geheimen Bekenner der protestantischen Lehre. Obwohl man, vor allem im Salzkammergut, den katholischen Gottesdienst besuchte, zur Beichte und zur Kommunion ging, hielt man zu Hause an der Religion der Vorväter fest. Da kein protestantischer Prediger das Land betreten durfte, lasen die in ihrem Herzen protestantisch gebliebenen Bauern im geheimen protestantische Schriften. Und vor allem durch das Auslegen der Heiligen Schrift, der Lutherbibel, bestärkte man sich im Glauben. Mehrere Familien trafen einander heimlich zu diesem Zweck. Die Obrigkeit kam jedoch dahinter, und eine große Anzahl von Leuten wurde unter Anklage der Ketzerei verhaftet und nach Linz in den Wasserturm eingeliefert. Man suchte eifrig nach Ungläubigen und hoffte, ihre geheimen Bücher aufzufinden, um sie vernichten zu können. Doch die standhaften Bekenner verbargen diese in den abgelegensten Wäldern und Winkeln. Viele, vor allem junge Leute, befreiten sich von dem Gewissenszwang, indem sie in Gegenden auswanderten, in denen sie frei ihre Religion ausüben konnten. So wird berichtet, daß im Salzkammergut 70 Personen, Familien und Jünglinge, ihr Eigentum verkauften und nach Nürnberg auswanderten.
„Höheren Ortes" machte man sich darüber Gedanken, denn

das Wegwandern fleißiger Untertanen gereichte der Volkswirtschaft zum Schaden. Deshalb wollte man sie dem Reiche erhalten, indem man sie in den ungarischen Raum verpflanzte.
Und es ging die Suche nach lutherischen Büchern weiter. So wurden zum Beispiel in der Herrschaft Frankenburg bei acht Untertanen zehn und in der Herrschaft Kammer bei 43 Untertanen 59 solcher Bücher gefunden. Die Betroffenen mußten für jedes Buch zwölf Tage roboten oder eine entsprechende Strafe zahlen. Dann wurden sie von katholischen Seelsorgern examiniert und zur Ablegung des katholischen Glaubensbekenntnisses genötigt oder, wenn sie sich weigerten, nach Linz in den Wasserturm gesteckt.
Dennoch ließ sich das „verführerische teuflische Glaubens-Exercitium", wie einige die protestantische Religionsausübung zu bezeichnen pflegten, nicht ausrotten.[16]
Schon 1716 wurde ein gewisser Adam Obermayr zu Pernthal, Pfarre Ottnang, mit Weib und Kind zwangsweise nach Ungarn verschickt, weil er als unverbesserlich galt.
Zur regelrechten Verfolgung der heimlichen Protestanten in den österreichischen Alpenländern gab jedoch erst die im Jahre 1731 begonnene Austreibung der salzburgischen Protestanten den Anstoß. Die Bewohner des Salzkammergutes vom Traunsee bis zum Dachstein führten als arme Bauern, Holz- und Salinenarbeiter ein hartes Dasein, aber sie hielten an ihrer Religion, in der sie geboren und erzogen waren, als ihrem teuersten Gut fest. Sie faßten den Mut und baten die in Regensburg von den protestantischen Reichsständen eingesetzte Kommission – den „Corpus Evangelicorum" –, ihnen zu helfen, damit sie ihren Glauben frei ausüben könnten. Der damalige Kaiser Karl sollte also angehalten werden, die Protestanten des Salzkammergutes zu dulden. Über dieses Vorgehen der Leute aus dem Salzkammergut war man im Kaiserhaus verärgert. Auf die Bitte deutscher Fürsten ordnete Kaiser Karl eine Erhebung der Zahl der Protestanten an.
Der Salzamtmann forderte im Salzkammergut die Bergarbeiter auf, ihre Religion frei zu bekennen. Sie könnten auswandern,

wohin sie wollten. Zum Erstaunen des Kaisers meldeten sich ungefähr 1200 Personen, die sich zur protestantischen Lehre bekannten. Der Kaiser sah nun, daß die in das Salzkammergut gesandten Missionare keinen Bekehrungserfolg gehabt hatten. Er verweigerte die angestrebte Auswanderung in das Reich und gestattete den Protestanten lediglich, nach Ungarn und Siebenbürgen auszuwandern.

Daraufhin kam es im Salzkammergut zu Unruhen, die mit Militärgewalt niedergehalten wurden. Die „Halsstarrigen" unter den Protestanten wurden mit Gewalt auf Schiffe gebracht und unter Begleitung eines Kommissärs nach Siebenbürgen transportiert. Von Linz ging es donauabwärts, die Theiß aufwärts, über den Begakanal und das letzte Stück zu Fuß ins Siebenbürgische. Ein erster Transport brachte 263 Personen (47 Familien), ein zweiter 38 Personen, ein dritter 61 Personen in die Nähe von Hermannstadt nach Neppendorf und Großau. Ihre Häuser in der Heimat wurden verkauft und der Erlös daraus, nach Abzug verschiedener Gebühren, den Verbannten nachgeschickt.[17]

All diesen Maßnahmen zum Trotz lebte die protestantische Lehre auch noch unter Kaiserin Maria Theresia im Salzkammergut weiter. Schließlich kam es von 1748 bis 1780 zur sogenannten Theresianischen Verfolgung: Bei der Landesregierung in Linz wurde eine eigene gemischte Kommission eingesetzt, um die Irrgläubigen auszuforschen und dann nach Siebenbürgen zu schaffen.

Zu diesem Zwecke wurden vier Missionsbezirke gebildet. Verdächtige wurden von Missionaren und Hilfspriestern „examiniert". Legte der als Ketzer Verdächtigte kein Bekenntnis zur katholischen Religion ab, so wurde er verhaftet und nach Linz gebracht, wo er so lange im Wasserturm eingesperrt blieb, bis genügend viele seiner Glaubensgenossen beisammen waren, daß der Transport nach Siebenbürgen vonstatten gehen konnte. Starb ein solcher Irrgläubiger auf dem Transport, so wurde er nach Verordnung der Kommission ohne christliches Begräbnis wie ein Tierkadaver verscharrt.

In Siebenbürgen wurden die vertriebenen Protestanten von

den Sachsen freundlich aufgenommen. Bedauernswert war aber das Schicksal jener, die alleine, ohne ihre Familie, nach Siebenbürgen gebracht worden waren und aus Sehnsucht nach Weib und Kind wieder zurückgingen. Wurden sie erwischt, so hatten sie mit Kerkerstrafe und – dies entsprach dem Wunsche Maria Theresias – dem Rücktransport nach Siebenbürgen zu rechnen.

In den Dörfern Großpold, Großau und Neppendorf leben heute noch Nachfahren jener Protestanten, die sich dem Druck der österreichischen Obrigkeit nicht gebeugt hatten. Großpold, auf das sich die vorliegende Studie hauptsächlich bezieht, bot ausgewanderten Oberösterreichern, Steirern und Kärntnern eine neue Heimat. Die Kärntner Protestanten waren aus den Herrschaften Himmelberg/Bieberstein, Millstatt und Spittal/Paternion zwischen 1752 und 1756 abtransportiert worden. Bis 1754 behielt man ihre Kinder zurück, um deren „Seelen. . . zu retten".[18]

Zu den 102 aus Kärnten deportierten Protestanten kamen auch Protestanten aus der Obersteiermark, vor allem aus dem Ennstal.[19]

Die meisten Zuwanderer stammten jedoch aus Oberösterreich, aus dem Traun- und Hausruckviertel. In Großpold waren es 211.

Die Zahl der „Landler" in Großpold war ungefähr gleich groß wie die der alteingesessenen Sachsen.[20]

Die Zuwanderer aus dem „Landl" in Oberösterreich, der Gegend um Eferding, gaben später allen neuen Ansiedlern ihren Namen: „Landler". Zunächst wurden die Einwanderer allesamt „Transmigranten aus Österreich" genannt, gelegentlich auch „Exulanten". Das Wort „Transmigration" taucht in der Kanzleisprache unter Karl VI. erstmals auf. Vielleicht wählte man das Wort „Transmigration" (Umsiedlung), um die Tatsache zu beschönigen, daß die Ausweisung zwangsweise geschah. Man hätte eher von einer „Deportation" oder einer „Verbannung" sprechen müssen.[21]

Von den Sachsen allerdings wurden die verbannten Landler bloß als „Deutsche" bezeichnet, da sie die sächsische Landessprache nicht verstanden und der Pfarrer daher für sie „hochdeutsch“ bzw. „deutsch“, in der Sprache der Lutherbibel, predigen mußte.[22]

Die Familiennamen der in den drei Landler-Dörfern lebenden Menschen zeugen von der Vertreibung ihrer Vorfahren. Es sind unter anderen Namen aus dem Oberösterreichischen, Steirischen und Kärntnerischen, die bereits in den alten Transportlisten auftauchen. In einer solchen Liste aus dem Jahre 1735 werden ein Hans Reißenauer und ein Georg Beer aus Goisern genannt.[23] Mit Landlern, die solche Namen trugen, sprach ich in Neppendorf.

In einer anderen Liste, sie stammt von 1758, wird ein Josef Piringer aus Losenstein im Traunviertel genannt.[24] Mit einem Herrn Samuel Piringer verbrachte ich nette Nachmittage beim Wein. Und wieder in einer anderen Liste ist ein Peter Sonnleitner, ebenfalls aus Losenstein im Traunviertel, angeführt. Sonnleitner ist ein häufiger Name in Großpold. Interessant ist auch der Name Lederhilger, den ich in Großpold auf dem Kriegerdenkmal vor der Kirche und in einer Gedenktafel in der Mühlbacher Kirche entdeckte. Der Name Lederhilger stammt aus der Gegend um Bad Hall, wo auch ein Bauerngut dieses Namens existiert.[25] Der „deutsche“ Friedhof in Großpold verweist schließlich mit seinen Grabinschriften auf die Herkunft der alten Landler. Nicht wenige Namen auf den Gräbern lassen sich dem Raum Oberösterreich zuordnen, so etwa Samuel Grottendorfer, Elise Sonnleitner, Andreas Pichler, Elise Willinger (ein Achatz Willinger wurde als „Rädelsführer“ im oberösterreichischen Bauernkrieg im März 1627 auf dem Linzer Hauptplatz enthauptet), Katharina Burgstaller, Martin Wagner, Josef Piringer, Catarina Rieger, geb. Hüttmeier (ein Gasthaus diese Namens steht in Kremsmünster), Johann Meierhofer und Mathias Liebhardt.

Wie fest die Verbannten ihrem protestantischen Glauben anhingen, geht aus dem Brief eines „Transmigranten“ aus dem Jahre 1756 hervor. Dieser Brief wurde abgefangen und sein Inhalt als „gemeingefährlich“ für die in Österreich Zurückgebliebenen eingestuft. Eine Abschrift befindet sich in den Händen der Großpolderin Anneliese Pitter, der ich hier herzlich dafür danke, mir die Abschrift für einige Zeit überlassen zu haben. Diesen Brief schreibt ein gewisser Kaspar Sonnleitner aus Großpold an seine in der Heimat verbliebene Ehefrau. Es heißt darin auszugsweise: „Gottes Gnad und Segen zum freundlichen Gruß."

Ehrengedachtes Vielgeliebtes Weib, es hat mich herzlich gefreut, da ich vernommen habe, daß du Dich anfänglich in Deinem Glaubenskampf so ritterlich gehalten hast, daß Du schon mit den Kindern im Arrest gewesen bist und etwelchen Strauß ausgestanden.

Wir haben genug vernommen, wie es im Vaterlande zugeht. Getraust Du Dich bei solcher Heuchelei und Verleugnung der erkannten Wahrheit vor Gott zu bestehen, will Gott diejenigen die seinen Namen mißbrauchen nicht ungestraft lassen ... Bedenke es wohl, es lasse sich nach dem Ausspruch Christi bei Mathä Kap. 5 Vers 15 nicht thun, zwei Herrn zu dienen, die widereinander sind, denn er wird einen hassen und den anderen lieben ... Willst Du dermal einst unter die Zahl der Rechtgläubigen gezählt werden, so mußt Du auch mit ihnen Deinen Jesum vor der Welt bekennen, für Deinen einzigen Heiland... der Welt, welche des Teufels Reich ist ... Willst Du aber von der Welt geachtet werden, so wisse, daß Du nicht bist in der Gemeinschaft Christi und den Heiligen, denn Christus spricht in Johannes Kap. 15 Vers 19: die Welt hat das ihre lieb, die aber ich erwählt habe, die hasset sie. Nun erwähle Dir welches Dir besser nützet, von der Welt oder von deinem Heiland geliebt zu werden... Also mein vielgeliebtes Weib, nicht anders als durch Trübsal geht man in das Reich Gottes ... Christus hat uns keinen anderen Weg gezeigt, ins Himmelreich zu kommen als durch große Trübsal und Leiden, denn er selbst ist durch Leiden in die Herrlichkeit eingegangen. Darum wer nicht kämpft, trägt auch die Krone ewiges Leben nicht davon. Am allermeisten ist mir um die Kinder, daß sie in der Finsternis aufwachsen und in keine rechte Schule kommen. Allhier die Exmigrantenkinder nicht nur das Evangelium perfekt können hersagen, sondern auch den kleinen Kathe-

chismus Lutheri gut auswendig können ... Hiemit mach ich Dir zu wissen, daß der Adam Glatz den 24. August gestorben ist. Georg Kramer läßt um diejenigen Kreutzer bitten, welche beim Johannes Sonnleitner aufgehoben sein und daß man solche durch gewisse und vertraute Leute nach Preßburg liefern... Treu bin ich Dir verblieben, treu will ich sein bis an mein End... Hiemit bist Du samt den Kindern von uns allen zu tausendmal schönst gegrüßt und im Schutz des Höchsten befohlen. Ich verbleibe Dein getreuer Mann bis in den Tod. Siebenbürgen, den 25sten September 1756 Kaspar Sonnleitner in Großpold.
Bitte um eine Antwort zurück, Du mußt aber den Brief bestellen nach Wien, von Wien nach Ofen, von Ofen nach Reußmark in Siebenbürgen. Von Jakob Pichler ist ein freundlicher Gruß abzugeben an seinen Sohn Peter, er ist 8 Tage vor Johanni allhier angekommen."
Das tragische Schicksal der „Transmigranten" klingt auch im Gedicht eines 1686 aus Salzburg verjagten Bergmannes mit Namen Josef Scheitberger an. Auch dieses Gedicht habe ich von Frau Anneliese Pitter erhalten. Es ist wert, daß man es in diesem Zusammenhang wiedergibt:

„Ich bin ein armer Exulant
also muß ich mich schreiben
Man tut mich aus dem Vaterland
Um Gotteswort vertreiben.

Ketten und Band sind mir eine Ehr
Um Jesu Willn zu dulden.
Denn dieses macht die Glaubenslehr
Und nicht mein bös Verschulden,

So geh ich heut von meinem Haus
Die Kinder muß ich lassen
Mein Gott, das treibt mir Tränen aus
Zu wandern fremde Straßen,

Wer dieses Liedlein hat gemacht,
Der wirdt hier nicht genannt
Des Papstes Lehr hat er veracht
Und Christum frei bekannt."

Das Landlerdorf Großpold und sein eigentümlicher Zauber

Mir erschien es nicht angebracht, meine Feldforschung auf alle drei Landlerdörfer – Neppendorf, Großau und Großpold – auszudehnen. Ich konzentrierte mich vielmehr auf Großpold, ein Bauerndorf abseits der Industrien.
Den besonderen Charakter von Großpold beschreibt um 1870 der damalige Großpolder Pfarrer David Krasser mit diesen Worten: „Großpold ist eine wohlhabende und reichbevölkerte Gemeinde... bepflanzt mit stattlichen Wohnhäusern ... ohne wüste Plätze und müßige Brachfelder ... mit offenem Sinn für Fortschritt und Verbesserung.“[26]
Großpold ist also ein Dorf, welches protestantischen Geist atmet und in welchem der Landler stolz auf die Ergebnisse seines Fleißes ist. Hier leben, wie schon erwähnt, die Nachfahren von verbannten Protestanten aus dem Traun- und Hausruckviertel und aus dem Gebiet um die Kärntner Dörfer Himmelberg und Gnesau.
Großpold liegt ungefähr 30 Kilometer westlich von Hermannstadt und 25 Kilometer östlich von Mühlbach. Der Nachbarort, der gleichzeitig auch der politische Hauptort ist, heißt Reußmarkt, eine sächsische Gemeinde mit prächtiger Wehrkirche. Großpold öffnet sich nach Westen in einer leicht welligen Formation. Nach Süden steigt das Gelände an. Ausgedehnte Wiesen, auf denen Schäfer mit ihren Schafherden unterwegs sind, Weinberge und Wälder, die sich die Hänge hinaufziehen, prägen das Bild im Süden des Dorfes.
Im Nordosten Großpolds liegt das sogenannte Kippchen, ein bewaldeter Hügel mit einem steilen Abbruch, zu dessen Füßen die Kinder der in diesem Teil des Dorfes lebenden Zigeuner spielen. Die Zigeuner wohnen in kleinen Häusern, die sich wesentlich von denjenigen der Landler und Sachsen unterscheiden. Kinder spielen auf der Gasse, die Schweine laufen hier frei herum.

An den Zigeunerteil von Großpold, der von den Landlern und Sachsen so gut wie nicht betreten wird, grenzen einige Häuser der Rumänen an. Dort befindet sich auch die rumänische Kirche mit dem Gemeinschaftshaus der Rumänen. Das Erscheinungsbild von Großpold wird geprägt von den Bauernhäusern der Landler und Sachsen, reinlichen Häusern, die aus einem kleinen Wohngebäude mit einer etwas tiefer angelegten Sommerküche bestehen. Der Hof ist durch ein schmuckes Tor zur Straße hin abgeschlossen. Nach hinten erstreckt sich ein kleines Stallgebäude, wo je nachdem ein Ochse oder ein Pferd und manchmal ein Schwein ihr Quartier haben. Neben dem Stall liegt der offene Abort. In den meisten Fällen besitzen die Häuser Wasserleitungen, bei den wenigen Ausnahmen dient ein tiefer Brunnen der Wasserversorgung. Da es keine Kanäle gibt, rinnen die Abwässer in schmalen Rinnen hinaus auf die Gasse, wo sie in einen größeren Kanal münden. In dieser Hinsicht erinnert Großpold an ein typisches mittelalterliches Dorf.

Zentrum des Ortes ist die Kirche mit dem prächtigen Pfarrhof. Das frühere Gemeinschaftshaus der Deutschen wurde in ein Kino umgewandelt. Auch ein kleines Postamt ist vorhanden, aber es ist beinahe unmöglich, von dort aus ein Telefongespräch nach Österreich vermittelt zu bekommen.

Die Bauernhäuser mit ihren schönen, meist gelb gestrichenen Fassaden und den Walmdächern liegen eng nebeneinander, so daß die Gassen ein einheitliches Gepräge aufweisen.

Zwei Bäche kreuzen die asphaltierte Hauptstraße. Entlang des Unterlaufes des größeren, nach Norden führenden Bachs liegen die Häuser der Rumänen. Die Landler nennen diese Gasse „Räubergasse“, da hier auch jene Rumänen wohnen, die nach dem Krieg die Häuser der Landler für sich in Anspruch genommen haben. Um diese Rumänen, die als „Kolonisten“ bezeichnet wurden, zu bewegen, aus den Häusern der Landler wieder auszuziehen, hatte man ihnen am Bach billigen Baugrund angeboten.

Der eigentliche Name der Gasse ist Mühlgasse, nach der Mühle, die an diesem Bach betrieben wird.

In einigen Landler- und Sachsenhäusern, deren Bewohner bereits nach Deutschland abgewandert sind, wohnen heute Zigeuner und Rumänen, die diese Häuser noch vor der Revolution durch den Staat erhalten haben.
Einige Bauernhäuser stehen leer. Ihre ehemaligen Bewohner haben Siebenbürgen nach der „Revolution" verlassen. Sie gelten aber nach wie vor als Eigentümer dieser Häuser und haben lediglich Verwalter eingesetzt, die sich um das Haus und alle zu zahlenden Abgaben kümmern.
Die ältere Generation der Landler und Sachsen waren und sind größtenteils, dies entspricht ihrer Tradition, Bauern. Als solche sind sie auch in den Kollektivwirtschaften tätig. Allerdings haben auch viele Landler ein Handwerk erlernt, dem sie zum Teil als Nebenerwerb, zum Teil hauptberuflich nachgehen.
Typische traditionelle Berufe der Landler sind Zimmermann, Maurer, Tischler und Faßbinder.
Die wirtschaftliche Basis des Dorfes ist die Arbeit auf dem Feld, in den Weinbergen und in den Weingärten. Dazu erzählt ein alter Landler: „Im Weinberg gibt es viel Arbeit. Im Frühjahr muß man die Stöcke schneiden. Die bindet man an Stecken und muß sie putzen und reinigen. Achtmal insgesamt werden sie gespritzt. Und wenn die Weinlese beginnt, fahren wir mit großen Bottichen in den Weinberg. In diese Bottiche kommen die Weintrauben. Zu Hause wartet die Weinpresse auf sie. Nun werden die Trauben gepreßt. Aus den Trebern machen wir den Schnaps. Der Traubenmost kommt in das Faß, wo er zu gären beginnt. Ist er schließlich klar, zieht man ihn ab. Nun wird das Faß geschwefelt. So bleibt er bis zum Sommer stehen. Im Sommer setzt er noch etwas ab. Man zieht ihn wieder ab und läßt ihn ein Jahr in Ruhe. Trinken kann man den Wein schon, wenn er gärt. Aber gut ist er erst nach einem Jahr."
Die Weinbau-Tradition ist in Großpold schon sehr alt. Wohl wurden die einst privaten Weingärten in Kollektive übergeführt, aber jeder Bauer hatte auch Anspruch auf einen kleinen Weingarten, vorausgesetzt dieser schloß an den Garten des

Bauernhofes an, gehörte also sozusagen zum Haus. Vom Ertrag dieses Weingartens mußten allerdings eine bestimmte Steuer gezahlt und ein bestimmtes Maß an Weintrauben an staatliche Stellen abgeliefert werden. Eine Bäuerin berichtet: „Unseren Weingarten haben bereits meine Großeltern angebaut, wir haben ihn schon fast 100 Jahre. Für den Weingarten mußten wir drei Lei pro Quadratmeter an Steuern zahlen, und 300 Kilo Weintrauben waren abzuliefern. Die wurden aber nicht bezahlt. Zu unserem Glück sind die Rumänen nicht so genaue Leute wie die Deutschen. Irgendwie hat man bei den Rumänen immer ein Hintertürchen."

Wie ich im Zusammenhang mit den kommunistischen Einrichtungen noch näher ausführen werde, verstanden es die Landler recht gut, mit dem Regime umzugehen, um halbwegs passabel in der Zeit vor der Revolution überleben zu können. Jedenfalls fanden sie Gelegenheit, durch Fleiß im Kollektiv einiges zu erwerben.

Im Hof des Landlerbauern wächst Wein, der als sogenannter Hofwein mit Liebe gekeltert und getrunken wird. Auch ich ließ ihn mir schmecken. Einige der heutigen Landler besitzen ein Pferd oder Kühe, die ihnen als brave Zugtiere gute Dienste tun. Zur Bereicherung des Mittagstisches an Festtagen trägt das Schwein bei. Eine tüchtige Kuh liefert die nötige und begehrte Milch. Als Transport- und Fortbewegungsmittel dienen dem Landler Pferdewägen. Auch ich legte einige Kilometer in einem solchen Gefährt, das mich an alte Zeiten in Österreich erinnerte, zurück.

Von einiger Wichtigkeit ist darüber hinaus das Fahrrad, welches hier in Siebenbürgen mit breiten Reifen und stabilem Rahmen geliefert wird. Autos gibt es dagegen nur wenige im Dorf. Eines davon besitzt der Lehrer – einen alten Gebrauchtwagen, den er sich bei einem Besuch in Deutschland zugelegt hat und der ihm hier einiges Ansehen, vor allem bei Schülern und Kollegen, zu verleihen scheint.

Soweit eine ungefähre Darstellung von Lebensumständen und wirtschaftlichen Gegebenheiten der Landler und Sachsen.

Dornen auf dem Weg: Verschickungen

Der Weltkrieg bedeutet für die Landler einen Bruch in ihrem Wirtschaften. Die alte bäuerliche Kultur wurde durch die kommunistische Ordnung einem folgenschweren Änderungsprozeß unterworfen. Die Landler, die – darauf ist noch einzugehen – eine traditionell sehr enge Beziehung zu Deutschland pflegen, hat der Krieg empfindlich getroffen.
Zunächst zogen die Männer mit der rumänischen Armee ins Feld, und nach dem Krieg bekamen die Landler die Wucht der an Deutschland gerichteten Forderungen zu spüren, da sie mit den Deutschen sympathisiert hatten.
Damit die Frau des den Kriegsdienst leistenden Bauern den Hof weiter bewirtschaften konnte, schaute man sich um eine Magd oder einen Knecht um. Von einem Landler, der von 1942 bis 1944 eingerückt war, weiß ich, daß er während dieser Zeit eine rumänische Dienstmagd eingestellt hatte.
Andere Landler erzählten nicht ohne Stolz, sie seien zuerst als rumänische Soldaten gemeinsam mit der Deutschen Wehrmacht gegen Rußland gezogen. Aber nach der Schlacht von Stalingrad, als die Rumänen sich von den Deutschen getrennt hatten, und nach ihrer Heimkehr nach Siebenbürgen seien sie freiwillig zur Deutschen Armee gegangen. Viele Landler kamen bei der SS unter, wozu sie durch eine intensive Werbung gebracht worden waren. Ich habe einen Landler kennengelernt, dem die bäuerliche Arbeit, wie er sagte, wichtiger gewesen sei als der Kriegsdienst. Ausführlich schilderte er mir seine Flucht aus der rumänischen Armee in die Heimat und führte dazu aus: „Ich wollte nicht zur Deutschen Armee. Freiwillig gehe ich in keinen Krieg. Ich war nach Hause gekommen, da hieß es: Alle zur SS. Ich habe mir gesagt: Freiwillig keinen Schritt! Einer hat zu mir gesagt, ich solle für die SS unterschreiben. Das war 1943. Wir waren gerade von Stalingrad zurückgeschlagen worden. Die rumänische Armee war da noch mit der deutschen zusammen. Als ich nun also

zu Hause war, versteckte ich mich, und zwar in der Nachbargemeinde in den Bergen. Dort hätte man mich nicht gefunden."

Der Wandel des Kriegsglücks und das Kriegsende waren zum Nachteil der Landler, sie bewirkten, daß die Rumänen, die nun auf der Siegerseite standen, die Landler – gemeinsam mit den Sachsen – degradierten und ihnen ihre Sympathie für Deutschland spüren ließen.

Als die Sowjetunion von den Rumänen schließlich Hilfskräfte für den Wiederaufbau ihrer Städte und ihrer Industrie forderten, setzten die Rumänen Landler und Sachsen ein, die damit vorrangig die Last der Reparationen zu tragen hatten. Landler und Sachsen wurden an die Sowjets ausgeliefert und in der Folge verschleppt. Die meisten mußten, wie mir erzählt wurde, in Zwangslagern hart arbeiten. Viele starben dabei. Genaue Zahlen gibt es nicht. Auch der Vater meiner Gastgeberin in Großpold befand sich unter den Verschleppten. Er kam krank aus Rußland zurück und starb einen frühen Tod.

Über die Leiden der Verschleppten und die Probleme, die sich für die Hiergebliebenen ergaben, erzählte mir eine 1942 geborene Landlerin: „Mein Vater hat sich nicht lange mit mir freuen können, er mußte bald in den Krieg. Er hat bei den Rumänen mit den Deutschen gekämpft. Als ich zwei Jahre alt war, habe ich ihn zum letzten Mal gesehen. Ich habe keine Erinnerung mehr an ihn. Mein Vater wurde dann deutscher Soldat. Er hat sich nicht wie die Rumänen gedreht. In deutscher Uniform hat er weitergekämpft, ebenso wie mein Schwiegervater. Ab August war mein Vater vermißt. Und im Januar 1945 mußte meine Mutter zur Zwangsarbeit nach Rußland. Meine Mutter wurde mit allen, die deportiert werden sollten, in einen großen Saal gesperrt. Da waren nur Deutsche, Männer und Frauen, keine Rumänen. Mein Großvater hat mich auf den Arm genommen und ist zu einem Fenster dieses Saales gegangen. Durch das Fenster hat er mich meiner Mutter gereicht, damit sie mich noch einmal in den Händen halten kann. Nur kurz durfte sie mich halten. Dann hieß es: Weg, weg damit!

Von Großpold mußten meine Mutter und die anderen zu Fuß in die Nachbargemeinde gehen, wo schon Viehwaggons bereit standen, in denen sie nach Rußland gebracht wurden. Drei Wochen waren sie in diesen Waggons unterwegs. Eng zusammengepfercht. Für die Notdurft hat man ein Loch in den Boden des Waggons gemacht. Wenn jemand auf die Seite mußte, haben sich andere vor ihn gestellt, so daß er dabei etwas abgeschirmt war. So war das. Man kann sich das nicht vorstellen. Die, die das erlebt haben, können das nicht vergessen. Einige von den Deutschen haben sich irgendwo versteckt. Die Rumänen haben gedroht, wenn sie nicht aus dem Versteck kommen, nehmen sie die Alten. Das Versteckt-sein war auch schlimm. Man hat dauernd die Angst gehabt: Jetzt kommen sie! Meine Schwiegermutter hätte auch gehen sollen. Aber ihr Vater hat gesagt: ‚Du gehst nicht, du bleibst bei den Kindern. Sie sollen mich nehmen, wenn sie wollen!'
Meine Mutter war dreieinhalb Jahre in Rußland, sie mußte in einer Fabrik arbeiten. Sie war in einem Raum, in dem der Verputz noch nicht trocken war und der keine Fenster hatte. Im Winter war das furchtbar. Wie die Tiere hat man sie zusammengetan.
Damals wuchs viel Gras, das so rot leuchtete. Das hat man geklaubt und im Wasser ein wenig gekocht. Die Mutter hat gesagt, das hat uns gerettet vor dem Hungertod; wenn unser Herrgott das damals nicht hätte wachsen lassen, wären wir alle gestorben. Sie sagte, auf der Suppe war kein Sternchen. Das Sauerkraut wurde einfach im Wasser gekocht. Das Öl, das sie bekommen haben, haben sich die, die in der Küche waren, behalten. Sie hat immer nur saure Suppen bekommen. Davon war die Mutter ganz aufgedunsen. Nur die Hälfte der Verschleppten ist zurückgekommen. 1948, zu Peter und Paul, ist sie zurückgekommen. Bis dahin hat sich mein Großvater um uns gesorgt. Er war Maurermeister, er hat in den rumänischen Dörfern gearbeitet. Er kannte dort viele Leute, und hier und da bekam er etwas von ihnen. Wir waren ja furchtbar arm. Einmal brachte mein Großvater ein Stück Stoff. Von dem machte man mir einen Rock."

Über die damalige Situation mit ihrer ganzen Belastung für die Landler erzählte mir auch berührend eine Landlerin: „Die Kommunisten sind in den Hof herein und haben alles weggenommen: Korn und Kühe, Pferde, alles. Ich war damals noch ein Schulmädel. Mein Vater ist nach Rußland verschleppt worden. Meine Mutter ist mit drei Kindern hiergeblieben. Dann hat man auch meinen Bruder verschleppen wollen. Da ist meine Mutter zum Volksrat gegangen und hat dort gebeten, sie sollen ihr wenigstens den Sohn hierlassen. Der war damals 15 oder 16 Jahre alt. Und mit diesem Alter wollte man ihn verschleppen! Auf die Bitten meiner Mutter hat man ihn dann doch nicht mitgenommen. Ich weiß das noch genau, ich war noch ein Kind, meine Mutter arbeitete im Weinberg. Gegen Abend sind sie gekommen. Meine Mutter hat sie vom Weingarten aus gesehen, und wie sie beobachtete, daß sie herumgehen und suchen, ist sie nicht nach Hause gegangen."
Die Situation der Landler und Sachsen nach dem Krieg war eine traurige. Sie mußten für den von Deutschland geführten Krieg büßen. Man verschleppte sie, und ihre Häuser wurden von Rumänen in Anspruch genommen.
Diese Thematik kommt in einem Gespräch gut zum Ausdruck, welches ich mit einem raffinierten Landler führte. Der Mann, dem man auch das Haus genommen hatte, versteckte sich zunächst, um der Verschleppung zu entgehen. Und um wieder in den Besitz seines Hauses zu gelangen, berief er sich darauf, kein „Hitlerist" gewesen zu sein. Der Mann erzählte: „In meinem Haus war ein Rumäne. Meine Frau mußte ihn bedienen. Der Rumäne hatte drei Kinder. Mit unserem Korn ist er in die Mühle gegangen und hat sich davon Brot gebacken. Den Speck holte er sich von meiner Frau. Als ich nach einiger Zeit nach Hause gekommen bin, habe ich dem Zigeuner gesagt: ‚Jetzt ziehst du aus, jetzt bin ich der Herr.' Darauf meinte der Mann: ‚Schau, die vom grünen Tisch (die Politiker) haben so und so entschieden.' Sein Schwager war Gemeindevorstand, auch ein Zigeuner. Zu dem bin ich gegangen, er hat zu mir gesagt: ‚Du bist ein Hitlerist gewesen und hast Heil Hitler gerufen.' Ich habe ihm gesagt: ‚Du hast

es auch gerufen.‘ Er: ‚Ich bin kein Deutscher, darum bin ich kein Hitlerist.‘ Darauf ich wieder: ‚Ich habe bewiesen, daß ich kein Hitlerist gewesen bin. Ich war nämlich gegen die Deutschen. Ich habe gekämpft, daß du heute Richter bist.‘ Darauf hat er nichts mehr gesagt. Nun bin ich zum Präfekten gegangen nach Hermannstadt. Dieser hat mir dann geholfen. Bald war der Rumäne draußen. In den anderen Häusern sind sie lange geblieben. Manche Landler durften ihr Haus nicht einmal betreten. Langsam haben die Zigeuner ihr Recht verloren, denn der Kommunismus war ja für alle. Mich hat man aber gezwungen, mich in die kommunistische Partei einschreiben zu lassen."

Die neuen Hausherren, man nannte sie Kolonisten, waren jedoch grundsätzlich nicht zimperlich und fanden nichts dabei, die Hauseigentümer kurz entschlossen auf die Straße zu setzen. Anschaulich erzählte mir dies ein älterer Landler: „Die Kolonisten haben uns nach dem Krieg überrannt und aus den Häusern geworfen. Zwei Nächte mußte ich auf der Straße schlafen. Das war sehr grausam. Bis dahin haben diese Leute, die in unsere Häuser kamen, nichts besessen. Jetzt auf einmal ist das neue Regime gekommen und hat gesagt: ‚Wir sind die neuen Herren! Ich kann mich erinnern, wie einer der Kolonisten die Nähmaschine aus dem Fenster werfen wollte. Auch einen Sack Korn, den meine Mutter in der Stube versteckt hatte, hat er hinausgeschmissen. Hinausgeschmissen wurden auch unsere Betten. Wir sind darauf zu Bekannten gezogen. Sie haben sich immer die besseren Häuser ausgesucht. Dort, wo ärmere Häuser waren, dorthin wollten sie nicht kommen. Dort, wo Kolonisten eingezogen sind, in den Häusern hat man die Leute zusammen in ein Zimmer eingewiesen. Man mußte sich sehr einschränken. Wir hatten damals nicht viel zu essen. Speck und Pelukas (Maisbrei – Polenta) haben wir gegessen. Brot hatten wir nicht. Das war 1947, als unsere Mutter in Rußland war."

Die drückenden Verhältnisse, unter denen die Landler damals leben mußten, schilderte mir auch eine Landlerin, mit der ich auf der Straße in Großpold vor dem Haus, in dem ich wohnte, sprach: „Nach dem Krieg hat man uns enteignet, man hat uns alles genommen. Von selbst haben wir uns hinaufgearbeitet. Wir mußten schaffen. Wir wären aber fast verhungert. Zu den Rumänen sind wir als Taglöhner gegangen, und die jungen Leute waren in Rußland verschleppt. Von allen Seiten hat man uns unterdrückt. Zwölf Jahre waren mit uns im Haus Kolonisten. Es war eine schwere Zeit!"

Dennoch gelangten die Landler dank ihres protestantischen Fleißes und ihrer Ausdauer wieder zu bescheidenem Wohlstand. Davon erzählte mir voll Stolz eine Landlerin, die nicht daran denkt, Großpold den Rücken zu kehren: „Es war nicht leicht. Die Rumänen haben uns ja alles nach dem Krieg genommen. Der Landler hat sich wieder aufgerappelt. Er hat das Haus zurückgekriegt, er hat es repariert, hat es angestrichen, er hat sich ein Badezimmer eingerichtet, er hat eine Wasserleitung gemacht usw. Sie haben uns alles genommen und nichts haben sie zurückgegeben. Nur das Haus haben sie zurückgegeben. Den Schweinen haben sie auf der Stiege das Fressen gegeben. Und die Stuben waren voll von Wanzen. Wir mußten alles schwefeln. Das war um 1957. Die Wanzen sind viel schrecklicher als die Läuse. Die verkriechen sich. Trotz alledem haben wir es geschafft, in unseren Häusern zu leben." Die Landler kamen Ende der fünfziger Jahre wieder zu ihren Häusern, aber die Erinnerung an diese harten Zeiten ist in ihnen noch wach – heute, in einer Zeit des Aufbruchs nach der Revolution, mehr denn je.

Protestantismus, Arbeit und Fleiß – Der Kirchenbesuch

Das Band, das die Landler einigt, ist die von ihren Ahnen nach Siebenbürgen gebrachte protestantische Religion samt ihren Repräsentanten, den Pfarrern. Die Religion mit ihren Normen und Symbolen vermittelt ihnen Selbstverständnis und die Vorstellung einer gewachsenen Gemeinschaft. Deutlich schildert dies eine Landlerin: „Der Glaube behütet, daß wir Landler uns mit anderen Völkern, die einen anderen Glauben haben, vermischen. Der Glaube verschafft eine gemeinsame Mentalität. Er vereinigt die Leute, vor allem der Kirchengesang. Wenn man singt, bildet man eine Gemeinschaft. Unser Männergesangverein, der für uns sehr wichtig ist, wurde 1881 gegründet. Bis heute hat er sich gehalten. Im Gesangverein wird deutsche Kultur gepflegt."

Regelmäßige Gesangproben und andere auf kirchliche Veranstaltungen bezogene Aktivitäten stärken das Bewußtsein von der durch die Religion gestifteten Gemeinschaft. Und gerade die protestantische Religion zeichnet eine spezifische Einstellung zum alltäglichen Leben und besonders zur Arbeit vor.

Die protestantische Ethik mit ihrem Gedanken von der gottgefälligen Arbeit ist tief im Sozialleben der Landler verankert. Und es ist eben dieses durch Gesangverein, Musikkapelle und ähnliche Einrichtungen gestärkte Gemeinschaftsgefühl, welches auf das Lob der Arbeit ausgerichtet ist.

Für den Landler ist demnach der sonntägliche Kirchenbesuch ein wichtiges Ereignis, in dem er sich die Prinzipien des Alltags vergegenwärtigt. In den Predigten scheint der Gedanke von der Wichtigkeit eines arbeitsamen, also im Sinne Gottes geführten Lebens eine besondere Bedeutung zu haben.

In der Predigt zum Reformationsfest, der ich Anfang November 1990 beiwohnte, betonte der Pfarrer einfühlsam und, wie es schien, mit felsenfester Überzeugung die Wichtigkeit eines solchen Lebens. Während dieser Predigt saß ich neben Herrn

Piringer, einem Landler, der für gewöhnlich mit den Sachsen auf der linken Seite des Kirchenschiffes sitzt. Herr Piringer rückte mir übrigens freundlich das Gesangbuch zurecht, damit ich auch angemessen mitsingen könne. Ich tat dies, aber nicht sehr melodisch, was meinen Nachbarn jedoch offensichtlich nicht störte.

Zunächst las der Pfarrer aus dem Evangelium die Worte: „... meine Lieben, die ihr immer gehorsam gewesen seid, nicht allein in meiner Gegenwart, sondern auch in meiner Abwesenheit, schaffet, daß ihr selig werdet mit Furcht und Zittern, denn Gott ist es, denn in euch wirkt beides, das Wollen und Vollbringen. Nach seinem Wohlgefallen! Gott der Herr segne sein Volk!" In der anschließenden Predigt erinnerte der Pfarrer an den schweren Glaubenskampf Luthers, der sich die Frage stellte: Wie kriege ich einen gnädigen Gott? Und schließlich ging er auf die zuvor gelesene Bibelstelle ein: „Wir haben einen Text gelesen, der scheinbar dem Gedanken widerspricht, daß der Sünder Gnade finde. Denn es heißt: Schaffet, daß ihr selig werdet mit Furcht und Zittern. Wir werden da aufgerufen, unser Heil selbst zu schaffen. Und wir erinnern uns an das Lied des alten Gesangbuches, das gerade mit diesen Worten beginnt: ‚Schaffet doch ihr Menschenkinder, schaffet eure Seligkeit! Baut nicht wie sichre Sünder auf der gegenwärtigen Zeit, sondern schauet über euch, ringet nach dem Himmelreich und bemühet euch auf Erden, wie ihr möget selig werden.' So fragen wir nun: Wie? Ist es also Gott, der unser Heil will und schafft. Oder tun es die Menschen? Ist es der Glaube? ... Oder sind es die Werke? Oder vielleicht gar beides ... Unser Text sagt: Gott allein. Denn er will das Wollen und Vollbringen (!), aber wir Menschen sind nach dem Willen Gottes keine Klötze und nicht Steine, sondern lebendige Personen, die dieses Heil, das Gott allein schafft, ergreifen sollen, es annehmen, es aneignen sollen ... sowenig wir Menschen das Heil, den Sinn unseres Lebens uns selbst geben und verdienen können, sowenig können wir das Heil empfangen ohne Gehorsam ... dieses Geschenk nützt uns nur, wenn wir es annehmen. Und dazu sagt unser Text: ‚Mit

Furcht und Zittern sollen wir unser Heil schaffen, es annehmen und es ergreifen … Es ist der tätige Glaube.' " Im Schaffen liegt also das Heil, und zwar im gemeinsamen, auf die Gemeinde hin bezogenen. Dies erklärte der Pfarrer mit folgendem Gleichnis: „Es trafen sich einmal vier Bettler. Der eine hat ein Stück Fleisch erbettelt, der andere Brot, der dritte ein wenig Salz, der vierte ein paar Möhren. Und nun treffen sie sich unter einer Brücke. Da sagt der eine: ‚Wenn wir das, was wir erbettelt haben, zusammenlegen, in einen Topf tun und kochen, dann gibt das eine gute Suppe.' Sie beschließen, das zu tun. Sie stellen einen Kessel Wasser über das Feuer. Und nun fängt das Wasser zu kochen an. Und nun soll jeder, was er empfangen hat, hineinlegen, damit sie eine gute Suppe essen können. Aber dann denkt sich der, der das Stück Fleisch erbettelt hatte, es geht auch ohne mein Fleisch. Er tut nun so, als ob er das Fleisch in den Topf tut, und behält es. Und genauso denken die anderen. Und zum Schluß müssen sie das leere Wasser trinken. Weil sie das, was sie empfangen haben, nicht einbringen. Wir sind dazu berufen, daß wir Gottes Geschenk, das er uns anbietet und immer aufs neue in seinen Worten schenkt, annehmen. Daß wir dadurch die Gemeinde Christi erbauen. Gott und Jesus Christus zur Ehre und uns zum Heil und zur Rettung. Amen."
Der brave Landler als Protestant soll, so will es das Evangelium in der Deutung des Pfarrers, mit seiner Arbeit eine Beziehung zu Gott herstellen. Dadurch ist er auch für die Gemeinschaft tätig. Hier wird klar darauf hingewiesen, daß der einzelne gottgefällige Mensch die Gemeinsamkeit der Gruppe, in deren Mitte er schafft, benötigt, um so endlich sein Seelenheil zu erreichen. Darüber sprach ich auch mit Herrn Piringer, von dem ich schließlich wissen wollte, welche Bedeutung für ihn die Arbeit hat. Seine Antwort unterstreicht den Gedankengang des Pfarrers: „Arbeit ist für uns wichtig. Bete und arbeite, dann wirst du Brot finden. In erster Linie ist es das Beten, in zweiter das Arbeiten … Der Pfarrer legt das Evangelium gut aus. Hut ab vor ihm. Ich war auch bei katholischen Predigten, aber in diesen kommt das nicht so zum

Ausdruck, was das Evangelium will." Ich verweise ihn darauf, daß es in der vormittäglichen Predigt hieß: „Schaffet, damit ihr selig werdet!" Er nickt und ergänzt: „Das ist so zu verstehen, daß wir das, was Gott uns anbietet, nämlich die Gelegenheit zur Arbeit, annehmen sollen." Auf diese Weise gelingt es dem gottesfürchtigen Landler, ein Leben zu führen, von dem er überzeugt sein kann, daß es im Sinne Gottes und der Gemeinschaft ist. Hier wird die klassische Tradition des Protestantismus lebendig, wonach Arbeit den Menschen schlechthin zu jemandem macht, der damit rechnen kann, nicht bloß in dieser Welt von den anderen geachtet zu werden, sondern auch in der jenseitigen, nämlich in der Welt Gottes. Gottesfurcht steckt im täglichen Arbeiten, wobei Gott und menschliche Gemeinschaft identisch zu sein scheinen. Gott steht für die Gemeinschaft, und die Gemeinschaft steht für Gott. Den Zusammenhalt garantiert die Arbeit, die das Leben bestimmt.
Der Sonntag mit seinem Kirchenbesuch, zu dem das feierliche Kirchengewand angezogen wird, dient der Heiligung der vergangenen und der kommenden Arbeitswoche. Das Glockengeläute während der Werktage erinnert an ein Leben der Arbeit. Früher riefen die Glocken bereits um fünf Uhr morgens zur Tätigkeit auf dem Feld. Der kulturelle Wandel der letzten Jahre bewirkte ein Verschieben des Geläutes auf sieben Uhr. Aber die Bauern auf ihrem Weg zum Feld sagen heute noch: „Herr, hilf!" Und am Abend, wenn die Glocke läutete, ließen sie ab von ihrer Arbeit und beteten: „Gott sei Dank, daß du uns heute geholfen hast!" Dazu erzählte mir ein alter Landler: „Was uns Landler und Sachsen hier gehalten hat, das kann man in drei Wörtern zusammenfassen: Bete und arbeite. Früher sind 85 Prozent der Deutschen hier in Großpold zur Kirche gegangen. An einem Sonntag wurden die Schuhe gereinigt, das Vieh gefüttert und nichts gearbeitet." Die sonntägliche feierliche Distanz zur Arbeit symbolisiert sich in klassischer Weise in der Tracht bei den Frauen, und bei den Männern heute im schönen, gepflegten Sonntagsanzug. Es zeigt sich hier allerdings ein Wandel, denn mit der steten Abwanderung vor allem junger Leute aus Großpold

dürften sich gewisse Kleidervorschriften etwas gelockert haben (so in der Tracht), die früher wohl von allen Gemeindemitgliedern im kirchlichen Ritual verbindlich gewesen sind. Von den Männern tragen heute nur mehr die vier Kirchenväter während des Gottesdienstes ihre alten Trachtenhosen und Trachtenjoppen. Bei den Frauen ist das Bild ein bunteres, für die meisten ist der Kirchgang ohne Tracht nicht vorstellbar. Junge Männer und junge Frauen zeigen sich jedoch in der Kirche kaum noch in Tracht. Eine Ausnahme bilden hier nur die großen Feiertage, wie das Erntedankfest, an denen die Mädchen in Tracht hinter dem Pfarrer in die Kirche paradieren. Die Kirchengemeinde wurde innerhalb des letzten Jahres – nach der „Revolution" – immer kleiner, was vor allem der Pfarrer, mit dem ich darüber sprach, mit Sorge zur Kenntnis nimmt. Denn gerade für ihn ist die Jugend wichtig, mit den Jugendlichen kann er sich umgeben, überhaupt wenn es gilt, feierliche Gottesdienste durchzuführen.

Religion und Kirche sind aus dem Leben der Landler nicht wegzudenken. Für einen Landler (ebenso wie für einen Sachsen) ist es daher auch nicht vorstellbar, daß einer von ihnen der Religion abtrünnig wird. Dies wird geradezu als Verrat an der Gemeinschaft und der Familie empfunden, so im Falle jener, die etwa nach Deutschland gezogen sind und es mit ihrer Religion nicht mehr so genau nehmen. Mit tiefer Bitterkeit erzählte mir eine Landlerin, daß ihre ausgewanderte Tochter aus der Kirche ausgetreten sei: „Ich habe mich darüber so gegrämt, ich habe soviel geweint. Ich dachte, dies kann ich nicht überstehen. Es kam mir vor, wie wenn ein Blitz in einen Baum einschlägt … So kam mir das vor. So traurig ist das. Ich habe zu ihr bloß einen Kontakt wie zu jedem anderen Menschen. Ich habe damals sehr geweint. Ich habe mir dann gedacht, das hat doch keinen Sinn. Warum soll ich weinen? Man weint, weil man alleine geblieben ist."

Landler, die ihre Religion aufgeben, geben auch die Zugehörigkeit zu ihrer Gemeinschaft, der Gemeinschaft der alten Landler auf. Diese Trennung wird vollkommen, wenn sie mit der Abwanderung einhergeht.

Der Pfarrer als der „König" im Dorf – Seine Scherze mit dem Kommunismus

Der Pfarrer ist, wie bereits dargetan, das lebende Symbol für die Gemeinschaft. Ein Landler, der ausgewandert ist und mit dem ich in Goisern sprach, meinte zu mir, in Siebenbürgen wäre der Pfarrer der König im Dorf gewesen.

Den Pfarrer respektieren die Landler. An ihn wenden sich die Menschen, wenn sie Probleme haben oder wenn sie in Bedrängnis sind. Der Pfarrer predigt nicht nur, sondern er steht auch in weltlichen Dingen bei. Eigentlich gibt es, wie schon angedeutet, keine rein weltlichen Dinge für den protestantischen Landler, denn für ihn ist die Religion überall gegenwärtig. Das „Arbeite und bete!" ein Spruch, den ich sogar eingestickt auf Kopfpolster sah, läßt eine Trennung der beiden Welten gar nicht zu. Daher ist der Pfarrer in allen Belangen eine Autorität: auf dem Feld, zu Hause, auf der Straße, wenn der Landler mit dem Pferd oder dem Ochsen unterwegs ist, oder eben in der Kirche. Der Pfarrer weiß das, seine Predigten beziehen sich daher auch auf die Dinge der täglichen Arbeit. Seine besondere diesseitige, daher sehr politische Funktion für die Gemeinschaft der Landler symbolisiert sich darin, daß der protestantische Pfarrer in den deutschen Dörfern Siebenbürgens nicht durch einen kirchlichen Würdenträger eingesetzt wird, wie in der katholischen Kirche, sondern er wird durch die Gemeinde gewählt. Dieses Recht, den Pfarrer zu wählen, geht auf das „Andreanum", jenen bereits oben angeführten „Goldenen Freibrief" des König Andreas II., zurück. Durch diesen Wahlakt wird eine enge Beziehung zwischen der Gemeinde und ihrem Pfarrer bereits grundgelegt, die schließlich auch die Voraussetzung für ein gewisses Vertrauensverhältnis darstellt. Die Gemeinde fühlt sich ihrem Pfarrer sehr verbunden, dieser weiß es und ist bestrebt, diese Beziehung nicht zu brechen.

Der freundliche Pfarrer von Großpold, ein Mann voller Temperament, ist nicht Landler, sondern Sachse. Wichtig ist neben seiner protestantischen Basis jedoch sein Interesse an den Alltagsproblemen der Dorfbewohner, wozu vor allem die Auseinandersetzung mit der kommunistischen Ideologie gehörte (und gehört), steht sie doch im Widerspruch zur Kirche. Mir wurde erzählt, daß Landlern, die eine öffentliche Stellung bekleideten, nahegelegt wurde, nicht in die Kirche zu gehen. In den fünfziger und sechziger Jahren durften Lehrer dem Gottesdienst nicht beiwohnen.

Für den Pfarrer waren solche und ähnliche Zwänge, unter denen seine Gemeindemitglieder stehen, bedrückend. Eine wichtige Möglichkeit, dem Kommunismus zu begegnen,war ein guter Witz, den manche Pfarrer hervorragend einzusetzen wußten, wie die folgende Episode zeigt: Der Bürgermeister soll einmal vor Leuten des Kollektivs eine Rede gehalten haben. Da kam der Pfarrer vorbei, der gerade beim Friseur gewesen war. Als der Bürgermeister seiner ansichtig wurde, sagte er zu seinen Leuten: „Paßt auf, wie ich den hineinlege." Darauf wandte er sich laut an den Pfarrer: „Kommen die Leute überhaupt noch in die Kirche?" Der Pfarrer antwortete: „Ja, ich muß Ihnen sagen, sie kommen wirklich. Im Gegensatz zu Ihnen (dem Bürgermeister) rufe ich die Leute nicht, und sie kommen dennoch. Sie aber rufen immer wieder die Leute, und sie kommen nicht." Der Bürgermeister schaute verdutzt, und die anderen lachten. Der Pfarrer setzte schmunzelnd seinen Weg fort.

Auch bei einer anderen Begebenheit, die mir eine Landlerin geschildert hat, bewies der Pfarrer seine ernste, aber dabei auch heitere Distanz zu den Kommunisten. Der Pfarrer befand sich am rumänischen Ostertag, dem größten Feiertag der Rumänen, der sich vom katholischen und protestantischen ein paar Wochen unterscheiden kann, in Mühlbach und berichtete den Landlern in Großpold später belustigt von den Beobachtungen, die er dort gemacht hatte:

„Was soll ich euch sagen: Alle die großen kommunistischen Funktionäre sind aus der Kirche gekommen. Und uns wollen sie verbieten, in die Kirche zu gehen. Die sollen mir nur kommen. Ich sage es ihnen schon. Der Rumäne schreit, er ist Kommunist und es gibt für ihn keinen Herrgott. Und zu

Ostern gehen sie alle brav in die Kirche und zum Abendmahl."

Auf solche Weise führt der Pfarrer den Landlern scherzhaft die Problematik des Kommunismus vor Augen und demonstriert gleichzeitig die Wichtigkeit der Religion für die Gemeinschaft. Der Pfarrer erfüllt also eine eminent politische Aufgabe, und dem Kommunismus ist es nicht gelungen, seine Bedeutung zu unterminieren. Auch jetzt, in der Zeit nach der Revolution, da die jungen Leute den rumänischen Verhältnissen zu entfliehen suchen, scharen sich die Zurückbleibenden um ihn. Ein alter Landler meinte zu mir: „Der Pfarrer wird sicher auch wegziehen. Aber er muß so lange bleiben, bis die letzten gehen."

Auf den Pfarrer konzentrieren sich die Hoffnungen derjenigen, die nicht wegziehen wollen. Dabei handelt es sich wohl großteils um alleingebliebene alte Menschen, für die es schwer ist, in Deutschland eine entsprechende Unterkunft zu erhalten. Die Jugend entflieht jedoch dem Dorf, was der Pfarrer mit Trauer registriert. Zu mir meinte ein junger Mann, der auch schon daran denkt, Großpold zu verlassen: „Bald bleibt dem Pfarrer nur mehr das Trösten." Und ein alter Landler ergänzte: „Wenn niemand mehr da ist, was soll der Pfarrer noch? Aber wir vertrauen auf unseren lieben Gott. Fürchtet euch nicht, heißt es bei Christus."

Der Pfarrer steht traditionell im Zentrum des Denkens und Handelns der Landler. An ihm orientiert man sich, und man weiß, daß Hilfe von ihm zu erwarten ist. Als Österreicher der Gemeinde einen Schulbus spendeten, chauffierte der Pfarrer selbst die Kinder. Und die gespendeten Sachgüter verwaltet und verteilt ebenfalls der Pfarrer. Sein Charisma hält die Menschen zusammen, und er ist es auch, der den Landlern und Sachsen ein Selbstverständnis gibt, durch welches sie sich von anderen Volksgruppen unterscheiden. Die Kultur der Landler und Sachsen wird gewissermaßen erst durch seine Person lebensfähig.

Landler als fleißige und arbeitsame Leute

Die Religiosität der Landler steht in enger Beziehung zu ihrem Arbeitseifer. Dies habe ich in den vorigen Überlegungen bereits angedeutet, und ich möchte daran noch einige Gedanken knüpfen: Vor allem mir, der ich in katholischer Frömmigkeit, aber auch Durchtriebenheit aufwuchs, erscheint der Fleiß des Landlers ungewohnt und übertrieben. Er hat aber, wie ich schließlich erkannt habe, eine wichtige Bedeutung für die eigene Identität. Durch den Hinweis auf den Fleiß versucht man, sich auch als Gruppe von anderen Gemeinschaften abzugrenzen. So hörte ich oft von Landlern den stolzen Satz: „Was du heute kannst besorgen, das verschiebe nicht auf morgen!“ Und eine Landlerin fügt dem noch die Feststellung hinzu: „Das sagen wir Landler. Aber die Rumänen denken da ganz anders. Sie sagen: ‚Was du nicht unbedingt heute machen mußt, verschiebe es auf morgen. Morgen gelten andere Normen.‘“ Der Landler ist stolz auf seinen Arbeitseinsatz und auf seine Verläßlichkeit, durch die er sich von anderen, weniger frommen Leuten unterschieden sieht.

Dem kommunistischen System mit seiner Kollektivwirtschaft wußte der Landler Vorteile durch Fleiß und Einsatz abzugewinnen. So erzählte mir ein Landler, mit dem ich bei einem Glas Hofwein beisammensaß: „Von dem Hektar, den ich zur Nutzung bekommen habe, mußte ich 3 000 Kilo Mais abgeben. Habe ich 4 000 Kilo erzeugt, so habe ich mir 500 Kilo davon behalten. Für meine Arbeit habe ich Punkte bekommen. Je nach Punkten wurden mir Tagelöhne zugeteilt. Ein Tagelohn waren zum Beispiel ungefähr drei oder manchmal auch sechs Kilo Kukuruz oder auch Wein oder ähnliches. Dadurch hatte ich viel Wein und Frucht, mehr als ich brauchte. Davon habe ich einiges verkauft. So ist zum Beispiel mein Sohn manchmal mit über 1 000 Kilo in die Nachbargemeinde hinüber. Und hat sie dort verkauft. Ich war sehr fleißig. Ich habe also nicht einen, sondern gleich drei Tagelöhne gemacht an einem Tag. Mit meiner Frau zusammen kam ich sogar auf sechs. Und wir haben so gut verdient.

Das merkte die Partei und sagte sich: Hoho, die verdienen zu viel. Das wird sich ändern. Nun wurde in Gruppen, nicht mehr einzeln, gearbeitet und abgerechnet. Man sagte sich, wenn die ganze Gruppe einen Überplan macht, so bekommt niemand etwas. Den Gewinn machten also die Funktionäre. Sie wollten nicht, daß der Kollektivbauer zu viel verdient, das war in den siebziger Jahren. Dann habe ich Weinstöcke veredelt. Es waren insgesamt ungefähr 20 000 Weinstöcke. In einer Rebschule habe ich sie selbst bearbeitet. Ich bin früher heimgekommen und habe mit der Arbeit in der Rebschule begonnen. Wenn ich 100 Weinstöcke veredelt habe, so gehörte die Hälfte mir. Das Kollektiv hat dann alle Reben gekauft und mir die Hälfte gegeben. Auf diese Weise habe ich sehr gut verdient. Ich habe also 20 000 Rebstöcke veredelt und dafür 12 000 Lei verdient, auf einmal. Zu diesem Geld bekam ich noch meinen normalen Tagelohn, das waren 12 Lei am Tag. Es war nun ein Haufen Geld, den ich hatte. Und mit diesem baute ich mir ein Haus. Ich bin nicht der einzige von den Landlern, der so fleißig war und dabei ganz gut verdient hat."

Aber auch die Kinder wurden mit Arbeit konfrontiert. Auf ihren Fleiß kam es mitunter an, wenn den Eltern wirksam geholfen werden sollte. Eine Landlerin erzählt mir dazu, sie sei bereits nach der 5. Klasse Volksschule gezwungen gewesen, hart zu arbeiten. Da ihre im Kollektiv arbeitende Mutter unter starken Kreuzschmerzen litt, begleitete sie sie zur Arbeit auf dem Feld und half der Mutter, ihre Tagesarbeit zu erfüllen.

Daß die Arbeit das Leben der Landler bestimmt, wußten auch die rumänischen Funktionäre. Dazu meinte ein Landler: „Wir haben immer herhalten müssen. Wir haben hart gearbeitet, und die anderen haben die Milch abgerahmt."

Der auf diese Art und Weise erworbene relative Wohlstand der Landler zeigt sich in reinlichen Häusern, in denen volle Weinfässer, gepökeltes Schweinefleisch, Kartoffeln und andere Feldfrüchte auf den Verzehr warten. Vor allem jene Landler, die im Kollektiv oder in einer Staatsstellung eine besondere Tätigkeit oder ein Handwerk ausüben, wie als Traktorführer oder als Tischler, wußten (und wissen) geschickt, durch zusätzliche „Schwarzarbeit“ zu ein paar Lei zu gelangen. Ein ungemein fleißiger Tischler, der in einem freundlichen Haus am Rande Großpolds wohnt, erzählte mir, er habe das Geld für den Hausbau dadurch erworben, daß er „schwarz“ für andere gearbeitet habe: „Fenster und Türen habe ich gemacht. Fußböden habe ich gelegt und andere Dinge gearbeitet. Man hat das von der Finanz aus gewußt, aber nichts gesagt. Es war also nicht autorisiert, was ich gemacht habe.“

Der Tag des Landlers besteht aus Arbeit, sowohl im Kollektiv als auch nach Feierabend bei Freunden und Bekannten.

Einem Landler, der als staatlich angestellter Traktorführer arbeitet, begegnete ich an einem späten Nachmittag in den Weinbergen bei Großpold. Gemeinsam mit einem Kollegen zog er gerade eifrig Ackerbaugeräte über den zerfurchten Boden. Ich besuchte ihn einige Stunden später in seinem Haus und fragte ihn beim Wein nach dem Grund der späten Arbeit. Ich erfuhr nun, daß er den einer staatlichen Firma gehörenden Traktor regelmäßig dazu verwendete, um „private“ Arbeiten für Freunde und Bekannte zu verrichten. Der staatliche Betrieb tolerierte dies offensichtlich. Auf meine Frage, woher er wisse, daß es solche Arbeiten für ihn gebe, führte er aus: „Zu mir ist jemand gekommen und hat gesagt: Komm und säe uns das Feld. Dann habe ich ihnen das gemacht. Und nach der Arbeit bin ich noch eingekehrt, und man hat mich auf ein Bier aus Deutschland eingeladen.“

Schwarzarbeit wird also von öffentlichen Stellen informell akzeptiert. Sie ist die klassische Ergänzung zur Arbeit in staatlichen Betrieben (übrigens auch in den „westlichen“ Ländern).

Die Wichtigkeit der Arbeit betonte eine Landlerin mir gegenüber durch den Hinweis auf den Epheserbrief des heiligen Paulus, in dem es heißt: Schaffet mit euren Händen, damit ihr den Armen geben könnt.

Obwohl dieselbe liebenswürdige Landlerin mir gegenüber

meinte: „Arbeit soll unser Reitpferd sein, nicht unser Reiter, wir werden aber oft geritten“, ist Faulsein für sie verdammenswert. Sie drückte dies so aus: „Der Mensch, der nichts arbeitet, ist ein Lauskerl. Bei uns Landlern wurde immer gearbeitet. Wenn einmal keine Arbeit war, saß man am Webstuhl.“ Meine Gesprächspartnerin selbst, die mir als Abschiedsgeschenk einen selbstgewebten Fleckerlteppich verehrte, sitzt viele Stunden neben ihrer Arbeit auf dem Feld und im Haus am Webstuhl und verfertigt für andere Landler Fleckerlteppiche. Pro Meter verlangt sie 50 Lei. Manchmal werde ihr die Arbeit zuviel, meinte sie einmal müde zu mir. Aber dennoch, ohne Arbeit könne sie nicht leben, wie die anderen Landler auch.

Scherze über die Arbeit

Die Rumänen sagen über den Arbeitseifer der Landler und Sachsen: Wenn die Landler und die Sachsen nichts zu tun haben, überdrehen sie ihr Haus und machen ein neues. Das will heißen, sie reißen es ab, um es wieder aufzubauen. Arbeit gehört zum Landlerleben, und sie hat den Anstrich des Heiligen.

Aber dennoch macht sich der Landler auch über die Arbeit lustig.

Bei einem freundlichen Beisammensein mit Landlern brachte ich das Gespräch auf ihren Fleiß. Darauf lächelte ein Traktorführer und rezitierte: „Arbeit macht das süße Leben sauer, Faulheit stärkt die Glieder auf die Dauer.“

Und eine fleißige Landlerin charakterisierte jemanden, der nicht gerne arbeitet, als einen, der „gerne auf die Leich’ (zum Begräbnis) der Arbeit“ gehe, „sogar bis Wien“.

Arbeit und Scherz stehen also durchaus in Beziehung zueinander. Ein allzu großer Ernst bei der Arbeit wird auch dann nicht gefordert, wenn man sicher ist, daß die Arbeit getan wird. So erzählte eine Landlerin: „Im Sommer mußte das Korn geschnitten und gedroschen werden. Wir verwendeten beim

Mähen noch Sensen. Um 1960 kamen die ersten Mähdrescher ... Die Spreu wurde mit Rüben für das Viehfutter gemischt. Zum Spreuaufladen waren einmal meine Mutter, eine andere Frau, deren Tochter und ich hinbestellt. Auch ein Junge war dabei. Für gewöhnlich arbeitete er bei den Pferden. Dieser Junge hat den Wagen mit dem Spreu in das Dorf gezogen, wo er es bei den einzelnen Höfen ablud. Dann kam er wieder mit dem Wagen zurück. In der Zwischenzeit hatten wir wieder einen anderen Wagen für ihn aufgeladen. Dieser Junge machte mit uns seine Witze, er hat uns geneckt. Nun haben wir uns gedacht, dem zeigen wir es und nun ärgern wir ihn. Als er wieder mit einem Wagen unterwegs war, haben wir seine Bluse, die er ausgezogen hatte, genommen und mit Spreu ausgestopft. Aus dem Halsausschnitt schaute besonders viel Stroh heraus. Diese ausgestopfte Bluse stellten wir auf den aufgeladenen Wagen. Dem Rock haben wir einen Stock gegeben. Er schaute nun aus, als ob er auf dem Wagen sitzt. Der Junge kam mit dem einen leeren Wagen zurück und sah die Sache. Wir haben ihm gesagt: Wir haben nun jemand anderen gefunden, der uns nicht immer neckt." Dieselbe Landlerin genoß auch die freundlichen Scherze des sie verehrenden Maschinisten bei der Dreschmaschine: „Wir Mädchen haben die Garben aufgeschnitten, der Maschinist hat sie genommen und in die Maschine gelegt. Einmal sollten wir Bindestroh machen, dies war wichtig für die Weingärten. Es war gutes Stroh, das durch den Kamm gezogen wurde. Bei diesen Bündeln waren die Disteln länger als das Stroh. So habe ich es dem Maschinisten gereicht. Der Maschinist – er war während des Krieges in Wien – neigte sich zu mir und sagte: So etwas sieht man nicht einmal in Wien."

Die Arbeit, die für den Landler etwas Gottgegebenes ist, erhält somit durch den Scherz und den Witz eine weitere Dimension des Göttlichen. Denn der Witz hat mit Göttlichkeit zu tun, erhebt er doch den Menschen über die als notwendig empfundene Last des Alltags und hilft ihm so, diese leichter zu tragen.

Diesem Phänomen begegnet man in vielen Gesellschaften,

aber gerade bei den Landlern scheint es von besonderer Bedeutung zu sein, zumal für sie ein Leben ohne Arbeit nicht vorstellbar ist.

Verläßlichkeit und Ordentlichkeit

Mit Fleiß und Arbeitseifer verknüpft sich bei den Landlern das Wissen, daß Ordentlichkeit, Sauberkeit und auch Verläßlichkeit wichtig für ein geregeltes und gesellschaftliches Leben sind. Von einem alten Landler hörte ich folgenden Landlerspruch: „Ein Mensch braucht nicht schön zu sein, aber er muß sich sauber halten, dann ist er ein angenehmer Mensch." Damit soll wohl darauf aufmerksam gemacht werden, daß Arbeitslust, gepaart mit Reinlichkeit, in jeder Hinsicht – in Haus und Hof und auch bei der Person – zum Leben des Landlers gehört. Er unterscheidet sich dadurch – sicherlich bewußt – von den ihn umgebenden Kulturen, für welche andere Wertmaßstäbe wichtig sind. Im übrigen demonstrierte ein Landler auch mir gegenüber seine Reinlichkeit dadurch, daß er, wenn er sein Haus betrat, seine Schuhe auszog. Mit mir ging er gleich gar nicht in das Haus, sondern in die neben dem Hauseingang gelegene, ebenfalls saubere und gemütliche Sommerküche. Zum Thema Arbeit meinte er stolz: „Es gibt hier in Großpold einen Wettbewerb ohnegleichen, zumindest früher war das so. Nicht nur bei der Arbeit, sondern auch im Anständigsein."

Für den Landler ist nur der gottgefällig, der arbeitet. Daher werden jene Menschen kritisch besehen, die durch Spekulation und Gaunereien, wie sie in Rumänien vor der „Revolution" üblich waren, zu Vermögen zu kommen versuchten. Und jene, die mit wenig Arbeit gut leben wollen, werden belächelt, wie eine Landlerin andeutet: „Es gibt heute Jugendliche, die wegziehen und genießen wollen, aber kaum etwas arbeiten. Am liebsten wäre ihnen, wenn sie wie in der (ehemaligen) DDR arbeiten und wie in der BRD leben (könnten). Der Wohlstand kommt aber nur durch Arbeit. Das muß man wissen. Und das wissen die Deutschen genauso wie die Japaner. Sie sind fleißige Leute, obwohl man ihnen nach dem Krieg alles abmontiert hat.“

Der arbeitsame, reinliche und „anständige“ Mensch ist schließlich auch „treu“, wie eine Landlerin mir gegenüber mit Nachdruck betonte: „Das Wort Treue hat bei uns Deutschen eine große Bedeutung. Ein treuer Mensch ist ein Mensch, auf den man sich verlassen kann. Bei den Rumänen wird das Wort Fidelitate, das heißt Treue, sehr selten verwendet. Wir haben lange gebraucht herauszufinden, was Treue auf rumänisch heißt.“ Treue wird hier als ethnische Eigenheit der Landler gesehen, eine Charakteristik, die geradezu als Unterscheidungsmerkmal gegenüber anderen Kulturen gilt. Ebenso wie die Begriffe Arbeit und Fleiß, die in das tägliche Leben, zu dem die Kirche, aber auch die Unterhaltung gehören, eingewoben sind. Dies zeigt sich schließlich in dem alten Großpolderlied, in dem es unter anderem heißt: „Und weil man hier so fleißig ist, arbeitet und schafft, so sei auch unserem Großpold ein dreifach Hoch gebracht.“

Kommunismus bei den Landlern – Tricks, mit ihm fertigzuwerden

Für die Landler bedeutet der Kommunismus, wie er sich nach dem letzten Krieg in Rumänien etabliert hatte, eine enorme Umstellung. Dazu paßt die Schilderung eines heute ungefähr 56 Jahre alten Landlers: „Ich war damals so 12 oder 13 Jahre alt. Am Morgen sind sie, die Kommunisten, gekommen. Wir haben im Stall vier Kühe gehabt und drei Pferde. Sie haben die Tiere losgebunden und sie hinausgeführt. Und weg waren sie. Auch unseren Grund haben sie uns genommen. Wir Landler hatten nun keine Gründe mehr. Diese wurden nun zu Kollektiven, zu Gemeinschaftsbesitz. Eine Zeitlang konnten wir damals noch von dem leben, was wir im Vorjahr aufgehoben hatten, das war etwas Frucht. Das Perverse war nun, daß wir das Brot, das wir früher selbst gebacken hatten, in der Stadt kaufen mußten."

Dem Landler als Bauern wurde mit der Einführung der Kollektivwirtschaft die alte bäuerliche Autarkie genommen. Diese Autarkie, also die Möglichkeit der Selbsterhaltung, hatte den Landler von anderen im wesentlichen unabhängig gemacht, denn er erzeugte die Dinge, die er zum Leben brauchte, selbst. Er hatte das Fleisch und die Milch und war stolz auf seine Feldfrüchte, die er selbständig verkaufen konnte. Und nun änderte sich dies alles entscheidend. Manche Bauern wehrten sich beharrlich und lange gegen die Eingliederung in das Kollektiv. Ein solcher Bauer erzählte mir: „Ich war nie für die Kommunisten. Sie haben uns die Landwirtschaft nach dem Krieg genommen. Den Zigeunern hat man Grund zugeteilt, damit sie Bauern werden. Ein Zigeuner hat zu mir gesagt: Schau, wir können gut zusammenarbeiten. Du kannst die Hälfte von meinem (gepachteten) Grund bewirtschaften, und du borgst mir dafür Ochsen. Ich habe ihm geantwortet, daß ich nicht daran denke. Ich war mir sicher, daß keine zehn Jahre vergehen würden, bis wir Landler wieder Grund zum Ackern hatten. Das war dann auch so. Mir ist es gelungen, mich als jemanden auszugeben, der immer schon mit den Rumänen sympathisiert hat (gegen die deutsche Wehrmacht im Krieg). Daher haben sie mir fünf Joch Grund überlassen. Die Ochsen und eine Kuh sind mir geblieben. So konnte ich arbeiten. Ich mußte aber, das haben die Kommunisten verlangt, Fleisch abgeben. Auch Heu mußte ich abgeben. Aufgetragen wurde mir auch, Erbsen anzubauen, von denen ich dann eine bestimmte Quote abzugeben hatte. Egal ob ich etwas geerntet habe oder nicht. 1961 wurde ich schließlich in das Kollektiv gezwungen. Nicht nur ich, sondern auch die ganze Gemeinde. Sie sind zu mir gekommen und haben versucht, mich zu überzeugen, wie gut das Kollektiv sei. Die haben so viel gesagt, daß ich nicht aus noch ein wußte. Schließlich mußte ich mich in das Kollektiv einschreiben. Mir blieb eigentlich nichts anderes übrig."

Man forderte von den Bauern die Ausrichtung an der Gemeinschaft, was auf Kosten der bäuerlichen Wirtschaft ging, und versuchte, die Landler zu bloßen Pächtern zu machen, die einen nicht geringen Teil der von ihnen erzeugten Güter abzuliefern hatten. Wohl blieben sie Eigentümer von Haus und Hof und einem eher kleinen Grund, aber dennoch sahen sie sich abhängig und eingeengt. Landler, die im Kollektiv arbeiteten, erhielten 30 Ar Grund zur Pacht. (Manche kamen so zu einem Weinberg.) Was sie dort anbauten, durften sie behalten.

In gewisser Weise ähneln die Landlerbauern den Bauern im alten Europa, die als Pächter des Adels betrachtet wurden und verpflichtet waren, diesen zu erhalten und Dienste für ihn zu verrichten. Eine solche Abhängigkeit bedingt aber trotzige Reaktionen und den Versuch, den Ausbeuter hineinzulegen. Dies gelang einigen Landlern auch trefflich. Zur Verpflichtung des Landlers gehörte es, wenn eine Kuh im Stall stand, einen Teil der Milch abzugeben. Dazu erzählte mir eine Landlerin: „Hat die Kuh gekalbt, so bekommt das Kalb die Milch. Meist haben wir es dann geschlachtet. Wir brauchten ja Fleisch. Behielten wir das Kalb, so mußten wir ihm drei

Monate Milch geben, so lange, bis wir es entwöhnt hatten. Und dann wollten sie, wir sollten 1 000 Liter Milch im Jahr zum Staat tragen. Bezahlt haben sie uns den Liter mit 2,50 Lei. Hätten wir tatsächlich die 1 000 Liter abgegeben, hätten wir eine ganze Kuh Schaden gehabt, wenn man den Wert umrechnet. Habe ich aber einen Liter privat verkauft, so bekam ich für den Liter 12 Lei. Hätten wir also die 1 000 Liter dem Staat verkauft, so hätten wir viel verloren (pro Liter 9,50 Lei Verlust, d. h. 12 Lei weniger 2,50 Lei. Insgesamt 9 500 Lei, das entspricht dem Wert einer Kuh). Wer kann sich das leisten?" Nun griff die Landlerin, ebenso wie ihre Kolleginnen im Dorf, zu einer List: „Wir haben nun aber nur 300 Liter abgegeben. Ungefähr zehn Jahre hindurch. Der Staat war ja angewiesen auf die Milch der Kuheigentümer, denn die Staatskühe geben keine Milch. Wir haben uns verpflichtet, die 1 000 Liter zum Staat zu tragen. Die Führung hat sich einen Plan gemacht und Verträge mit uns abgeschlossen, daß wir soundsoviel Liter Milch bringen. Es hat aber nirgends gestimmt. Nur auf dem Papier stimmte alles. In die Welt haben sie die großen Produktionen geschrieben, aber mehr als ein Drittel war gelogen."

Die Landlerin wußte von den problematischen Strategien des Staates und achtete darauf, das Beste für sich und ihre Familie herauszuholen. Deshalb überlegte sie genau, welche Milch sie abgab: „Die Milch, die ich am Morgen gemolken habe, war die beste Milch. Die habe ich nicht zum Staat getragen. Die Abendmilch kam in einen Topf. In der Früh habe ich die Sahne abgeschöpft und noch zwei Liter Wasser dazugegeben. So habe ich die Milch abgeliefert, ohne Sahne, aber mit Wasser. Auf diese Idee sind wir erst später gekommen. Am Anfang waren wir noch ehrlich. Die Milch, die wir gebracht haben, wurde wahrscheinlich von denen, die sie gesammelt haben, noch einmal mit Wasser vermischt. Und dann noch einmal. Die Milch wurde sicherlich viermal getäuft, bis sie zu den Städtern kam. Die Milch war dann ganz blau, wie die Donau."

Diesen Ausführungen sei hinzugefügt, daß Martin Bottesch,

dem ich von diesen Tricks der Milchverdünnung erzählte, die Schilderung der guten Frau als übertrieben bezeichnete. Seine Eltern hätten die Milch niemals mit Wasser aufgefüllt. Die wackere milchverdünnende Landlerin erklärte mir aber, das System hätte auf sie einen derartigen Druck ausgeübt, daß sie sich zum Milchverdünnen berechtigt sah. Ihre weitere Erzählung klingt fast wie eine Entschuldigung: „Wenn wir uns das Kalb behalten haben, mußten wir uns verpflichten, es bis 450 Kilo zu halten. Dann wurde es gewogen. Der, der es gewogen hat, hat bei der Waage schnell ein bißchen herumgedreht, damit es weniger wiegt. Er hatte außerdem das Recht, bis 30 Kilo abzuschlagen. Das war dann sein Gewinn. Der Verkauf eines Kalbes war das einzige, was sich gelohnt hat. Wir haben dafür billig Mais gekauft. In den letzten Jahren haben wir auch das nicht mehr erhalten."
Man mußte demnach in diesem kommunistischen System sehr listig und gefinkelt kalkulieren, um doch etwas Gewinn und einige Vorteile zu haben. Nicht wenige Landler lernten deshalb, den Problemen geschickt zu begegnen. Zu diesem Thema brachte der Schwager der Landlerin, der bei dem Gespräch anwesend war, noch einige Gedanken ein. „Die Minister hier haben uns alle angelogen hinsichtlich der Produktion. Im Januar haben die Staatsbeamten die Bestände aufgenommen. Sie gingen in jedes Haus und schrieben auf, wie viele Kühe, wie viele Schafe, wie viele Hühner, wie viele Schweine und alles da waren. Das haben sie gemeldet. Nun hat die Führung gemeint, das ist zu wenig, da gehören noch mehr Kühe her, nämlich Milchkühe. Die haben sie dann dazugeschrieben. Das Papier ist ja geduldig. Kann man sich eine solche Wirtschaft vorstellen? Da war alles auf List und Betrug aufgebaut."
Als ich ergänzend hinzusetzte, es sei ja dann verständlich, wenn auch der kleine Mann schwindle, meinte er: „Die Großen haben uns das gelehrt. Wir haben zum Beispiel den Kälbern vor der Abwaage noch viel zu trinken gegeben, damit sie schwerer werden."
Weil, wie schon angesprochen, die bäuerliche Autarkie rui-

niert worden war, mußten sich die Landler sogar um das Brot anstellen. Da man zur Herstellung von Nahrungsmitteln gewisse Grundstoffe benötigt, kamen die Funktionäre, wie der Schwager der Landlerin berichtete, auf eine pfiffige Idee: „Früher wurde das Brot an der Straße verkauft, und man stellte sich um das Brot an. Die Drängerei war groß. Um ein Brot zu bekommen, mußte man zwei Eier abgeben. Damit die Eier im Gedränge nicht zerbrechen, haben die Leute die Eier in die Höhe gehalten. Das hat komisch ausgesehen. Als ich das das erste Mal gesehen habe, habe ich nicht gewußt, was da los ist. Da stehen die Leute um ein Brot an und halten die Hände in die Höhe." Da man sich von den Bauern die notwendigste Versorgung erwartete, verpflichtete man sie nicht bloß, Milch abzuliefern, sondern auch je nach Stückzahl der Hennen eine bestimmte Zahl von Eiern, dann ein bestimmtes Maß an Kartoffeln, Möhren, Petersilie und anderen Früchten, die im Garten der Landler wachsen. Einerseits mußte man Dinge abliefern, und andererseits bekam man diverse Materialien für die tägliche Nahrung, wie Zucker, Öl, Mehl und Polenta, zugeteilt. Eine Frau beklagte, daß die Landler in diesem System erheblich benachteiligt wurden: „Im März haben die Funktionäre gesagt, daß man eine Henne abliefern müsse, um gewisse Sachen zu bekommen. Wer keine Henne bringt, der bekommt nichts. Wir sind mit der Henne gegangen und haben sie abgegeben. Aber wer hat die Henne hingetragen? Wieder nur die Deutschen. Einige Rumänen haben gesagt: Von wo sollen wir etwas bringen? Wir haben auch die Eier getragen. Die anderen haben das Brot bekommen, wenn sie entsprechend gejammert haben."

Charakteristisch für das kommunistische System ist auch, daß Handwerker staatlich organisiert sind und auf die Order einer Zentrale warten müssen, bis sie aktiv werden können. In Großpold selbst sind offiziell keine Elektriker stationiert, dafür jedoch in der Nachbargemeinde Selista. Wenn also in Großpold ein Elektriker gebraucht wurde, so mußte man dies dort melden. Dann konnte man damit rechnen, daß in zwei oder drei Wochen ein Elektriker vorgefahren kam. War eine

Installation in einem Haus durchzuführen, so benötigte man eine Genehmigung und mußte ein entsprechendes Gesuch um Installierung bei den Herren Funktionären einbringen.
Ein solcher Weg war den Landlern (wahrscheinlich auch den Rumänen) zu kompliziert. Sie baten und bitten einfach einen ihnen bekannten Elektriker, die Sache informell und ohne langes Warten durchzuführen. Die „schwarz" arbeitenden Elektriker erledigten diese Arbeit zumeist in den Abendstunden und ohne Probleme. Ähnlich verhielt es sich auch bei anderen Handwerkern, wie Tischlern und Schustern.
Aber daneben war es noch die Nachbarschaft als solche, von der man sich Hilfe erwarten konnte, wenn etwas „kaputt" war.
Großpolder, die nicht in Kollektiven auf dem Feld arbeiten, haben auch die Möglichkeit, in einer staatlichen Lederwarenfabrik Geld zu verdienen. Der Sohn einer Bauernfamilie arbeitet dort. Nach der Arbeit geht er nach Hause, um sich um die Wirtschaft zu kümmern. Kuh und Kalb sind zu versorgen, und mit dem Pferd muß man auf das Feld fahren. Kuh und Kalb sind Eigentum der Leute, allerdings – dies entspricht der kommunistischen Kontrolle – bedarf die Schlachtung des Viehs einer staatlichen Genehmigung.
Das kommunistische System hat sich hier gegen den Menschen gerichtet. Der Mensch fühlt sich erniedrigt, und er spürt den Jammer einer problematisch gewordenen Ideologie. Jedoch waren die kommunistischen Machthaber schlau. Der durch den Kommunismus herabgewürdigte Landler weiß aber Witze und Scherze einzusetzen, um dieses System für sich menschlicher zu machen. Durch den Witz erhält der Landler einen Abstand zum Kommunismus, der ihm das Leben hier in Großpold leichter zu machen scheint. Eine freundliche Landlerin, die heute um die 50 Jahre alt ist, lenkte das Gespräch genau darauf. Ihre Schilderung gibt auch einen Einblick in die Tätigkeit der Kollektivarbeit: „In den sechziger Jahren wurden am Ende des Dorfes die Ställe gebaut. Die jungen Mädel haben dabei Ziegel und Mörtel getragen. Aufgabe meines Schwiegervaters war es damals, dort die Jauchen-

grube zu verputzen und mit dem Zement zu glätten. Als er so in der Grube arbeitete, kam einer von der Partei aus Mühlbach. Mein Schwiegervater sah ihn nicht, er war ja tief unten. Er hat nur gemerkt, daß jemand gekommen ist. Nun hat er sich gedacht, wenn dauernd jemand kommt, kann ich nicht arbeiten. Und der von der Partei fragt: ‚Wie tief ist die Grube?‘ Darauf antwortet mein Schwiegervater scherzend: ‚Von hier bis dorthin.‘ “ Die Landlerin lacht belustigt über diese Behandlung des Parteimannes und erzählt weiter: „Dort arbeitete auch einer, der war im Oberstübchen nicht ganz in Ordnung. Er war etwas dumm. Zu dem ging dann der Mann von der Partei, gab ihm die Hand und sagte, wer er ist. Darauf sagte der: ‚Freut mich, daß du das bist.‘ Der Funktionär war sehr verwundert und wußte nicht, was da los ist. Er ging daher zum Präses des Kollektivs und meinte zu ihm kopfschüttelnd: ‚Was du für Leute hier hast?!‘ Er war ein Großer von der Partei. Wir haben darüber gelacht.“
Die Landler machten sich gerne über die Parteileute und Funktionäre der Kollektive lustig. Insgeheim hielten sie nicht viel von ihnen, zumal sie ein System repräsentierten, von dem man sah, daß es trotz der vielen Kontrollen nicht funktionierte. Ein Landler charakterisierte es so : „Man muß nicht viel arbeiten dabei, nur wenn die Kontrolle kommt, muß es klappen. Und man muß gut lügen können.“
Zur besseren Kontrolle über die Mitarbeiter wurden diese regelmäßig zu Sitzungen zusammengerufen. Die Landler versuchten, diese immer wieder zu umgehen, zumal nichts dabei herauskam, wie ich den Gesprächen entnahm. Wie lästig solche Sitzungen sein können, schilderte mir eine Landlerin: „Ich war als Mädchen einmal in einer Sitzung und wurde zur UTM (Vereinigung der Arbeiterjugend) eingeschrieben. Das hat mir genügt. Ich hatte die ganze Zeit Ruhe, fünf Jahre, so lange, bis ich geheiratet habe. Dann, nachdem ich geheiratet habe, kam eine Funktionärin und sagte, ich müsse unbedingt wieder in eine Sitzung gehen. Fünf Jahre war ich bei der ‚Jugend‘ und habe genug bezahlt, und man hat mich für keine Sitzung mehr angesagt. Nun war ich verheiratet und hatte ein Kind.

Um das muß ich mich sorgen, ich kann nicht in die Sitzung gehen, sagte ich. Gut, hat die Funktionärin gesagt, und ist gegangen. Es war schon ziemlich spät. Nun kamen noch andere vom Kollektiv, um mich zur Sitzung zu überreden. Ich hatte gerade Knödel in den Topf für das Nachtmahl gegeben. Man wollte, daß ich in die Sitzung gehe, weil an diesem Tag gewählt wurde. Jetzt fangen die Knödel zu kochen an. Da schreit meine kleine Tochter: ‚Mama, es plenkt.' Das heißt: Es brennt. Das haben die Funktionäre gehört. Ich habe nun gesagt: ‚Ihr seht, ich kann nicht weg!' Ich bin mit ihnen hinausgegangen bis zum Tor und habe es hinter ihnen fest zugesperrt. Dann hatte ich meine Ruhe." Die Frau lachte mit verhaltenem Triumph. Ihr Mann nickte und setzte fort: „Zu mir haben sie, die Kommunisten, gesagt: ‚Deine Frau soll doch auch in die Partei eintreten!' Ich habe ihnen geantwortet: ‚Mit mir ist es genug. Solange ich hier bin, genügt es. Wenn sie zur Partei geht, trete ich aus.' Nun haben wir Ruhe gehabt."

Der Bruder des eben zitierten Mannes sieht in dieser Art der Kontrolle einen entscheidenden Fehler des kommunistischen Systems: „Jetzt, nach der Revolution, will man Demokratie von uns. 40 Jahre hat man versucht, uns zu verblöden. Und in einem Jahr sollen wir Demokratie lernen." Der Mann, der das sagte, war „Aktivist" in der Partei gewesen. Man hatte ihn mit einer Namensliste herumgeschickt, um den Leuten die Sitzungen anzusagen. Er besuchte auch die Sitzungen und kam zu Ansehen in der Partei. Doch bald wurde ihm dies alles zuviel, und er blieb immer öfter den Sitzungen fern. Dadurch verlor er das Vertrauen der Partei, und man nahm schließlich – zu seiner Erleichterung – davon Abstand, ihm weitere Ämter zu übertragen.

Leicht war es indes nicht, sich dem Zwang des Arbeitskollektivs und der Partei zu entziehen, wie der Schwager der Mann auch ausführte: „War jemand nicht auf einer Sitzung, so war es bei uns (in einem Fabriksbetrieb), so kam er oder sie auf eine Liste. Auf der stand dann: Sonja war nicht auf der Sitzung. Wenn jemand ohne Entschuldigung nicht bei der Sitzung war, so bekam er auch keine Prämie."

Die Sitzungen selbst nahm man nicht sehr ernst, wie mir scheint, und man hielt auch nicht viel von denen, die daran teilnahmen. Dazu äußerte sich mir gegenüber ein Landler: „Mein Bruder war Präses in einem Kollektiv und zugleich Abgesandter. Dauernd mußte er zu Sitzungen fahren. Immer wenn er von solchen zurückkam, wußte er die besten Witze. Die haben sich in den Pausen zwischen den Sitzungen nur Witze erzählt. Und in den Sitzungen hat man geklatscht." Und als ich nach dem Grund des Klatschens fragte, antwortete er: „Man mußte klatschen (wegen des Vorsitzenden), denn man wußte ja nicht, wer der Nachbar ist."
Das kommunistische System mit seiner Verherrlichung und Beklatschung der leitenden Funktionäre verdeckte die Armut und Not der Bevölkerung einfach. Bezeichnend dafür ist folgender gescheiter Witz, der mir von einem Landler erzählt wurde: Ein Schüler wollte vor der Klasse ein Gedicht aufsagen. Die Lehrerin gestattete ihm dies. Das Gedicht lautete ungefähr so: Wir haben kein Brot, wir haben kein Licht, aber wir haben einen Kanal, der von der Donau bis zum Schwarzen Meer führt, und auf einem kleinen Boot fahren Leane und Nicolae (Ceausescu). – Die Lehrerin war entsetzt und wies den Schüler aus der Klasse. Der ging hinaus, und als er so dastand, kam zufällig der Schulinspektor vorbei und fragte ihn: „Warum stehst du da?" Der Junge antwortete: „Ich habe ein Gedicht gesagt, und das hat der Lehrerin nicht gefallen." – „Welches Gedicht? Sage es mir auf!" verlangte der Inspektor. Der Bub deklamierte: „Wir haben Brot, wir haben Licht, wir haben einen Kanal von der Donau bis ins Schwarze Meer, und auf dem Schiff fährt Ceaucescu mit seiner Frau." – „Und deswegen bist du aus der Klasse geschickt worden?" fragte verwundert der Inspektor. „Ja!" Der Inspektor forderte nun den Jungen auf, mit ihm in die Klasse zu gehen. Drinnen bat ihn der Inspektor vor der Lehrerin, das Gedicht noch einmal aufzusagen. Der Junge sagte das Gedicht diesmal genauso auf wie vorher in der Klasse: „Wir haben kein Brot, wir haben kein Licht ..." Der Inspektor reagierte verärgert: „Zuvor hast du es doch anders aufgesagt!" Darauf der Junge:

„Das war die Außenpolitik, und dies ist nun die Innenpolitik.“ Dieser Witz erhellt auf anschauliche Weise die Problematik einer Gesellschaftsordnung, die den Menschen als widerspruchslosen Befehlsempfänger begreift. Kritik wird nicht zugelassen, andernfalls wird man verjagt – und sei es bloß aus dem Klassenzimmer. Der Witz illustriert schließlich auch, daß es einiger Schläue bedarf, um halbwegs die Bedrängnisse des Kommunismus zu überstehen. Im übrigen ist es bemerkenswert, daß Witze dieser Art nur in rumänischer Sprache erzählt werden, kaum in Landlerisch. Damit soll wohl indirekt ausgedrückt werden, daß man als Landler genügend Distanz zu der kommunistischen Ordnung hat, sich über sie zwar lustig macht, es aber nicht der Mühe wert erachtet, derartige Geschichten selbst zu erfinden. Man betrachtete die Partei als eine Belastung, stand sie doch im Widerspruch zu der alten Kultur der Landler, deren Mittelpunkt die protestantische Religion und die Kirche sind. Im Protestantismus gibt es noch ein revolutionäres Potential, das an alte Traditionen erinnert, als man sich der Macht der katholischen Kirche widersetzte. Die Landler widersetzten sich vielfach mit Erfolg den Zwängen des Kommunismus. So vor allem dem Verbot der Religionsausübung. Man scheint schließlich von offizieller Seite her die Kirchenbesuche auch toleriert zu haben. In diesem Zusammenhang erzählte mir ein Landler: „Man hat mich gezwungen, der Partei beizutreten, das habe ich getan. Man hat uns Landlern auch gesagt, wir sollen nicht mehr in die Kirche gehen, aber daran habe ich mich nicht gehalten. Ich habe mir gesagt: Ich gehe zur Kirche. Und es ist nichts passiert.“

Das kommunistische System akzeptierte den Landler offenbar in gewisser Hinsicht, denn schließlich war dieser bemüht, durch Fleiß und Arbeit das Beste aus dem Ganzen zu holen. Dies geht aus folgender Feststellung eines Landlers hervor: „Man konnte in den Staatsbetrieben auch an Gutem arbeiten. Man mußte nicht jemandem Schlechtes antun und hinterlistig sein. Auch offen und frei konnte man in der Staatsferm (-firma) sein.“

Den Kommunismus als solchen scheinen die Landler insge-

samt abgelehnt zu haben, weil er unter anderem im Widerspruch zum Postulat der Freiheit steht, wie es eng mit der Tradition des Protestantismus verbunden ist: „Vom Kommunismus haben wir genug gehabt. Im Kommunismus muß man wie ein Ochs in der Furche geradeaus gehen. Alles wurde einem gesagt. Und daher wurde nichts Anständiges gemacht. Man hat dem Menschen die Selbständigkeit genommen." Dennoch hat der Landler es verstanden, sich einen kleinen privaten Bereich zu erobern und zu bewahren. Im eigenen Garten wird Gemüse gezogen, und der Wein, der an den hofseitigen Wänden des Landlerhauses sich emporrankt, ist als „Hofwein" geradezu zum Symbol des innerlich freien Landlers geworden. Mit dem, was der Staat dem Landler anbietet, hat man sich abgefunden. Man weiß, daß man mit dem wenigen, das zur Verfügung steht, auskommen muß, wie ein Landler ausführt: „Vom rumänischen Staat bekommen wir eine Rente. Meine beträgt 1 500 Lei, und die meiner Frau 1 100 Lei. Wir kommen mit dem Geld aus. Jeden Monat erhalten wir einen halben Liter Öl und ein halbes Kilo Zucker, pro Kopf. Den letzten Monat erhielten wir wieder einmal nichts. Unsere Eltern hatten einen schönen Grund, den haben sie nationalisiert. Und jetzt geben sie uns eine Rente, aber mit der können wir nichts kaufen. Wir haben aber Glück, daß wir von Österreich viel bekommen. Dafür sind wir auch sehr dankbar."
Der Kommunismus hat sich als unglückliche Gesellschaftsordnung erwiesen, über die man sich zwar belustigt, die aber auch in die Resignation treibt. Man zieht sich zurück und lebt das Leben eines Menschen, der von der Außenwelt enttäuscht ist und sie negiert. Jetzt, in der Zeit nach der Revolution, scheinen sich langsam Änderungen abzuzeichnen. Allmählich zeigen sich Ansätze eines privatwirtschaftlichen Denkens. Obwohl die Landler nicht so recht daran glauben wollen, wie einer von ihnen ausführt: „Solange nicht genügend auf dem Markt ist, kann es keine Konkurrenz geben. Konkurrenz gibt es hier noch lange nicht."
Die jungen Menschen, die mit dem System unzufrieden sind,

zieht es deshalb hinaus. Aber daneben gibt es ja auch jene Landler, die sich anzupassen wußten und eine gemütliche Existenz führen. Einen solchen traf ich bei meiner Wanderung durch die Weinberge von Großpold. Der Mann, der etwas über 60 Jahre alt ist, ist bereits in der Rente. Im Gespräch erwies er sich als begeisterter Naturfreund, der von der landschaftlichen Umgebung Großpolds schwärmte. Eine schönere könne er auch in Österreich nicht finden, noch dazu eine, deren Wälder dermaßen unberührt seien: „Ich habe da oben bei den Weinbergen eine kleine Hütte. Sie steht auf einem Grund, den ich in Pacht habe. Ich schlafe oft in der Hütte. Meine Aufgabe ist es auch, die Weinberge vor Wildschweinen, die da herumlaufen, zu schützen. Früher war ich hier in den Weinbergen Vorarbeiter. Jetzt, in der Rente, verdiene ich mir mit einer Holzsäge etwas dazu ... Ich bin der einzige, der eine Holzsäge hat. Für ein paar Bäume, die ich fälle, erhalte ich 500 Lei. Das ist nicht schlecht." Sein Leben am Rand des Waldes ist abwechslungsreich und doch geruhsam. Er fühlt sich wohl, aber eben auch darum, weil es ihm gelungen ist, sich eine eigene Welt aufzubauen. Er nützte die Chance, einen Grund zu pachten, und wurde durch die Holzsäge zum kleinen Unternehmer. Seine vier Kinder sind allerdings bereits ausgewandert. Daher macht er sich Sorgen um sein Alter, wenn diejenigen fehlen, von denen er sich einmal Unterstützung erhoffen könnte. Und deshalb verflucht er auch den Kommunismus, der es seinen Kindern hier in Großpold verleidet, sich eine Existenz aufzubauen.

Die Landler als „Deutsche“

Eingangs im historischen Kapitel habe ich bereits erwähnt, daß die um 1750 nach Siebenbürgen eingewanderten Landler von den Sachsen als „Deutsche“ bezeichnet wurden, da sie die sächsische Landessprache nicht verstanden haben und der Pfarrer für sie in „Hochdeutsch“ bzw. „Deutsch“ predigen mußte.

Unabhängig davon ist für die Landler, ebenso wie für die Sachsen, die Ausrichtung an der deutschen Kultur, an der deutschen Sprache und ganz allgemein an Deutschland für das eigene Selbstverständnis höchst bedeutsam. Dadurch wird das Gemeinschaftsgefühl gestärkt und symbolisch eine Distanz zu anderen Gruppen, wie den Rumänen und Zigeunern, geschaffen. Deutschland wurde für die Landler (und auch für die Sachsen) zu einem Symbol, das ihnen Eigenständigkeit und so etwas wie einen Glauben an ein paradiesisches Land jenseits der Berge vermittelt. Die Auswanderung vieler Landler ist, wie wir noch sehen werden, vor einem solchen Hintergrund zu verstehen. Deutschland wird als Land idealisiert und als Brennpunkt des Lebens begriffen. Man bezog und bezieht aus Deutschland Literatur und hat Kontakte zu Verwandten, die in Deutschland leben und bereits früher ausgewandert sind. Es scheint charakteristisch für Gruppen zu sein, die gezwungen waren, ihre ursprüngliche Heimat zu verlassen, daß sie sich dieser Heimat stets erinnern, so z. B. durch Bilder oder Sprüche, die indirekt den Gedanken an eine mögliche Rückkehr in die alte Heimat wachrufen.

Im Zimmer eines jungen Burschen in Großpold äußerte sich die enge Beziehung zu Deutschland durch ein riesiges Bild von der deutschen Fußballnationalmannschaft, die 1990 die Weltmeisterschaft gewann. Er und seine Familie hatten, wie sie mir erzählten, alle 42 Spiele der deutschen Mannschaft im Fernsehen verfolgt. Das deutsche Fußballteam mit seiner

Kampfkraft wird hier zum Symbol des wackeren Deutschen, den man sehen und verehren will.
Deutsche Kultur wird auch in der protestantischen Kirche in Großpold deutlich. Während meiner Teilnahme am Gottesdienst erblickte ich an der einen Seite des Kirchenschiffes eine Fahne, auf der zu lesen stand:

„Treu unser Herz
Wahr unser Wort
Deutsch unser Lied
Gott unser Hort.
Gestiftet von der Großpolder Jugend 1927“

Der Begriff „deutsch“ wird als Symbol aufrechten Protestantentums verstanden, und man weiß sich hier, fernab deutscher Wirklichkeit, nicht alleine. Dies dürfte für das Überleben landlerischer Kultur bedeutsam und auch charakteristisch sein. Der Bezug auf Deutschland geht somit einher mit Identität und Abgrenzung, beides wesentliche Voraussetzungen für den Fortbestand einer eigenen Tradition.
Während der Tage meines Aufenthaltes in Großpold kam ein Hilfstransport aus Kärnten mit vier freundlichen Lehrern an. Einer dieser Herren wollte Martin Bottesch erklären, daß sie, die Landler, eigentlich Österreicher seien und keine Deutschen. Schließlich kämen ihre Vorfahren aus den österreichischen Landen. Mein Freund Martin reagierte auf diese Feststellung verwundert und hielt dem Kärntner entgegen, daß die Landler unter Maria Theresia als Deutsche aus Österreich vertrieben worden wären, denn damals hätten sich die Österreicher noch nicht als eigene Nation verstanden. Die Landler hier in Siebenbürgen seien daher immer schon Deutsche gewesen.
Das Nahverhältnis zu Deutschland ist also stets gegenwärtig. In der Vereinigung der Deutschen Rumäniens, dem „Deutschen Forum“, spielen die Landler daher auch eine große Rolle.
In den oben ausgeführten Zusammenhang fügt sich auch die Tatsache, daß die Landler sich vehement dagegen wehren,

bloß als „Deutschsprachige“ bezeichnet zu werden. Ein deutscher Lehrer an der Schule in Großpold meinte dazu: „Die Landler und die Sachsen hier sind Deutsche. Genauso wie die Österreicher Deutsche sind. Im Laufe der Geschichte mußte man sich hier abgrenzen, gegenüber Rumänen und Ungarn. Im allgemeinen hat man hier immer alleine seine Feste gefeiert und ist unter sich geblieben.“ Und ein alter Landler, dem ich von den Kärntnern und ihrer Einschätzung der Landler erzählte, betonte stolz: „Wir, meine Frau und ich, sind geborene Landler. Wir sind Deutsche, aber auch Österreicher. Österreich und Deutschland ist ja eines. Nach dem letzten Krieg war ich einmal in einem Luftkurort in den Bergen. Da saß ich in einem Gasthaus neben Österreichern, die haben furchtbar über die Deutschen geschimpft. Alles, was deutsch war, wurde damals gehaßt, und da haben die Österreicher mitgetan. Nur nicht deutsch sollte man sein. Wir haben da nicht mitgetan.“ In den Gesprächen, die ich mit Landlern über dieses Thema führte, fühlten sie sich, vielleicht wegen der allgemein in Europa üblichen Abneigung gegenüber Deutschland, gewissermaßen verpflichtet, Deutschland und die Deutschen zu verteidigen. Ein Landler meinte: „Wohlstand kommt nur von der Arbeit, und die Deutschen sind sehr fleißige Leute, genauso wie die Japaner. Deshalb ist man auf sie neidig. Obwohl man ihnen nach den Kriegen alles abmontiert hat, haben sie es sehr weit gebracht. Die Deutschen können machen, was sie wollen, man schimpft über sie. Das ist der Neid.“ In dieser Überlegung schwingt wieder der Gedanke von der protestantischen Ethik der Arbeit mit.
Auch in anderen Gesprächen berufen sich Landler auf den Wert der Arbeit, die für sie mit Deutschland schlechthin verbunden ist. Als ich einmal im Kreise einiger junger Leute einen geselligen Abend verbrachte, sagte ein Bursche zu mir: „Man ist hier stolz, daß man Deutscher ist. Auch die Rumänen sagen, wenn eine Arbeit gemacht werden soll: Mache eine deutsche Arbeit!“ Auf meine Frage, ob sie einen Unterschied zwischen Österreichern und Deutschen sähen, gab mir einer zur Antwort: „Bei uns ist kein Unterschied zwischen Öster-

reich und Deutschland. Es sind dieselben Leute, die dieselbe Sprache sprechen." Als ich dann darauf hinwies, daß die Landler ja aus dem alten Österreich stammen, meinte einer: „Wenn wir sagen, wir sind Deutsche, so heißt das nicht, daß wir uns nicht auch Österreich verbunden fühlen. In Österreich wird ja auch Deutsch gesprochen. Beide Länder gehören ja zusammen. Wir wissen, daß wir Deutsche hier aus Österreich stammen." Und die anderen aus der Gruppe pflichteten ihm bei: „Wir fühlen uns ganz als Deutsche, als Landler. Wir alle haben dieselbe Abstammung." Dieselbe Einstellung klingt auch in den Worten eines älteren Landlers durch, der die Absicht hat, „schnellstens" aus Rumänien auszureisen: „Ich will fort von hier. Ich bin Deutscher. Wenn Sie meinen Namen hören, so können Sie das erkennen. Ich bin Landler. Gerne höre ich das österreichische Radioprogramm. Die Musik dort macht mir sehr große Freude, eben weil ich ein Landler bin. Mir tut es leid, hier in Rumänien zu leben, und ich möchte dorthin, wo alle Deutschen leben. Auch meine Eltern waren Deutsche, sie waren evangelisch. Meinen Vater haben die Russen erschossen, 1946. Das war schrecklich. Mein Bruder und ich sind als Waisen aufgewachsen." Und ein junger Landler, der bereits einmal in Deutschland war, schilderte mir und seinen Kollegen voller Begeisterung: „Was es da alles gibt! Wie ich in Deutschland war, war jeder Blick etwas Neues. Jede Beleuchtung, jede Reklame. In einem Geschäft, in dem es Postkarten gibt, habe ich mich zwei Stunden aufgehalten. Ich habe alle Sprüche, die auf den Postkarten standen, gelesen. Alles war für mich neu. Man kann in Deutschland verdienen und mit dem Geld sich etwas kaufen. Hier kann man nichts kaufen."

Man sieht im Wohlstand Deutschlands ein Symbol für dessen besondere Stellung und fühlt sich dem allen gerade als junger Mensch verbunden. Ich werde in einem späteren Kapitel noch auf das Problem der Abwanderung eingehen und dabei zeigen, daß das ökonomische Moment das wohl wichtigste Motiv für die Auswanderung darstellt.

Bemerkenswert für mich war auch, daß die jungen Landler

bei ihren Zusammenkünften oft Lieder singen, die an die deutschen Kriege, an denen auch Siebenbürger teilnahmen, erinnern, so etwa: „Wir sind vom k. u. k. Infanterieregiment" oder auch „Panzer, du alleine ..." Als ich fragte, warum sie so gerne Kriegslieder sängen, erwiderte einer der Burschen: „Diese Lieder gefallen uns. Man ist hier stolz, daß man Deutscher ist."
Ein alter Landler sang mir ein Kriegslied vor, das beim letzten in Großpold aufgeführten Theaterspiel 1939 von einer Frau Rosdorfer und einem Herrn Sonnleitner, der im Krieg der erste Gefallene bei Odessa gewesen sein soll, gesungen wurde: „Als ich noch ein Büble war, da trieb ich's oft so groß, ich war so wild, so keck sogar ... Mein Mütterl, ach, das sah mit Schmerz den tollen Übermut. Wenn sie mich straft', dann traf es ihr ins Herz. Mein Mütterl lieb und gut ... Als der König rief ins Feld, da traf's mein Mütterl schwer. Ich war ja ihre ganze Welt, sie liebte mich so süß ... mach mir keine Schand, mein Segen geb dir Mut, für Gott, für König, Vaterland (!)." Dieses Lied verweist offensichtlich darauf, daß man sich mit einer weiteren Welt identifiziert, nämlich mit dem alten Österreich und Deutschland.

Landlerisch und Sächsisch: zwei deutsche Sprachen

In diesem Zusammenhang muß hervorgehoben werden, daß die gemeinsame deutsche Sprache das kräftigste Symbol ist, um sich von den Rumänen zu unterscheiden. Ein junger Landler, der im rumänischen Militär gedient hat, erzählte mir: „Ich war mit meinem Bruder gemeinsam beim Militär, und dort haben wir Landlerisch gesprochen miteinander. Die Rumänen haben sich darüber aufgeregt und haben gesagt: Redet Rumänisch, damit wir auch etwas verstehen. Ich habe ihnen gesagt, warum soll ich Rumänisch sprechen, wenn ich meine Muttersprache sprechen kann." Und die Mutter des Burschen, die während unserer Unterhaltung mit am Tisch war, bekräftigte dies: „Auch ich habe oft erlebt, daß sich

Rumänen über mich beklagt haben, wenn ich mit einem Landler Deutsch gesprochen habe. Sollen wir nur Rumänisch sprechen, nur damit sie verstehen, was wir reden?! Sicher ist es nicht höflich, wenn der andere nicht versteht, was man spricht, aber warum soll man nicht wie ein Landler reden." Schließlich fügte der Sohn noch hinzu: „Es geht den anderen auch nichts an, was man sagt!"

Die Landler legen großen Wert darauf, sowohl ihren speziellen Dialekt, das Landlerische, als auch und vor allem das Hochdeutsche zu pflegen, weshalb sie alles daransetzen, daß ihre Kinder die deutsche Abteilung der Volksschule besuchen. Aber es ist nicht bloß das Hochdeutsche, das für den Landler von symbolischer Bedeutung ist, sondern auch der spezielle Dialekt der Landler, das sogenannte Landlerisch, eine alte bajuwarische, altertümlich klingende Sprache, die die vertriebenen Oberösterreicher und Kärntner aus ihrer alten Heimat hierher nach Siebenbürgen mitgebracht haben.[27] Das Landlerisch wird von den Landlern im allgemeinen gepflegt, und es grenzt sie wiederum ab von den Sachsen.

Auch die Sachsen pflegen andererseits ihren heimatlichen Dialekt und sind stolz darauf. Durch das lange Zusammenleben beherrschen Landler und Sachsen zwar beide Dialekte, doch heißt dies nicht, daß sie sich unbedingt als eine gemeinsame Gruppe sehen. Im Gegenteil: Man achtet sehr wohl auf die spezifisch eigene Identität, wenn auch auf kulturellem Gebiet, was die kirchlichen Rituale, die Hausformen u. ä. anbelangt, eine deutliche Annäherung und Übereinstimmung zu beobachten sind.

Lediglich die Sitzordnung in der Kirche erinnert heute noch rituell an die verschiedene Herkunft der beiden Gruppen: Die linke Seite ist traditionell die sächsische, während auf der rechten Seite die Landler sitzen. Und bis heute ist es üblich, daß die sächsischen Frauen nach dem Gottesdienst als erste aus der Kirche ins Freie treten. – Sie haben das ältere Recht.

Allerdings, wie ich bei meinen Kirchenbesuchen feststellte, dürfte inzwischen die frühere Sitzordnung eine Auflockerung

erfahren haben, denn ich saß, wie schon angemerkt, auf der sächsischen Seite neben Herrn Piringer, einem Landler.
In den Landlergemeinden Großpold und Neppendorf waren die Kontakte zwischen Landlern und Sachsen, wie mir erzählt wurde und ich selbst auch beobachten konnte, grundsätzlich gut. Nicht so soll es jedoch in Großau sein, wo Sachsen und Landler in schlechterem Einvernehmen zu stehen scheinen. In der Kirche gebe es häufig Zwistigkeiten, aber bei der Arbeit vertrage man sich, wie ein Landler festhielt, was ja am wichtigsten sei. Allerdings bewirkt die stetige Auswanderung der jungen Landler gegenwärtig, daß alte, historisch gewachsene Rivalitäten eher in den Hintergrund treten.
Im wesentlichen ist es daher die Sprache, die heute symbolisch den Unterschied zwischen Sachsen und Landlern ausmacht. Die alten Landler in Großpold sind stolz, das Landlerische zu pflegen und das Sächsische zu beherrschen. Interessant ist dabei, daß sehr wohl ein Unterschied besteht zwischen dem Landlerisch in Großpold und dem Landlerisch in Neppendorf und Großau. So sagen die Großpolder zum Hemd „Hemet“, während die Neppendorfer dafür das Wort „Pfoad“ verwenden. Ein derartiger Unterschied läßt sich wohl auf die Zeit der Einwanderung und die Gegenden, aus denen die österreichischen Protestanten hierher umgesiedelt wurden, zurückführen. So meinte eine Landlerin zu mir, die im Radio jemanden Kärntnerisch sprechen gehört hatte: „Ich hätte sagen können, das war ein Großpolder.“
Vor zwei Jahrzehnten dürfte auch in Großpold, wo die Landler seit jeher dominierten, eine deutliche Distanz zwischen Landlern und Sachsen bestanden haben, die sich in der Sprache äußerte, wie eine 45 Jahre alte Landlerin erzählt: „Als ich zur Schule ging, gab es Kinder, die konnten nicht Landlerisch sprechen. Sie haben zu Hause Sächsisch gesprochen, wir mußten mit ihnen Sächsisch sprechen. Die Kinder, die aus den sächsischen Dörfern nach Großpold in die Schule kamen, haben dann Landlerisch gelernt. Die Landler haben das Übergewicht in Großpold bekommen.“ Dieses „Übergewicht“ bewirkte schlußendlich auch, daß die sächsische Tracht

zugunsten der landlerischen zurückgedrängt und aufgegeben wurde. Nicht untypisch für die geschilderte Situation sind auch die folgenden Äußerungen eines Landlers, mit dem ich über das Thema der verschiedenen Dialekte und des Kontaktes zwischen Landlern und Sachsen sprach: „Ich kann auch Sächsisch. Ich habe viele gute Bekannte unter den Sachsen. Auch in anderen Gemeinden. Ich kann die Sachsen nicht hinter die Landler stellen. Die Sachsen, die ich kenne, sind gute und fleißige Leute. Wenn sie wirtschaftlich ein wenig schwächer waren als wir, dann darum, weil sie abseits des Waldes wohnten, wo die Landstraße und die Bahnlinie weit entfernt sind. Aber nicht, weil sie dümmer sind. Auch das Gelände ist daran schuld, wenn sie nicht viel erreicht haben. Unter den Sachsen hatte ich gute Kameraden." Als ich ihn bat, einen Satz sowohl in Landlerisch als auch in Sächsisch zu sagen, um ein Gefühl für diese beiden Sprachgruppen zu bekommen, sagte er: „Zuerst landlerisch: Moring is Moontag, und do gean ma in Weingartn schneidn. Und sächsisch: Mourren as Montich, da goon mar in de Weingert och schnegden." Mein Gesprächspartner war sich bewußt, daß traditionelle Barrieren zwischen Sachsen und Landlern bestehen, daß aber die Kenntnis beider Dialekte wesentlich zur Überwindung dieser Barrieren beiträgt.
Derselbe Landler weist jedoch auch darauf hin, daß es für ihn nicht leicht war, das Sächsische zu erlernen: „1949 habe ich bei den Bistritzer Sachsen gearbeitet. Damals war es sprachlich für mich sehr schwer. Zum Beispiel sagen die Bistritzer zu den Bohnen ‚Feigeln'. Ansonsten sagen die Sachsen ‚Buhnen', und wir Landler hier in Großpold sagen ‚Fisolen'. Es ist schade, daß wir nun untergehen." Aber obwohl man gerade in Großpold bestrebt ist, beide Dialekte zu beherrschen, bleibt das Landlerisch für die Gruppe der Landler eine wesentliche Komponente ihres Selbstverständnisses. Ein Landler, der eine Sächsin heiratet, schaut darauf, daß die Kinder vor allem einmal Landlerisch in der Familie reden und nicht Sächsisch. Andererseits ist es im Sinn eines Sachsen, der eine Landlerin heiratet, daß die Kinder mit dem Sächsischen

aufwachsen. Ein Landler, der eine Sächsin geheiratet hat, meinte zu mir selbstbewußt: „Meine Kinder reden Landlerisch. Das haben sie gut mitbekommen." Meist jedoch wurde die Sprache des Hauses gesprochen.

Aber dennoch hörte ich in meinen Gesprächen immer wieder heraus, daß zumindest in früheren Jahren man sehr darauf bedacht war, als Landler oder Sachse gesehen zu werden. Und dies drückte sich in der Sprache aus.

Man mußte gerade als Kind je nach Gesprächspartner bisweilen den entsprechenden Dialekt wählen, um überhaupt gehört zu werden. Dazu schilderte mir ein freundlicher Landler: „Die Sachsen wollten sich nicht mit den Landlern vermischen. Es ist genauso, wie man sagt, ich bin nicht Deutscher, ich bin Österreicher. Mein Onkel, der bei uns im Haus gewohnt hat, war Sachse und wollte nicht als Landler gelten. Die Tante von der Mutterseite wieder war Landlerin. Als Bub habe ich mit dem Onkel Sächsisch und mit der Tante Landlerisch gesprochen. Also, wenn die Kinder vernünftig werden, spricht jedes vernünftig Sächsisch und Landlerisch." Symbolisch bedeutet für manche alten Landler und Sachsen das Beibehalten des eigenen Dialektes Ausweis für die Besonderheit der eigenen Kultur. Wohl vermischen sich beide Kulturen, die der Landler und Sachsen – so weiß ich von einem „sächsischen" Kirchenvater, der jedoch von seiner Herkunft ein Landler ist -, aber dennoch gibt es noch so etwas wie einen landlerischen Stolz in Großpold. Durch Hinweis auf Arbeit und Fleiß versucht ein Landler, mir gegenüber alte Unterschiede zu beschreiben. Seine folgende Aussage hat etwas Mythenhaftes an sich, aber sie dürfte die Absichten der Landler in Großpold verdeutlichen, sich von den Sachsen abzuheben: „Die Landler waren früher immer fleißiger als die Sachsen. Die Landler kamen hierher nach Großpold als Handwerker. Damals waren sie am Rand des Dorfes angesiedelt. Durch Fleiß kamen sie zu Geld und haben von den Sachsen die Höfe abgekauft. So saßen sie bald in der Mitte des Dorfes und die Sachsen am Rand. Heute ist aber alles eins. Heute gibt es keine Unterschiede mehr." In der jetzigen

Zeit des Aufbruchs scheint man die alten Grenzen abzubauen und freut sich über die Kontakte mit den Sachsen, mit denen man eine Trutzgemeinschaft gegenüber den Rumänen und anderen Leuten bildet. Aber dennoch, dies erlebte ich in einem Gespräch mit einigen Landlern und Landlerinnen während eines gemütlichen Nachmittags bei einigen Gläsern Wein, ist man stolz auf die landlerische Tradition und pflegt das Landlerische, auch mir gegenüber. Den Landlern gefiel es, mit mir als Oberösterreicher Landlerisch zu sprechen. Und es fanden sich Parallelen in einzelnen Wörtern, so als sie von den „großen Menschern" als den reiferen Mädchen sprachen. Damit will ich andeuten, daß Landler in ihrer Suche nach Identität sich gerade des Landlerischen bedienen, um anzuzeigen, daß die Kultur des alten Österreich es ist, der sie ihre Existenz verdanken, die allerdings heute dabei ist, aufgegeben zu werden. Und das wissen die Landler in Großpold. In den drei Landlergemeinden Großpold, Großau und Neppendorf gab und gibt es sehr starke sächsische Gruppen. Zunächst dürfte – trotz gleicher Religion und ähnlicher Ursprungskultur – zwischen Landlern und Sachsen Distanz bestanden haben. Deutlicher spürt man dies noch in Großau. Da Landler und Sachsen untereinander heirateten und in so unmittelbarer Nachbarschaft miteinander lebten, schwanden mit der Zeit die Distanzen. In den Worten einer Großauerin klingt dies auch an: „Die Sachsen hatten ihre Kameraden und die Landler die ihren. Bei den großen Unterhaltungen im Saal (Gemeinschaftssaal) waren sie aber alle beisammen. Wir haben uns verstanden."

Andererseits besteht zwischen den beiden Gruppen nach wie vor eine gewisse Konkurrenz.

Mir gegenüber beklagte sich eine Landlerin z. B. über die politische Eingliederung Großpolds in die einige Kilometer entfernte Sachsengemeinde Reußmarkt: „Seit wir eingemeindet sind, ist es mit uns bergab gegangen. Die Reußmarkter waren immer ein bisserl herrisch. Wir waren die Ochsen, die gezogen haben. Der Streit um den Wochenmarkt zwischen Großpold und Reußmarkt zieht sich nun schon seit langem.

Großpold ist eine große Gemeinde, es hätte gerne den Wochenmarkt gehabt, aber Reußmarkt ist etwas besser gelegen."

Es gab also noch Konfliktstoffe, die aus der Beziehung von Landlern und Sachsen erwachsen, aber dennoch hat man sich aneinander angepaßt, und in der protestantischen Dorfgemeinschaft von Großpold gibt es ein friedliches Zusammenwirken, denn schließlich sind Sachsen und Landler durch vielerlei Bande, deren stärkste wohl die der Verwandtschaft sind, miteinander verwoben.

Beziehungen zu den Rumänen

Zur rumänischen Bevölkerung pflegen die Landler von Großpold nur einen sehr eingeschränkten Kontakt. Kulturelle Gemeinsamkeiten sind praktisch nicht vorhanden. Dazu kommt, daß die Landler nicht vergessen können, was sie von den Rumänen nach dem Krieg zu erleiden hatten.

Die Rumänen werden daher, wie oben bereits angeführt, von Landlern als wenig „treu" eingestuft. Sie „versprechen das Blaue vom Himmel" und würden morgen schon „die Seite wechseln", wenn sie einen Vorteil witterten, heißt es. Diese Auffassung schwächt eine Landlerin aber etwas ab: „Die Rumänen sind nicht schlecht. Sie sind ein ganz anderer Menschenschlag als wir. Einmal ging ich 27 Kilometer durch das Mühlbacher Gebirge. Von Ort zu Ort sind wir marschiert. Wenn wir Rumänen, die uns begegnet sind, gefragt haben, ob es noch weit ist zu einem bestimmten Ort, dann haben sie geantwortet: ‚Nur ein wenig.' Dann geht man aber zwei Stunden. Und wenn man nach einer Zeit einen anderen fragt, so erhält man dieselbe Antwort. So vergeht die Zeit, bis es Abend ist." Hier wird der typische Rumäne als ungenau und unzuverlässig begriffen, und mit Ungenauigkeit und Unzuverlässigkeit kann der Landler nichts anfangen. Sein Begriff von Zeit ist nicht großzügig wie derjenige des Rumänen, sondern genau und exakt.

Aus derartigen verschiedenen Wirklichkeiten, wie sie jeder für sich aufbaut, entstehen Mißverständnisse und schließlich auch Vorurteile, die sich schwer aus dem Weg räumen lassen. Nachdenklich meinte ein Landler dazu: „Wir haben hier nichts mit den Rumänen gemein. Es tut ihnen (aber) jetzt schon leid, daß wir wegziehen wollen. Sie bleiben zurück mit den Zigeunern." Und ähnliche, aber drastischere Worte hörte ich von einem anderen Landler: „Zwölf Jahre waren die Rumänen und die Zigeuner in unseren Häusern. Und jetzt ärgern sich die Rumänen, daß wir wegziehen. Sie sollen sich nur ärgern."
Aus diesem Gedanken spricht so etwas wie Resignation und auch ein altes Vorurteil gegenüber dem Fremden, der einer anderen Kultur angehört.
Das Bild der Umgebung von Großpold ist nicht bloß geprägt von landlerischer Feldarbeit, sondern auch von großen, herumziehenden Schafherden, die wohlhabenden Rumänen aus der Nachbargemeinde gehören und die von rumänischen Hirten mit ihren Hunden geführt werden. In gewisser Weise stehen die Schafe mit ihren nomadisierenden Hütern in Widerspruch zur bäuerlichen Kultur der Landler.
Daher interessierte es mich, was die Landler davon halten. Schließlich war ich selbst bei meiner Feldforschung in ein großes Dilemma geraten, als ich über eine in der Nähe des Waldes bei Großpold gelegene Wiese, auf der eine große Schafherde graste, wanderte. Dies machte ich in der Absicht, zu Fuß – als echter Feldforscher – mir die Gegend um Großpold zu erwandern. Ich kam zu einem aus Dornenhecken und Stöcken hergestellten Zaun. Zunächst schien es mir unmöglich, dieses Hindernis zu bewältigen. Auf dem Zaun flatterten nebeneinander ein weißes und ein schwarzes Tuch, was vielleicht die Funktion eines Abwehrzaubers hatte. Das hielt mich jedoch nicht ab, sondern ich kroch mit großer Mühe unter dem Zaun durch. Jetzt befand ich mich auf der Schafweide. Ich marschierte an den Schafen vorbei, da sah ich drei Hirtenhunde, aber keinen Hirten. Als die Hunde, die bis dahin ruhig dort gelegen waren, mich erblickten, kam

plötzlich Bewegung in sie, und sie liefen bedrohlich auf mich zu, der ich mich vollkommen allein – weit und breit war kein Hirte zu sehen – sah. Ich war einigermaßen entsetzt. Sie fletschten die Zähne. Einer alten Regel entsprechend kehrte ich ihnen nicht meinen Rücken zu, ich lief also nicht davon, sondern ich schaute sie meinerseits drohend an. Dabei ging ich langsam rückwärts. Wenn ich die Hunde anschrie, liefen sie zurück, doch gleich darauf näherten sie sich mir wieder, so lange, bis ich im Wald verschwinden konnte. Dann ließen sie mich in Ruhe. Ich hatte also die Präsenz der Schafherde unweit von Großpold wahrgenommen, wobei ich fühlte, daß die Schafherde eigentlich in Widerspruch zur Kultur der Landler steht.

Dies machte mir ein Landler klar, der mir auseinandersetzte, daß die Schafe dem Wald und dem Klee schaden, und daß schließlich die Kühe auf den von Schafen beweideten Wiesen Leberegel bekämen. Auch erfuhr ich, daß die Besitzer der Schafherden reiche Leute seien, die es durch den privaten Verkauf von Wolle, Fleisch und Milch zu einigem Vermögen gebracht haben. Und schließlich erzählte mir ein Landler: „Die Herden ziehen umher. Sie kommen aus dem Nachbarort. Wir nennen dieses Dorf Millionendorf. Die Leute, die dort Schafherden besitzen, waren immer privat. Dort gibt es keine Genossenschaften. Die Schafherden stehen also im Privateigentum, denn die Nachbargemeinde gilt als Gebirgsgemeinde. In solchen Gemeinden konnte man keine Kollektive errichten. Dort konnte sich also Privateigentum halten. Sie mußten zwar Fleisch und Wolle abgeben, aber ihre Schafe waren nicht zu zählen. Und daher sind die Eigentümer reiche Leute. Sie sind Millionäre. Ihre Hirten zahlen sie gut. Einer von ihnen wollte sich sogar einen Hubschrauber kaufen. Die wissen gar nicht, wie reich sie sind. Es gibt einen Scherz, wonach die Frau Ceaucescus gesagt haben soll: „Wenn es uns, die wir keinen Gehalt bekommen, gutgeht, wie gut muß es erst denen gehen, die einen Gehalt bekommen." Die Kultur der Schafzucht unterscheidet sich also deutlich von der bäuerlichen Kultur der Landler. Der Landler erblickt in den

rumänischen Schafzüchtern geschickte Leute, denen es gelungen ist, sich wirtschaftlich so einzurichten, daß es ihnen wohlergeht, im Gegensatz zu anderen hier in Rumänien. Aufgrund ihrer besonderen geographischen Situation vermochten die Einwohner der Berggemeinde im System des Kommunismus ein privates Imperium mit der Schafzucht aufzubauen.
Trotz der häufig beschriebenen Distanziertheit der Landler gegenüber den Rumänen gab es aber durchaus auch eine Zusammenarbeit. Rumänen ließen sich als Taglöhner und Knechte bei Landlern einstellen, um – wie viele Landler meinen – „unser Wirtschaften (zu) erlernen."
Der Rumäne scheint bei den Landlern in der Vorkriegszeit einiges Ansehen als Knecht und als Gehilfe genossen zu haben. Aber auch heute finden sich Beispiele einer positiven Haltung gegenüber Rumänen. Folgende Äußerung eines Landlers ist hier zu erwähnen: „Ja, ich verstehe mich mit den Rumänen gut. Beim Bauen meines Hauses haben sie mitgearbeitet. Sie haben mich nicht betrogen. Unter den Rumänen habe ich viele gute Bekannte, sehr anständige Leute." Auf meine Frage, weshalb dann der Kontakt zwischen Landlern und Rumänen so lose sei, antwortete er nach kurzem Überlegen: „Das ist der andere Glaube. Wir schimpfen auf rumänisch, weil die Rumänen so viel schimpfen. Die Rumänen schimpfen aus schlechter Gewohnheit, ohne daß sie es immer schlecht meinen. Zum Beispiel sagen sie oft ‚Dracu', das heißt Teufel. Auch fluchen sie mit ‚Herrgott'. Dabei denken sie sich nichts dabei, daß sie hier gegen das Erste oder das Zweite Gebot, nach dem der Name Gottes nicht verunehrt werden soll, verstoßen. Der Herr läßt niemanden ungestraft, der seinen Namen mißbraucht."
Schließlich ist zu diesem Thema auch noch ein Gespräch bedeutsam, das ich mit einem aus Deutschland zurückgekehrten Lehrer geführt habe. Dieser Mann, er ist Sachse, glaubt, Landler und Rumänen könnten voneinander lernen: „Rumänen und Landler sind höchstens bei der Arbeit zusammen. Wann immer es geht, sucht man den deutschen Kollegen. Aber es besteht ein Kulturaustausch. Auch was von den

Rumänen zu den Deutschen hinüberfließt, ist enorm. Man kann von den Rumänen eine Menge lernen." Die Schule in Großpold, die einzige in dieser Gegend mit einer großen deutschen Abteilung, fördert den Kontakt zwischen deutschen und rumänischen Kindern. Die Landlerkinder lernen Rumänisch und treffen einander zum Spiel mit ihren rumänischen Kollegen. Hier zeichnen sich durchaus Chancen für einen weitgehend konfliktfreien Umgang ab, was ich auch noch an einem anderen Beispiel beobachten konnte: Ich lernte eine ältere Landlerin kennen, die zwei rumänische Kinder täglich auf Wunsch von deren Eltern vom Kindergarten abholt und sie während der Nachmittage betreut. Sie lehrt sie die deutsche Sprache. Es liegt in der Absicht der Eltern, ihren Kindern einen Zugang zur deutschen Kultur zu ermöglichen. Vielleicht spielt dabei auch die vorsichtige Überlegung mit, selbst einmal nach Deutschland zu emigrieren.
Die Beziehungen zu den Rumänen sind also vielseitig und auch zum Teil widersprüchlich. Einerseits existieren traditionell kulturelle Schranken und Erinnerungen an eine traurige Zeit, andererseits ist auch eine gediegene Zusammenarbeit auszumachen. Jedenfalls heute, in einer Zeit des Aufbruchs, in der die Landler aus Großpold fliehen, scheinen Rumänen diese Flucht mit Bedauern festzustellen.

Der Kontakt zu den Zigeunern

Vollkommen gegensätzlich zur Lebensweise und Kultur der Landler sind die in Großpold angesiedelten Zigeuner.[28] Ihre Häuser liegen am Rande des Dorfes, zu Füßen des sogenannten Kippchens. Früher, vor dem Krieg, hatten sie eher am Berg gesiedelt, während sie heute in das Zentrum von Großpold drängen und die von Landlern und Sachsen freigewordenen Häuser mieten.
Es handelt sich um seßhafte Zigeuner, die zum Teil in der Kollektivwirtschaft tätig sind und deren privates Wirtschaften von einer gewissen Großzügigkeit geprägt ist, welche die

Landler verwundert. Während Landler ihre Schweine in sauberen Ställen untergebracht haben, laufen die Schweine der Zigeuner in herrlicher Freiheit zwischen den Häusern, in den Gärten und am Rande des Waldes umher. Das glückliche Leben dieser Schweine wird kaum gestört, sogar zu den Küchentüren gestattet man ihnen Zugang, und Ställe scheint es für sie nicht zu geben. Auch herumstreunende Hunde sind bei den Zigeunern häufig anzutreffen. Mir offenbarte sich hier symbolisch der kulturelle Unterschied zwischen Landlern und Zigeunern.

Die Kultur der Landler ist gekennzeichnet von geregelter Arbeit, betonter Reinlichkeit und Zurückhaltung im Kontakt untereinander. Bei den Zigeunern dagegen ist das Leben von einer weitherzigen Generosität bestimmt, die sich in lauten Gesprächen auf der Straße, wildem Kinderspiel und in einer gewissen Geringschätzung des Sauberkeitsgebotes äußert.

Es nimmt deshalb nicht wunder, daß die Landler den Zigeunern mit einiger Skepsis gegenüberstehen. Schließlich ist deren Lebensweise eklatant dem klassischen Arbeitsethos der Landler entgegengesetzt. Vor diesem Hintergrund ist es zu verstehen, wenn Landler die Zigeuner in einer eher abwertenden Weise definieren. Interessant dazu ist ein Gespräch, welches ich mit einem jungen, akademisch gebildeten Landler führte, der als Lehrer in der Oberstufe der Schule in Großpold tätig ist. Er unterrichtet die Kinder der Landler und Sachsen in Deutsch, lediglich eine von ihm geleitete Turnstunde ist den Kindern der Rumänen und Zigeuner zugedacht.

Er erzählte mir: „Die Zigeuner sind keine fleißigen Leute. Ich habe in der Schule meinen Stundenplan. Von den 26 Schülern, die zur Turnstunde kommen sollten, kommen nie mehr als sechs, das sind Rumänen. Die Zigeuner kommen überhaupt nicht. Die Zigeuner nehmen überhand, seit die Deutschen von hier wegziehen. Viele Häuser hier haben die Zigeuner schon gemietet. Denn als vor der Revolution Landler und Sachsen von hier weggezogen sind, sind die Häuser dem Staat zugefallen, und der hat sie an Zigeuner vermietet."

Ich fragte den braven Lehrer, von wo er meine, daß die

Zigeuner Geld bezögen, um leben zu können, worauf der Mann fortfuhr: „Die Zigeuner machen jetzt große Geschäfte. Durch den Schwarzhandel haben sie schon Millionen Lei verdient. Sie arbeiten dabei gut zusammen. Sie verkaufen Strümpfe, Schuhe und andere Sachen, alles mögliche. Die Geschäfte bei uns sind ja leer. Die Zigeuner fahren nach Ungarn und schmuggeln die Dinge hierher."

Die Zigeuner erfüllen demnach sehr wohl auch positive Funktionen für die Menschen in Siebenbürgen. Vorgeworfen wird den Zigeunern jedoch, daß sie in Rumänien Dinge, wie zum Beispiel Kugellager, einkaufen, um sie in Ungarn weiterzuverkaufen. Mit dem so erstandenen Geld werden unter anderem Kleidung und elektronische Ware eingekauft und auf den rumänischen Schwarzmarkt gebracht. Vor allem die bei Jugendlichen beliebten Jeans können bei Zigeunern schwarz erworben werden, allerdings nicht gerade billig. Zwischen 1 600 und 2 000 Lei, fast ein Monatsgehalt, werden auf dem Schwarzmarkt für ein Paar der begehrten Hosen verlangt. Darüber hinaus machen Zigeuner mit der Lust auf ein gutes Bier ihr Geschäft. Das Bier, das auch nach der Revolution zu den eher raren Getränken zählt, um die man sich anzustellen hat, wird ebenfalls von Zigeunern, die sich darum anstellen oder es im Gasthaus kaufen, auf dem Schwarzmarkt verkauft.

Zigeuner bestimmen in gewisser Weise den Markt, und man beneidet sie offensichtlich um ihr Geschick. Jedenfalls waren es Zigeuner, die zu den ersten zählten, die nach der Revolution die Chance ergriffen, westliche Güter zollfrei einzuführen.

Resigniert stellen Landler außerdem fest, daß Zigeuner in die freigewordenen Häuser der Deutschen gezogen sind. Die Revolution brachte in dieser Hinsicht allerdings eine Neuerung, und zwar insofern, als die Häuser der Auswanderer weiterhin in deren Eigentum bleiben und nicht mehr wie früher an den Staat fallen, der sie dann an Rumänen und Zigeuner vermietet. Daher stehen heute auch eine Reihe von Häusern leer. Auf meine Frage nach der Beziehung zu den

Zigeunern, schilderte mir ein Landler: „Heute gibt es viele Zigeuner. Früher waren wir ungefähr gleich stark. Die Zigeuner waren schon immer da, schon bei meinen Eltern. Damals gingen sie als Taglöhner in die Arbeit zu den Bauern."
Die Zigeuner gehören also schon sehr lange zum Dorfbild in Großpold, sie sind Teil der Gemeinde, und sie arbeiteten auf den Höfen der Landler. Diese alte Symbiose von Zigeunern und Landlern lebt heute zum Teil dort wieder auf, wo Zigeuner in die Häuser der Landler eingezogen sind – entweder durch Miete oder durch Kauf. Die neue Nachbarschaft, die von manchen Landlern eher als unangenehm empfunden werden mag, kann durchaus zu einem positiven Kontakt für beide führen. So weiß ich von einem eifrigen Landler, daß er an die Zigeuner in seiner Gasse heute Speck, Milch und Kartoffeln verkauft. Zigeuner gehörten im übrigen auch in früheren Zeiten – vor dem Krieg – zu den Kunden von Landlern. Und wenn heute Zigeuner wieder auf den Höfen und Feldern der Landler arbeiten, so scheint man damit ebenfalls an alte Traditionen anzuknüpfen.
Auf diese Traditionen ging ein Landler in einem Gespräch mit mir ein: „Früher waren Zigeuner bei uns als Taglöhner beschäftigt. Sie sind in der Früh gekommen, zuerst bekamen sie einmal ein Frühstück, und dann gingen sie in die Arbeit. Auch ein Mittagessen gaben wir ihnen. Gearbeitet haben sie schließlich bis zum Abend. Nachher aßen sie bei uns zu Abend und gingen heim." Als ich fragte, in welcher Sprache sie sich mit den Zigeunern verständigt und wie sie sich vertragen hätten, antwortete er: „Wir haben mit ihnen Rumänisch gesprochen. Unsere Zigeuner waren gute Zigeuner. Nach dem Krieg sind sie schlechter geworden. Elena Ceaucescu, sie soll Zigeunerin gewesen sein – heißt es unter dem Tisch –, sie hat den Zigeunern Flügel gegeben. So sind die Zigeuner groß geworden. Das Wort Zigeuner durften wir nicht mehr verwenden, wir mußten sie ‚Romi' nennen."
Landler äußern sich zwar einerseits abschätzig über Zigeuner, scheinen sie aber andererseits auch wieder zu akzeptieren. Typisch für eine solche ambivalente Haltung ist folgende

Erzählung eines Landlers, dem ich gesagt hatte, daß die Kritik an Zigeunern nicht berechtigt sei: „Bis jetzt ist noch nicht in unsere Häuser eingebrochen worden. Aber dennoch sind die Zigeuner schlecht. Sie sind schlecht genug, aber man hat nicht gehört, daß sie stehlen und einbrechen. Was sollen sie auch in den freigewordenen Häusern stehlen, da die Leute, wenn sie wegziehen, die wichtigsten Dinge mitnehmen? Wir haben früher eine schöne Wirtschaft gehabt. Es wurde nicht mechanisch gearbeitet, nur mit der Haue gruben wir. Wir hatten Zigeuner als Arbeiter, sie waren fleißig. Den Zigeunern, die bei uns gearbeitet haben, hat mein Vater im Winter Korn gegeben. Und zu den großen Feiertagen bekamen sie Wein. Nur wenig waren sie an den Herrn gebunden. Aber sie waren abhängig von uns. Wenn es uns gutging, ging es auch ihnen gut. Als man uns alles weggenommen hat, nach dem Krieg, hat man es den Zigeunern gegeben. Die Zigeuner selbst konnten nicht arbeiten, sie haben viel ruiniert. Wir hatten Kühe, Ochsen und Pferde. Die Zigeuner haben das alles nach dem Krieg von uns übernommen. Nach zwei Jahren war alles heruntergewirtschaftet."

Allerdings, wandte ein anderer wiederum ein, die Zigeuner seien zu Unrecht für das Unglück der Landler nach dem Krieg verantwortlich gemacht worden. Vielmehr seien es vor allem Rumänen gewesen, die nach dem Krieg in die Häuser der Landler gezogen seien und derart schlecht gewirtschaftet hätten.

Trotzdem steht der typische Landler den Zigeunern prinzipiell skeptisch gegenüber. Ihre ihm fremde Lebensweise flößt ihm eine gewisse Furcht ein, und er neigt dazu, den Zigeunern alles Übel, das passiert, in die Schuhe zu schieben. Auch wenn er sich bemüht, die Zigeuner zu respektieren, hegt der Landler ihnen gegenüber grundsätzlich Argwohn. In diesem Sinn deute ich folgende Feststellung eines Landlers:

„Feinde habe ich unter den Zigeunern keine. Ich könnte niemanden verachten oder sagen, weil jemand ein Zigeuner ist, ist er kein Mensch. Er hat einen anderen Glauben oder eine andere Erziehung. Ich bedauere aber, daß die Zigeuner im

Durchschnitt nicht so aufrichtig sind wie die Sachsen und Landler." Und er fügte hinzu: „Was soll ich sagen, ich bin Tischler, und ich streiche alles an. Wenn man eine Grundfarbe hat und dann drüberstreicht, so schlägt die Grundfarbe immer durch. So ist es auch mit den Zigeunern."
Aus dieser Haltung des Mißtrauens heraus geht man Zigeunern aus dem Weg. Das konnte ich auch beobachten, als ich mit dem kleinen Sohn einer Landlerfamilie vom Kippchen heruntermarschierte. Dabei begleiteten uns Zigeunerjungen, denen es Spaß machte, den Hang hinunterzurutschen. Der kleine Landler ignorierte jedoch das Grüppchen gleichaltriger Zigeuner und schloß sich ihrem Spiel nicht an. Er wollte mit ihnen nichts zu tun haben.
Treffend äußerte sich mir gegenüber ein Landler über den mangelnden Kontakt zwischen Landlern und Zigeunern: „Mit den Zigeunern hat man keine Kontakte. Mit den Zigeunern kommt man nur beim Handeln zusammen und hat sie als Arbeitskräfte eingesetzt. Nur soweit hat man mit ihnen zu tun, als sie gebraucht werden. Aber sonst will man keinen Kontakt."
Die überlieferten protestantischen Wertvorstellungen der Landler stehen alten zigeunerischen Traditionen gegenüber. Dennoch kommt es durch die räumliche Nähe zu losen Wechselbeziehungen. So wurde mir erzählt, daß männliche Zigeuner alte Trachten von abgewanderten Landlern erworben haben und diese nun tragen. Symbole der Landler werden also auf diese Weise zur Alltagskleidung der Zigeuner.
Freundschaftliche Worte über Zigeuner hörte ich von einem Lehrer der Schule in Großpold: „Man kann als Deutscher viel von den Rumänen, aber auch viel von den Zigeunern lernen. Wenn man sich ein Zigeunergesicht ansieht, so ist es ein wunderschönes Gesicht. Manche Zigeuner haben auch ein gutes Wissen. Das sage ich als Lehrer. Man darf nicht alle Zigeuner in einen Topf werfen. Viele Zigeuner sind dadurch, daß sie Kinder haben, arm geworden, und weil sie arm sind, neigen sie zum Trinken und Stehlen." Ein derart differenzier-

tes Bild, wie es sich dieser Lehrer von den Zigeunern gemacht hat, findet sich allerdings unter den Landlern nur selten.

Bemerkenswertes in diesem Zusammenhang erfuhr ich von Mozes Heinschink, dem Zigeunerforscher, der zur selben Zeit wie ich in den Landlerdörfern das Leben der Zigeuner studierte. Eine betagte Landlerin aus Großau habe ihm gegenüber ihre Vorurteile, ihren „landlerischen Hochmut", wie sie es nannte, bedauert, aufgrund dessen sie zunächst ihre zigeunerische Schwiegertochter abgelehnt habe. Sie habe später erkannt, daß ihre Ressentiments unbegründet gewesen seien und schätze jetzt ihre Schwiegertochter. Diese Geschichte ist um so beachtenswerter, als Mischehen für den Landler nicht denkbar sind.

Der große Kulturunterschied fördert Vorurteile, vor allem auf der Seite des Seßhaften, der im Zigeuner, obwohl er fest angesiedelt ist, den potentiell Wandernden sieht. Und als solcher traut man ihm alles zu, Diebstähle und andere Delikte. Der Zigeuner ist der Fremde, der als gefährlich begriffen wird. Der Soziologe Georg Simmel meint, gefährlich sei nur der Fremde, der heute komme und morgen bleibe. Denn durch sein Anderssein stelle er den Absolutheitsanspruch der Aufnahmegesellschaft in Frage. Der Fremde zeigt also an, daß es noch andere kulturelle Möglichkeiten des Lebens und Überlebens gibt.[29] Er macht sich daher suspekt, überhaupt wenn er andere kulturelle Rituale und Symbole aufweist als seine Nachbarkulturen.

Mozes Heinschink stellte überdies fest, daß die Kirche es in den Landlerdörfern verabsäumt habe, etwas zur Verständigung zwischen Landlern und Zigeunern beizutragen.

Umgekehrt bedauern heute Zigeuner die Abwanderung von Landlern und Sachsen, denn man schätze sie als verläßliche Handwerker. Und schließlich bezeichnen Zigeuner, wie Heinschink erfuhr, die „Sassi" (die Deutschen) als weniger chauvinistisch als die Rumänen. Die Zigeuner rechnen es den Landlern von Großpold auch hoch an, daß sie sich während des Krieges für die Zigeuner eingesetzt und so eine Deportation derselben in ukrainische Lager verhindert haben. In dieser Einstufung durch die Zigeuner erweisen sich die Landler von Großpold, die wohl brave Protestanten sind, als Leute von weitem Herzen und frommer Toleranz, die Zigeunern zwar mißtrauisch begegnen und über sie auch murren, sie aber doch achten und in gewisser Weise akzeptieren, allerdings aus der Distanz.

Kindheit in Großpold

Die Kinder der Landler wurden und werden schon sehr früh in das bäuerliche Leben in Großpold integriert. Sie gehören zur Familie, sie werden geliebt, man verlangt von ihnen Gehorsam, ganz im Sinne der protestantischen Ethik, und sie werden schon sehr früh mit der Arbeit des Bauern konfrontiert.

Es fällt auf, daß die Kinderzahl der Landlerfamilien eher gering ist. Mehr als zwei oder drei Kinder im Durchschnitt gibt es heute nicht. Vor hundert Jahren, wie berichtet wird, war die Kinderzahl bedeutend größer. Die meisten Familien hatten fünf bis zehn Kinder, manche sogar über zehn.

Das Kind wird in eine Kultur der Bescheidenheit und Armut hineingeboren, und dementsprechend sieht die Kindheit auch bis herauf in unsere Zeit aus.

Leute, die im Kollektiv Feldarbeit leisteten, setzten nicht selten ihre Kinder ein, um zum Beispiel die Ähren aufzuklauben, die bei der Ernte liegengeblieben waren. Ein alter Landler erzählte mir stolz, daß er als Kind bei dieser Arbeit eine Maschine erfunden habe, nämlich eine kleine Dreschmaschine, die es den Kindern ersparte, die Ähren mit der Hand „auszuschlagen", also sie händisch zu dreschen.

Eine wohlbehütete Kindheit im modernen Sinn mit größtmöglichem Freiraum gab es nicht. Obwohl das Kind im Dorf irgendwie in die Welt der Erwachsenen eingebunden war, blieb noch Zeit zum kindlichen Spiel und fröhlichen Umgang mit anderen Kindern.

Im Winter war es etwa der Schlitten, der den Kindern vergnügliche Abwechslung bot, der aber auch gleichzeitig für die Arbeit eingesetzt werden konnte. Dazu erzählte mir ein älterer Landler: „Mit dem Schlitten sind wir gerne entlang des Baches gezogen. Damals, nach dem Krieg, hatten wir kein Vieh, das hat man uns genommen. Der Vater war verschleppt. Holz hatten wir keines, aber wir mußten uns wärmen. Die Mutter hat es schwer gehabt in dieser Zeit. Wir

Kinder haben das Holz mit dem Schlitten aus dem Wald geholt. Damals hatten wir kaum Holz. Sogar von den Schwellen der Bahn haben wir Kinder und die Frauen immer wieder ein Stück genommen und heimgebracht, damit wir etwas Feuer machen konnten."
Daß Arbeit ab einem gewissen Alter zum Leben des Landlerkindes gehörte, geht auch aus folgender heiteren Geschichte einer Landlerin hervor: „Wir hatten damals, ich war bei zehn Jahre alt, uns vom Kollektiv Ochsen geborgt. Mit diesen sind wir hinausgefahren, um Schlehendörner, die dort wachsen, zu holen. Diese Sträucher verwendeten wir zum Brotbacken, sie wurden zuerst verbrannt. Als wir nun mit dem Ochsenwagen draußen waren, ist mein Bruder auf den Wagen hinauf und hat die Schlehendörner, die ihm die Mutter hinaufgegeben hat, aufgeladen. Und ich bin bei den Ochsen gestanden, damit sie ruhig stehen bleiben. Plötzlich sind die Ochsen nach vorne gegangen, und ich habe ihnen mit der Peitsche auf das Maul gehauen. Nun sind die Ochsen wieder zurück. Mein Bruder war nicht gefaßt, er fiel zurück und mit dem Allerwertesten in die Dornen. Einige Dornen steckten in seinem Hintern. Wir haben da sehr gelacht."
Das Landlerkind mußte vor allem in den Ferien hart arbeiten. Dies schilderte mir eine andere Landlerin: „Bereits mit neun Jahren sind wir zur Bahn gegangen, um dort zu arbeiten. Wir haben den Steig neben der Bahnlinie mit der Haue gekrautet (gejätet). Dafür bekamen wir zehn Lei am Tag. Mit dem Geld habe ich mir Schulbücher gekauft. Nach der fünften Klasse, mit elf Jahren, hatte die Mutter einmal von der Arbeit furchtbare Kreuzschmerzen, so arg, daß sie im Kollektiv nicht arbeiten konnte. Da man im Kollektiv gemeinsam gearbeitet hat, hat die Mutter gefehlt. Weil meiner Mutter nun die Arbeit zu schwer war, bin ich mit ihr gegangen und habe mit ihr eine Reihe gehackt, damit sie auf ihren Tag (das Tagespensum) kommt. Im Sommer darauf habe ich dann ganz alleine die Reihe gehackt. So ab dem zwölften Lebensjahr arbeitete ich, wenn im Sommer die Schule aus war, wie die anderen Kinder auch auf dem Feld. Wir mußten zum Beispiel auch Heu

einholen. Dafür bekamen wir auch etwas Geld. Die Kinder, die noch einen Vater hatten, waren nicht so gezwungen zu arbeiten wie ich."

In der Nachkriegszeit waren außerdem auch die Wohnverhältnisse sehr beengt, hatten doch, wie oben bereits ausgeführt, Rumänen oder Zigeuner viele Landlerhäuser übernommen. Auch darüber berichtete mir eine Landlerin: „Mein Bruder war etwas älter als ich. Wir beide schliefen gemeinsam in einer Bett-Truhe, die am Abend aufgemacht wurde. Insgesamt waren wir zu fünft, die im Zimmer schliefen: die Großmutter, der Großvater, mein Bruder, ich und die Mutter. Der Vater war ja in Rußland. Wir waren kein Einzelfall. Wir haben uns nie unglücklich gefühlt, das hat uns nichts ausgemacht."

Das Kind war gewohnt, sich einschränken zu müssen, nicht nur, was den Wohnraum betraf, sondern auch bei der Kleidung. Wie ich beobachten konnte, nähen, stricken und stopfen die Mütter Kleider und Socken. Ich fühlte mich an die fünfziger Jahre in Österreich erinnert, als der Markt noch nicht überflutet war und man sich mit Bedacht Dinge aussuchte, die für einen langen Gebrauch bestimmt waren. Kleidung hat bei den Landlern nach wie vor einen Wert, obwohl sich in dieser Beziehung seit der Zeit nach der Revolution von 1989, als durch humanitäre Konvois aus dem Westen größere Mengen an Kleidungsstücken auch nach Großpold gelangten, ein gewisser Wandel vollzogen zu haben scheint. Aber in der traditionellen Kultur der Landler hieß es sparsam sein, vor allem bei der Kleidung. Anschaulich schildert dies eine Landlerin: „Am Sonntag im Winter hatten wir einen Rock vom großen Bruder, aus dem er herausgewachsen war. Ich habe keine Hemden wie die anderen Mädeln gehabt. Ich hatte immer Bubenhemden. Bei den Trachtenhemden vom Bruder mußte etwas angenäht werden, damit das Hemd länger wurde. Das Männerhemd ist ja nur für die Hose, es ist ja kurz. Bei dem Bubenhemd für mich hat man den Kragen weggeschnitten und es eingebandelt. Und der eingestickte Name ist auch weggekommen. Wenn wir uns in der Schule ausziehen mußten, haben alle gesehen, daß ich ein Bubenhemd trug. Deswegen habe ich mich nicht geschämt. Für gewöhnlich trugen wir in der Schule einen Kittel und eine Schürze.“ Auch an festem Schuhwerk mangelte es, was die Kinder aber nicht abhielt, dennoch im Schnee herumzustapfen: „Ich hatte keine Schuhe. Der Großvater hat zu mir gesagt, du darfst nicht Schlitten fahren. Da habe ich zum Großvater gesagt: Ich muß schnell auf das Klo (das sich im Hof befindet). Ich hatte nur alte Patscherln an. Und dann bin ich unter den Fenstern vorbei und war draußen. Und dann bin ich Schlitten gefahren. Als ich mit dem Schlitten die Straße hinuntergefahren bin, war der Großvater schon draußen und hat sich geärgert: ‚Jetzt bist du mir weggelaufen. Komm nach Hause!‘“

Über Spielzeug verfügte man kaum, dafür aber über um so mehr Phantasie, wie es aus den Worten eines Landlers herausklingt: „Als Kinder waren wir oft bei der Bahn. Gerne haben wir uns in den Durchlaß, wo das Wasser durchrinnt, gesetzt. Wir wollten hören, wie es klingt, wenn der Zug darüberfährt.“ Der Mangel an Spielzeug führte allerdings in der Zeit nach dem Zweiten Weltkrieg, wie überall im damaligen Europa, mitunter zu gefährlichen Abenteuern, wie ein Landler ausführte: „Als noch russische Soldaten hier waren – sie sind 1947 abgezogen –, ist noch allerhand Militärzeug herumgelegen. Solches haben wir damals zusammengeklaubt. Einmal fanden wir unter einem Strohhaufen eine Granate. Ein Russe hat uns dabei gesehen. Schnell sind wir davongelaufen. Die Granate hat uns gefallen, weil sie so farbig war. Da ich auf das Klo mußte, habe ich die Granate einem anderen Buben gegeben. Ich war der Größere. Ich habe ihm gesagt, er soll die Granate halten und warten, bis ich komme. Während ich am Klo war, hat der Bub versucht, die Granate mit einem Schraubenzieher zu öffnen. Dabei ist die Granate explodiert. Der Bub hat ein paar Splitter in den Hintern bekommen. Den anderen Buben ist nichts passiert. Ich habe dann ordentlich Dresche bekommen. Mit einem Jochstecken vom Ochsenjoch hat man mich gehauen.“

Das unfolgsame Kind mußte also mit entsprechender Strafe rechnen, wozu auch Hiebe zählten, wenn das Vergehen groß war.

Weniger gefährlich war das Spiel am Bach: „Wenn viel Wasser im Bach war, dann hat das Wasser so Lehmklumpen mitgebracht. Die waren rund, und in ihnen steckten kleine Steinchen. Mein Bruder war da Spezialist. Er nahm sich manchmal etwas von dem Lehm, es war ein fester Lehm. Daraus machte er ein Viereck, das so wie ein Lehmziegel aussah. Und in die Mitte bohrte er ein Loch. Dann nahm er dieses Lehmstück und warf es mitten auf die Straße. Das hat so gekracht. Das waren unsere Spiele. Und wenn das große Wasser gekommen ist, hat er sich an das Ufer gesetzt und mit den Steinen so auf das Wasser geworfen, daß sie gehüpft sind." Der Schwester des Erzählers imponierte die Geschicklichkeit ihres Bruders, der es außerdem verstand, gemeinsam mit anderen Jungen den Bach im Sommer zu stauen. Er schilderte dies so: „Um als Kind im Bach zu baden, haben wir das Wasser gestaut. Für jeden, der baden wollte, war es Pflicht, ein paar Rasenstücke loszuhacken. Eine bestimmte Zahl an Rasenstücken war notwendig. Die Kleineren mußten immer etwas mehr tragen. Die Größeren schafften an, sie waren die Herren. Zuerst gab man die Rasenstücke in den Bach, und vor diese kamen Steine. So wurde das Wasser gestaut. Es war ziemlich tief. Damals gab es noch mehr Wasser. Badehosen hatten wir keine. Zum Baden nahmen wir einen Schurz, einen Männerschurz, der zwischen die Beine durchgezogen und hinten festgebunden wurde. Das war die Badehose. Die großen Burschen gingen am Abend nach der Arbeit baden. Auch die Mädchen badeten."

Charakteristisch für die Kinder der Nachkriegszeit war nicht bloß die Konfrontation mit der Armut, sondern auch mit dem Problem, daß in manchen Familien sogar beide Elternteile verschleppt oder durch den Krieg verschollen waren. Deutlich wird dies in der Schilderung einer Landlerin: „Der Großvater hat immer gesagt, wenn die Mutter nach Hause kommt, kaufen wir uns eine Kuh. Als meine Mutter 1948

Großpold

Die „Lisi-Moam“ – alte Großpolderin

Straßenbild in Großpold

Die deutsche Schule in Großpold

Im Hof eines Landlerhauses

Wehrkirche in Heltau mit der Aufschrift „Jos comunismul“
(„Nieder mit dem Kommunismus“)

Die Großpolder „Jungfrauen“ mit dem Pfarrer vor dem Gottesdienst

Sommerküche, die während der Sommermonate bezogen wird.
Sie liegt etwas unter dem Niveau des Hofes.

Frauen beim Gottesdienst in der Großpolder Kirche

Frauen in Tracht
im Hof vor der Kirche
in Großpold

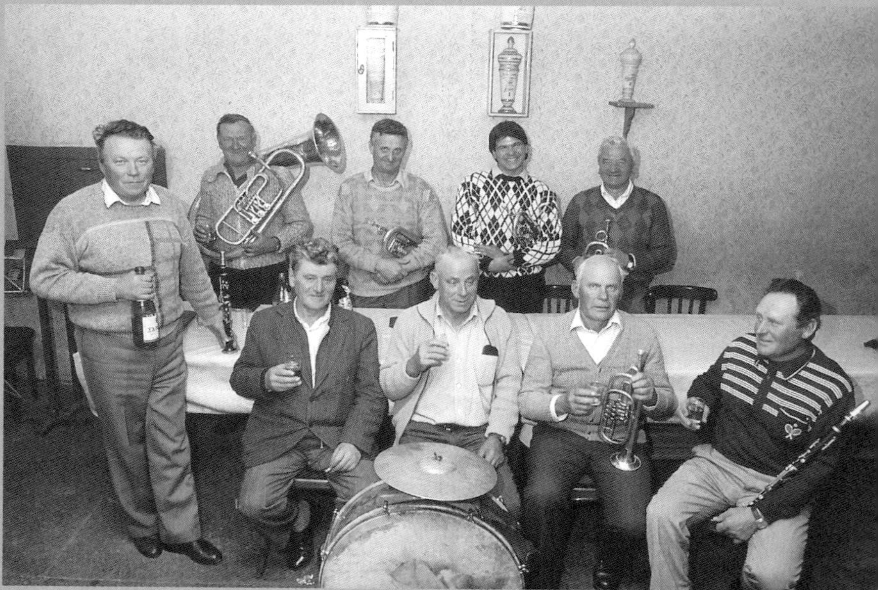

Adjuvanten (Mitglieder der Blasmusik) von Großpold

Die Kirchenväter von Großpold mit dem Pfarrer

Klassenzimmer der deutschen Schule in Großpold

Landlerstube mit dem „hohen Bett“, das lediglich der Präsentation dient

Zigeunerviertel

zurückkam, hat er sie auch gekauft. Darüber haben wir uns gefreut. Wir waren drei Kinder. Der Bruder meiner Großmutter hatte keine Kinder. Er und seine Frau haben meinen zweiten Bruder genommen, zumindest schlafen sollte er bei ihnen. Wir hatten nur ein Zimmer. Der Bruder war sieben Jahre alt. Einmal war er bei uns, und das andere Mal bei ihnen. Als meine Mutter von Rußland zurückkam, sagte die Tante zu ihr: Du wirst uns doch nicht den Sam, so hieß der Bruder, nehmen. Ihm ging es besser als uns. Wenn er bei uns war, haben wir ‚Mensch ärgere dich nicht' gespielt... Hat er nicht gewonnen, so hat er geweint."

Interessant an dieser Erzählung ist der Hinweis auf das alte Spiel „Mensch ärgere dich nicht", ein Spiel, das bei Landlern heute noch – trotz Fernsehapparat – sehr beliebt ist.

Ein anderes gerngespieltes Spiel ist das Ballspiel. Dazu erzählte eine Landlerin: „Eine Freundin von mir, deren Vater außerhalb Großpolds auf einer Baustelle arbeitet, bekam von ihm einen Gummiball. So einen Gummiball hatte ich vorher, es war um 1948, noch nie gesehen. Wir hatten bloß einen Ball aus Kuhhaar. Dieses Haar stammte von den Kühen, die im Frühjahr gestriegelt wurden. Dabei ist viel Haar ausgefallen. Der Nachbarvetter hat das Haar gesammelt und mit Spucke die Haare zu einem Ball geformt. Das war der Ball aus Kuhhaar. Auch aus alter Wolle haben wir uns Bälle gemacht. Die waren elastisch und sind gut gesprungen. Sie waren mit Faden umspannt und mit Wolle umnäht. Sie waren wirklich schön. Wir konnten uns ja kein Spielzeug kaufen."

Aber noch etwas machte den Zauber des Spiels der Landlerkinder aus, bis in die letzte Zeit, nämlich die Romantik der Landstraße, auf der noch wenige Autos hetzten. In einigen Teilen Großpolds ist es heute noch so. Autos verunzieren nicht die alten Gassen. Lediglich die durch den Ort ziehende Hauptstraße, sie ist asphaltiert und dient der Verbindung von Hermannstadt und Karlsburg, wird von Autos belästigt. In den Gassen spielen noch Kinder, vor allem im Zigeunerviertel, wo Buben bei einem beliebten Geldspiel sich messen. Einmal ließ ich mich von einem Buben zu diesem Spiel anregen, schließlich kannte ich es von meiner Jugend her. Ich hatte mir damals einige Fertigkeiten darin angeeignet. Die Kunst besteht darin, eine Münze möglichst nahe zu einem Strich zu werfen. Der, dessen Münze am nähesten beim Strich liegt, gilt als Sieger und erhält die anderen Münzen. Ich warf also die Münze, und zur Überraschung der Buben gewann ich. Das so erworbene Geld gab ich ihnen zurück. Auf ein zweites Spiel ließ ich mich nicht ein, denn ich wollte meinen nun erworbenen guten Ruf nicht gefährden. Die Straße diente und dient dem Landlerkind als willkommener Spielplatz, wie eine Landlerin mir erzählte: „Wir haben noch auf der Straße gespielt. Ein Kind hat zum Beispiel den Ball genommen und ihn hoch und weit geworfen. Die Mitspieler versuchten nun, den Ball zu fangen. Wer den Ball gefangen hat, der durfte nun die Straße, die bei uns ansteigt, hinaufgehen und selbst werfen. Es gab Jungen, die haben den Ball so hoch geworfen, daß man ihn fast nicht mehr sehen konnte.

Dann gab es noch das Para-Spiel auf der Straße. Dazu machten wir in der Mitte der Straße ein Feld, das oben rund war. Dieses Feld war unterteilt wie ein Fenster. Oben in der Rundung war der Himmel. Wir haben nun ein Ziegelstückchen genommen und es in ein Feld geworfen. Es durfte aber auf keinen Strich fallen. Fiel es auf den Strich, kam der Nächste dran. Fiel es nicht, so begann man zu hüpfen. Dabei durfte man nicht auf den Strich treten.“

Ein besonders interessanter Brauch wurde von den Kindern am zweiten Ostertag geübt: „Da sind die Buben zu den Mädchen spritzen gegangen, mit Parfüm oder Wasser mit Märzveilchen oder Orangenschalen. Bereits im Alter von drei Jahren gingen die Burschen so. Sie haben angeklopft und gesagt: ‚Grüß Gott, ich habe gehört, ihr habt ein Rosenstöckchen zu begießen. Dürfen wir es begießen?‘ Dann haben sie ein paarmal gespritzt mit dem Duftwasser und haben gewartet, bis sie ein Osterei bekamen. Die Buben gingen nicht alleine zu den Mädchen, um zu spritzen, sondern meist mit Freunden.“

Die Schule

Für Landler und Sachsen ist es wichtig, daß ihre Kinder die deutsche Abteilung der Volksschule in Großpold besuchen, denn schließlich ist es die Schule, die wesentlich zum Überleben der „deutschen“ Kultur beigetragen hat und weiter beiträgt. In Großpold gibt es eine Volksschule mit einer deutschen Abteilung, die auch Kinder von Landlern und Sachsen aus den umgebenden Dörfern besuchen. Um diesen Kindern den Schulbesuch zu ermöglichen, wurde in einem freistehenden Bauernhof eine Art Internat eingerichtet, in dem an die 30 Kinder – Jungen und Mädchen getrennt – untergebracht werden können. Zwei Frauen kümmern sich regelmäßig um die Ordnung und die Reinigung des Internats, das dem Schulgebäude unmittelbar gegenüberliegt. Und außerhalb der Schulzeit werden die Kinder – zur Beruhigung der Eltern – von einer strengen, aber freundlichen Pädagogin beaufsichtigt.

Nach Beendigung der acht Klassen der Volksschule besteht die Möglichkeit, das Lyzäum zu Mühlbach oder Hermannstadt zu besuchen.

An der Großpolder Volksschule lehren zehn deutschsprachige Lehrkräfte, vier davon in den unteren Klassen und die übrigen in den oberen. Letztere genießen als sogenannte Oberschullehrer einiges Prestige im Dorf, das sich vor allem darin ausdrückt, daß man sie mit dem ehrbaren Titel „Professor“ anspricht.

Über die Bedeutung der Schule für die Landler in Großpold sprach ich mit einem Lehrer in einem Klassenzimmer, welches noch mit alten Schulmöbeln, die mich an meine Schulzeit in den vierziger Jahren in Oberösterreich erinnerten, ausgestattet war. Der Lehrer setzte mir die Tradition der Schule und ihre Bedeutung in Siebenbürgen auseinander: „Urkundlich sind Schulen um 1350 in Hermannstadt erwähnt. Um 1500 gab es schon in jedem deutschen Dorf eine deutsche Schule. Wie die Kirche gehörte auch die Schule zur Gemeinde. Bis zum Krieg war die deutsche Schule bei der

Kirche. Die Kirche hat die Grundschule bezahlt. Mit der Änderung des Regimes wurde sie staatlich.
Wenn eine Gemeinschaft einmal keine Schule hat, dann geht sie unter. Dann werden die Deutschen zu Rumänen. Übrigens werden die deutschen Schulen hier in Siebenbürgen von den Rumänen sehr geachtet. Die Rumänen, die Regierung und Leute aus dem Ort tun im Moment viel, damit die Deutschen nicht wegziehen, denn Leute aus oberen Schichten geben ihre Kinder nicht selten in die deutschen Schulen und nicht in die rumänischen. Die Kinder aus Mischehen gehen fast durchwegs in die deutsche Schule. Sogar der Direktor der Schule hier in Großpold, er ist ein Rumäne, gibt seine Kinder in die deutsche Schule, denn dort wird intensiv gelernt."
Die deutsche Abteilung der Schule genießt also einen sehr guten Ruf. Noble Rumänen versprechen sich von einer „deutschen" Erziehung ihrer Kinder offensichtlich nicht nur bessere Lernerfolge, sondern auch mehr Prestige, vielleicht auch eine gewisse Erleichterung im Falle einer Emigration nach Deutschland. Für das Leben der Landlerkinder hat die Schule eine zentrale Bedeutung, denn auf die Schule konzentriert sich, wie bei allen Landschulen, das kindliche Spiel und der pfiffige Scherz. Während der Schule, in den Pausen und nachher, auf dem Schulweg, bieten sich vielfältige Gelegenheiten zum freundschaftlichen Kontakt. Die Schule in Großpold ist eine solche alten Stils. Dies zeigt sich nicht nur an dem Mobiliar mit den engen Bänken, sondern auch im charakteristischen Geruch im Stiegenhaus, der eine Mischung aus öligem Bodenbelag, Kreide und Firnis zu sein scheint. Die Autorität des Lehrers ist noch unangetastet, was sich auch darin zeigt, daß ein Schulkind, wenn es dem Lehrer außerhalb des Schulbetriebes begegnet, demutsvolle Grußrituale vollführt.
Zumindest bis in die fünfziger Jahre wurde die Zeit des schulpflichtigen Kindes weitgehend durch den Schulunterricht bestimmt. Ein Landler meinte: „Wir hatten immer Schule. Auch am zweiten Weihnachtstag und am zweiten Ostertag mußten wir zur Schule. Nur an den Sonntagen nicht. Und wenn wir schwänzten, haben wir fünf Wochen Hausarrest an

den Sonntagen bekommen." Die Schule war also eine wesentliche Instanz der Disziplinierung im Ort.
In der Großpolder Schule müssen die Landlerkinder außer Deutsch auch Rumänisch lernen, was nicht immer leicht ist, da zu Hause nicht Rumänisch gesprochen wird. Daneben gehört auch Russisch zum Lehrplan.
Unmittelbar nach dem Krieg waren die meisten Lehrer noch in Rußland, und es gab kaum einen Bestand an Lehrbüchern. Zum Lesenlernen verwendete man zunächst das Gesangbuch. Als die Lehrer schließlich zurückkehrten, konnte der Schulbetrieb langsam wieder in geregelte Bahnen gelenkt werden. An dieser Stelle soll eine Landlerin zu Wort kommen, die sich an einen Lehrer erinnert, der sich offenbar durch besonders viel Engagement und Originalität auszeichnete: „In der vierten Klasse hatten wir einen Lehrer, der hat uns sehr gut gefallen. Er war auch in Rußland. Mit uns hat er in den Schulpausen viel Völkerball im Kirchhof gespielt. Die Jungen haben gegen die Mädchen gespielt. Der Lehrer hat mit uns Mädchen gespielt, weil es nur halb so viele Mädchen gab wie Jungen. Das hat uns gefreut. Er hat uns aber auch zum Narren gehalten. Am 1. April hat er zu uns gesagt: ‚Wißt ihr was, Kinder, wir machen heute keine Geschichte.' Die Geschichte von der vierten Klasse war sehr schwer, es war die Geschichte Rumäniens, da gab es viele Jahreszahlen und Aufstände. Die Geschichte in der fünften Klasse war leichter. Mit dem Mittelalter habe ich mich gespielt. Der Lehrer hat also gesagt: ‚Wir machen keine Geschichte, wir gehen auf eine Wiese und spielen Völkerball. Geht einmal hinunter in den Hof und stellt euch alle auf!' Wir sind schnell aus der Klasse hinaus und die Treppen hinunter. Wie wir so aufgestellt waren, meinte der Lehrer zu uns Kindern: ‚Kinder, ich muß euch leider sagen, heute ist der 1. April.' Wir sind traurig in die Klasse zurückgegangen und haben unsere Nasen hängengelassen. Dann kam die Geschichtsstunde, und die war nicht herrlich!
Er war ein sehr, sehr netter Mann. Ich kenne keinen Lehrer, der sich für die Kinder so aufgeopfert hat und sie so im Zaum gehalten hat. Er brachte sie dorthin, wohin er sie wollte.

Dann kam die Sprachlehrstunde. In dieser hat er einmal gefragt: ‚Wie schreibt man ein Hauptwort?' Wir haben geschrien: ‚Groß!' Jetzt hat er die Kreide genommen und hat ein Hauptwort – mit ‚kleinem' Anfangsbuchstaben – recht groß auf die Tafel geschrieben. Nun hat er die Kinder gefragt, ob das so richtig sei. Die Kinder sagten: ‚Nein, nicht so!' – ‚Also, wie schreibt man es?' Darauf die Kinder: ‚Groß!' Er: ‚Groß habe ich es ohnehin geschrieben, aber man schreibt es mit großem Anfangsbuchstaben.' Auf das kamen wir nicht. Er hat uns schön geführt. An diesen Lehrer denke ich gerne zurück." Gerade in den Jahren nach dem Krieg war es für die Landler schwierig, das Geld für Hefte, Bleistifte und andere Unterrichtsbehelfe aufzubringen. Darauf geht eine Landlerin ein: „Meine Mutter mußte hart arbeiten, im Haus, auch für die Schwiegermutter mußte sie etwas tun. Ich wußte, wir haben kein Geld. Und ich wußte auch nicht, wie ich meine Mutter um Geld für ein Heft bitten sollte. Die Alten haben gesagt: ‚Wir haben kein Heft gebraucht, wir haben auf einer Schiefertafel geschrieben.' Wir durften das aber nicht."
Aus dieser Verlegenheit halfen sich Landlerschüler und -schülerinnen mit besonders viel Geschick. „Da gab es einen Jungen in meiner Klasse. Seine Mutter war eine Abteilungsleiterin im Ferm (der Staatsfirma der Weingärten). Die Eltern dieses Schulkameraden hatten ständig Wein im Keller. Der Junge nahm sich, so daß es seine Mutter nicht merkte, oft Wein aus dem Keller und verkaufte ihn heimlich an die Chauffeure der Traktoren. Dadurch hatte er ständig Geld bei sich. Wenn ich ihm gesagt habe: ‚Du, Erwin, gibst du mir einen Lei, damit ich mir einen Bleistift kaufen kann? Schau, ich brauche einen' – dann hat er mir einen Lei gegeben. Oder wenn ich ein Heft brauchte, dann auch. Dafür, daß er mir Geld gab, dafür mußte ich ihm die Aufgaben schreiben. Wenn er in die Schule kam und gefragt hat: ‚Was haben wir in Russisch?' – dann haben wir ihm schnell die Aufgabe geschrieben." Als ich einwarf, daß der Bursche ein „kleiner Gauner" sei, erwiderte die Frau, die mir von dieser Episode erzählte, lächelnd: „Gauner hin, Gauner her, aber wie hätte ich mir sonst ein

Heft kaufen können?!“ Und dann fügte sie weise hinzu: „Eins ums andere. So sind wir groß geworden.“ Das Landlerkind lernt also schon sehr früh gewisse Kniffe kennen, die offenbar notwendig sind, um – vor allem im gegebenen politischen System – halbwegs zu überleben.
Auch eine andere Landlerin weiß lustig aus ihrer Schulzeit zu berichten: „Wir waren erst in der fünften Klasse, da sind wir schon mit Buben spazierengegangen. Sie sind auf der Straße ein paar Schritte hinter uns gekommen. Sie haben uns geneckt und uns erzählt, was sie in der Schule alles anstellen. Die Buben waren älter als wir, sie waren schon in der sechsten oder der siebten Klasse. Sie waren sehr schlimm, so schlimm, daß man sie nur ins Musikzimmer und nicht in das Schulgebäude ließ.“ Die Landlerin lacht in Erinnerung an die schlimmen Buben und erzählt weiter: „Zwölf Buben haben wir in der Klasse gehabt. Demgegenüber waren wir nur acht Madeln. Während der Schulstunden haben wir mit den Buben Briefe geschrieben. Die Briefe haben wir ganz klein zusammengelegt und sie dann zu den Buben geworfen. Der Lehrer war sehr streng. Wenn ein Papier auf dem Boden lag, hat er nicht gesagt: ‚Heb das Papier auf!‘ Er hat gesagt: ‚Na ja, den Schweinen gefällt es nur auf dem Mist.‘ So hat er uns behandelt. Irgendwie haben die Kinder ihn aber gemocht. Auch einen anderen Lehrer haben wir gehabt. Die beiden Lehrer wohnten in der Schule, der eine oben, der andere unten. Das Wasser mußten sich die Lehrer vom Nachbarhaus holen, dort gab es einen Brunnen. Einmal spielten die Buben in der Pause Fangen. Da kommt der alte Lehrer mit dem vollen Wasserkübel daher. Ein Bub, der gerade den anderen davonlief, sprang direkt in den Kübel des Lehrers. Der Lehrer war ganz voll Wasser. Dem Buben hat er es dann gegeben.“
Die Disziplinierungsstrategien der Lehrer nahm man widerspruchslos an. Eine Verunsicherung für das Kind gab es nicht. Es war alles abgesteckt, und man wußte, was einen erwartete. Man wußte aber auch, daß man diesem alten System mit Scherz begegnen konnte, und man amüsierte sich, wenn es einem Lausbuben gelungen war, den Lehrer dranzukriegen.

Bis heute dürfte sich in dieser Hinsicht in Großpold nicht allzuviel geändert haben. Auch die jetzigen Lehrer genießen großes Ansehen – und wissen dies auch –, und die Kinder lernen zu gehorchen.

Die Bedeutung der Paten

Von großer Wichtigkeit für das Landlerkind schließlich sind dessen Paten. Jedes Kind hat mehrere, im Einzelfall bis zu zehn Paten. Diese sind dem Patenkind gegenüber zur Sorge und zum Beistand verpflichtet. Darüber hinaus scheint es den Paten aufgetragen gewesen zu sein, sich besonders um Disziplin und Gehorsam des Kindes zu kümmern. Daher ist es bei den Landlern üblich, daß Kinder, die konfirmiert werden, also zum ersten Abendmahl gehen, zuvor ihre Paten – oder Goten und Gehten, wie man sie auch nennt – aufsuchen und zu ihnen sagen: „Die Zeit ist gekommen, daß ich zum heiligen Abendmahl gehe, seid so gut und verzeiht mir, wenn ich euch beleidigt habe." Darauf antwortet der Pate gewöhnlich: „Du hast mich nicht beleidigt", und übergibt dem Kind einen Umschlag mit Geld.

Als Paten suchen die Eltern bei der Geburt des Kindes für gewöhnlich nähere Verwandte aus. Umgekehrt müssen auch sie wiederum damit rechnen, von diesen als Paten für deren Kinder gebeten zu werden. Eine Landlerin meinte dazu: „Die, die unsere Kinder getauft haben, bei denen haben wir auch getauft. So sind wir auf 26 Patenkinder gekommen." Man ist stolz, häufig als Pate fungieren zu dürfen. Auf diese Weise sind die Großpolder durch ein enges Netz von Patenschaften miteinander verbunden, jede Familie steht durch Paten mit allen anderen Familien in Beziehung.

Die Patenschaft bedingt allerdings auch eine Reihe von Verpflichtungen, wie meine Großpolder Gastgeberin ausführte: „Zu Neujahr kommen sie der Reihe nach wünschen. Heute werden es immer weniger, weil sie wegziehen. Nur eine Tochter von meinem Bruder ist als Patenkind von mir noch hier. Auch zu Ostern kommen sie. Zu Neujahr erhalten die Patenkinder Geld und Äpfel, Zuckerln und Keks. Zu Ostern haben wir ihnen gefärbte Ostereier und Bonbons gegeben. Wegen der vielen Patenkinder mußten wir zu Ostern viele Eier sammeln, damit wir viele färben konnten. Unsere Kinder sind zu ihren Paten gegangen und haben auch etwas bekommen."

Bräuche dieser Art, wie auch das Neujahrswünschen, haben eine wichtige Funktion für das gemeinsame Leben im Dorf. Es kommen Kontakte zustande und werden aufgefrischt, und schließlich erhält das Kind in einer Kultur des Mangels Kleinigkeiten zum Naschen und Essen, die es ansonsten nicht gibt. In Kulturen des Überflusses sind daher derartige Gewohnheiten, wie das Aufsuchen der Paten, in den Hintergrund getreten oder ganz verschwunden. Nicht jedoch hier in Großpold.

Aufklärung und Sexualität – Das uneheliche Kind

Die an Arbeit, Fleiß und Wohlverhalten ausgerichtete Kultur der Landler, in deren Zentrum die Religion steht, bringt auch einen strengen Umgang mit der Sexualität mit sich. Dies ist übrigens typisch auch für andere bäuerliche Gesellschaften, die vom Prinzip der Arbeit bestimmt werden, so etwa die alte bäuerliche Gesellschaft im Süden Oberösterreichs, über die ich auch gearbeitet habe[30]. In beiden Kulturen gibt es so etwas wie sexuelle Aufklärung der jungen Menschen kaum. Die sexuelle Aufklärung, die in modernen Industriegesellschaften zunehmend von Eltern, Schule und anderen Institutionen übernommen wird, geschieht in Kulturen der Armut grundsätzlich durch Gleichaltrige. Keinesfalls sind der Lehrer oder die Eltern hier eingebunden. Man scheut sich sogar, diese mit Fragen sexueller Natur zu belästigen. (In diesem Zusammenhang möchte ich die kulturanthropologische Überlegung einfügen, daß die Scheu der Eltern, ihre Kinder sexuell aufzuklären, und andererseits die Scheu der Kinder, die Eltern nach sexuellen Dingen zu fragen, in einem weiten Sinn mit dem Inzesttabu zusammenhängen könnten. Denn das Inzesttabu ist schlechthin die Abneigung des sexuellen Kontakts mit engen Verwandten, und es betrifft im weiteren Sinn auch jedwede sexuelle Äußerung in Worten zwischen Verwandten.)

Burschen dürften es bei der Aufklärung leichter haben als Mädchen, denen durch die Tradition auferlegt ist, sich verschämt zurückzuziehen, wenn das Gespräch auf „schlüpfrige" Dinge kommt. Das große Problem beginnt für das Mädchen allerdings mit der ersten Menstruation. Eine Landlerin schilderte mir, wie es ihr bei der ersten Blutung ergangen ist: „Über Aufklärung hat man nicht viel gesagt. Ich war als Mädchen sehr groß. Bereits mit zwölf Jahren war ich unwohl. Zuerst bin ich erschrocken. Die Blutung hat dann aufgehört. Ich habe mir gedacht, das kommt von der vielen Arbeit, denn ich habe schon immer schwer gearbeitet, ich habe viel getragen, eben weil ich groß war. Ich habe dann wieder die Blutung bekommen, nun hat es die Mutter bemerkt. Sie hat mich dann aufgeklärt und hat mir gesagt: ‚Du mußt dich vor den anderen hüten und dich rein halten. Keiner soll merken, daß man die Periode hat.' Darüber hat man auch nicht gesprochen. Als ich in der siebten Klasse war und auch die anderen Mädchen inzwischen unwohl geworden sind, sagten sie geheimnisvoll zu mir: ‚Jetzt sprich heraus, du bist es ganz bestimmt, wir sind es auch.' Natürlich habe ich gesagt: ‚Freilich bin ich es.'"

Sexualität wird somit als etwas Geheimnisvolles angesehen, das wohl im Scherz manchmal sehr verschlüsselt aufleuchtet, über das man aber im Sinne der moralischen Weltordnung der Landler lieber nicht spricht.

Um dieser Ordnung willen sind schließlich auch sexuelle Erlebnisse verpönt. Als besonders verachtenswert erscheint hier das Mädchen, das sich schwängern ließ. Diese Verachtung des geschwängerten Mädchens hat hier lange Tradition. Darauf wurde ich von einer Landlerin, mit der ich über dieses Thema gesprochen habe, verwiesen: „In der Mühlbacher deutschen Kirche gibt es einen alten Schandstein. Unser Pfarrer W. hat uns diesen Stein erklärt. Diesen Schandstein mußten früher die Mädchen tragen, die schwanger, aber nicht verheiratet waren. Damit mußten sie vor der Kirchentüre stehen. Da der Stein schwer war, konnte so ein Mädchen nicht lange stehen, sie mußte sich bücken. Das hat uns der Pfarrer erklärt. Ich war damals schon rebellisch und habe den Pfarrer gefragt: ‚Aber was ist mit dem Jungen? Warum wird der nicht bestraft?' Da hat mich der Pfarrer angeschaut und gesagt: ‚Weißt du, die Jungen gehen immer leer aus.'"

Bei diesem Schandstein, den ich mir anläßlich eines Besuchs in Mühlbach näher angesehen habe, handelt es sich um einen zylindrischen, ungefähr 30 Zentimeter hohen, hellen Stein, den eine menschliche Figur ziert. Auf dem Stein ist eine massive Kette schlingenförmig angebracht, die man um den Hals der „unkeuschen Jungfrau" legen konnte.

In früheren Zeiten war ein Mädchen, das ein uneheliches Kind zur Welt gebracht hatte, von allen Zusammenkünften der jungen Leute ausgeschlossen. Man erwartete von ihr, daß sie ein Leben in Zurückhaltung führte. Die Erzählung eines älteren Landlers gibt die soziale Position einer Frau mit unehelichem Kind anschaulich wieder: „Es hat freilich uneheliche Kinder bei uns in Großpold gegeben. Man kann sie nicht aus der Welt schaffen. Das Gericht verpflichtete den Vater, für das Kind zu zahlen. Die Leute haben nicht gut über eine uneheliche Mutter gesprochen. Man hat zum Beispiel gesagt: ‚Das ist ein Luder. Kein Wunder, daß sie ein Kind hat und nicht schon früher eines bekommen hat.'"
Besondere Sanktionen mußte eine Frau mit unehelichem Kind von seiten der Kirche hinnehmen, wie der Landler weiter ausführt: „Für gewöhnlich kommt so eine Frau für eine Zeit nicht in die Kirche. Als uneheliche Mutter darf sie nicht mehr bei den jungen Mädeln in der Kirche sitzen. Wenn sie nach einer Zeit wieder in die Kirche gekommen ist, hat sie sich zu den Frauen gesetzt, nicht zu ihren Kameradinnen aus ihrem Jahrgang. Bei der Jugend hatte sie nichts mehr zu suchen ..."
Im Unterschied dazu war ein Bursche, der ein Mädchen geschwängert hatte, besser dran: Er konnte immerhin seine Vaterschaft bestreiten. Erbittert äußerte sich darüber mir gegenüber eine Landlerin:
„Was mich viel beschäftigt hat: Da war ein Junge, er war ein Jahr älter als ich. Er hatte eine Freundin aus seinem Jahrgang. Drei Jahre sind sie zusammen gegangen. Und als sie ein Kind von ihm erwartete, hat er sie nicht mehr gebraucht. Er hat einfach gesagt: Das Kind ist nicht von mir. Für sie war es aus mit der Jugend. Er ist in der Kirche weiter oben am Chor mit den Burschen gesessen. Sie durfte aber nicht mehr bei den Mädeln in der Kirche sitzen. Sie mußte zu den jungen Frauen zurückgehen. Die junge Mutter ist mit dem unehelichen Kind zu ihren Eltern. Die haben sie akzeptiert. Übrigens ist das uneheliche Kind ein Sohn, der heute Architekt in Deutschland ist. Er ist mit seiner Mutter ausgewandert. Später ist er nach

Siebenbürgen zurückgekehrt und hat meine Nichte geheiratet. Mit ihr ist er wieder nach Deutschland."
Wie stark die Macht der Kirche war und für die Großpolder auch noch ist, zeigt sich an den Reaktionen des Pfarrers, der ein Paar traute, bei dem die Frau schwanger war. So berichtete ein alter Landler: „Wenn die Braut schwanger war, hat der Pfarrer mit dem Paar nichts mehr gesprochen. Die Braut durfte auch nicht mehr mit Band am Zopf gehen." Bis in die Zeit des Zweiten Weltkrieges dürften auch die sogenannten Schwester- und Bruderschaften (siehe unten) mit aller Strenge lockere Mädchen und auch Burschen geahndet haben. So wurden solche Mädchen, die in den Stand der Ehe getreten waren, von der Schwesterschaft mit 200 Lei bestraft. Aber auch vom Burschen verlangte die Bruderschaft diesen Betrag. Zahlten die beiden nicht, so durften sie keiner Nachbarschaft (siehe unten) beitreten. Heute hat sich allerdings in der Einstufung der „unkeuschen" Mädchen einiges geändert. So findet etwa ein alter Landler auch versöhnliche und verständnisvolle Worte: „Bekommt ein Mädchen ein uneheliches Kind, so wird getratscht in der Gemeinde. Es waren auch gute Mädchen, die schwanger wurden. Einige sind dann auch geheiratet worden. Es war eine schwache Minute. Beschuldigt hat man immer die Mädchen, obwohl die Burschen genauso daran schuld sind." Auch die Schwesterschaften im ursprünglichen Sinn gibt es nicht mehr. Vielleicht ist durch den Kontakt mit westlichen Gesellschaften in dieser Hinsicht auch ein gewisses Maß an Liberalität in Großpold eingezogen.

Die Schwester- und die Bruderschaften

Schon sehr früh wurden in den protestantischen Gemeinden Siebenbürgens sogenannte Schwester- und Bruderschaften eingerichtet. Diese Vereinigungen von Mädchen und Burschen erfüllen eine wichtige Funktion für das Dorfleben. Ihre Aufgabe besteht darin, gemeinschaftliche Feste und Feiern vorzubereiten, aber sie haben darüber hinaus auch für die Disziplin der jungen Leute zu sorgen: So ab dem 14. Lebensjahr, also nach der Konfirmation, werden die Jugendlichen als junge Erwachsene angesehen, die allerdings noch einer sorgfältigen Führung bedürfen. Diese Führung erfolgt, neben Pfarrer und Kirchenvätern, von den Schwester- und Bruderschaften. Sie beeinflussen die Erziehung und den Prozeß des Erwachsenwerdens in nicht unbeträchtlichem Maße. Die von ihnen ausgehenden Normen sind von großer Wirksamkeit und ihre Einhaltung wird strikt kontrolliert. Einen guten Einblick in die Lebenswelt der Schwester- und Bruderschaften geben die „Satzungen". Ich erhielt durch Herrn Martin Bottesch Zugang zu den im Jahr 1900 in Hermannstadt gedruckten „Satzungen der Schwesterschaft" und „Satzungen der Bruderschaft". In wesentlichen Punkten gleichen sie einander. Im folgenden sollen einige Satzungen der Schwesterschaft wiedergegeben werden.

§ 1. Nach altererbter Sitte ist die konfirmierte evangelische Jugend weiblichen Geschlechts der Gemeinde Großpold von der Zeit der Konfirmation bis zur Verheiratung in einer Körperschaft, Schwesterschaft genannt, vereinigt.

§ 2. Der Zweck der Schwesterschaft ist:
1. Die religiöse und sittliche Lebensführung der Jugend zu fördern;
2. Die Fortsetzung ihrer geistlichen Ausbildung zu sichern;
3. ihren Sinn für gesetzliche Ordnung zu wecken und zu pflegen;
4. ihren geselligen Umgang und ihre Vergnügungen zu regeln.

§ 3. Die Mitglieder der Schwesterschaft sind verpflichtet, den Vor- und Nachmittagsgottesdienst an Sonn- und Festtagen sowie Christtagen fleißig und pünktlich zu besuchen …

§ 4. Die Mitglieder der Schwesterschaft sind verpflichtet, sich im Schreiben fortzuüben. Zu dem Zwecke hat jedes Mitglied sich ein Schreibheft

anzuschaffen … Diese Hefte werden allsonntäglich von den Vorgesetzten der Schwesterschaft dem Pfarrer eingehändigt …
Etwaige Fehler, die durch Unterstreichen kenntlich zu machen sind, müssen von den Betreffenden bis zur nächsten Einlieferung der Hefte verbessert werden …

§ 12. Zu den unerläßlichen Grundbedingungen eines gesitteten Lebenswandels gehören Keuschheit in Worten und Werken, Mäßigkeit bei Lustbarkeiten, Friedfertigkeit, Ehrfurcht vor den Vorgesetzten (!), Zuvorkommenheit und Höflichkeit gegen alle älteren Leute und Schonung fremden Eigentums.

§ 13. Aus diesem Grunde ist den Mitgliedern der Schwesterschaft jeder Verstoß gegen die Ehrbarkeit des Lebenswandels verboten. Insbesondere wird ihnen untersagt:

a) auf den öffentlichen Gassen zu lärmen und zu poltern oder sonstigen Unfug zu treiben …
b) von den Burschen sich in die sogenannte Sarika oder in einen anderen Mantel einhüllen zu lassen und so mit ihnen auf der Gasse oder im Hofe zu stehen;
d) unkeusche Reden im Munde zu führen oder unfläthige Lieder zu singen …
f) in den öffentlichen Wirtshäusern sich aufzuhalten …
h) bei Hochzeiten, Tanzunterhaltungen und ähnlichen Lustbarkeiten maßlos zu trinken;
i) mit den anderen Mitgliedern der Schwesterschaft sich in Streit einzulassen, sie zu schmähen, ihnen zu fluchen, im Zorne die Hand gegen sie zu erheben, sie zu schlagen, sie mit Waffen zu bedrohen oder gar sie zu verwunden …

§ 15. Die Schwesterschaft darf keine Tanzunterhaltung veranstalten, ohne vorher die Erlaubnis dazu von dem Pfarrer (!) beziehungsweise von dem Gemeindekurator erhalten zu haben …

§ 18. Den Anordnungen des Altknechtes oder dessen Stellvertreters bezüglich der Tänze und der Reihenfolge des Trinkens haben sich alle Mitglieder zu fügen. Doch darf niemand zum Trinken gezwungen werden.

§ 22. Die Oberaufsicht über die Schwesterschaft führt das Presbyterium bzw. dessen Vorsitzender, der Pfarrer.

§ 23. Jeder Abteilung der Schwesterschaft wird vom Presbyterium je ein Mägdevater vorgesetzt.

§ 31. Die gegen Versäumnisse und Übertretungen anzuwendenden Zuchtmittel sind: Ermahnung, Verweis, Geldstrafen und zeitweilige oder gänzliche Ausschließung. Die zu verhängenden Geldstrafen sind folgende:
… Unkeusche Reden und unflätige Lieder – 2 Kronen. Unzüchtige Gebärden, im Schoße sitzen – 3 Kronen.
Erwiesene Unkeuschheit – 5 Kronen und gänzliche Ausschließung …
Maßloses Trinken – 1 Krone …, Tanzen ohne Erlaubnis – 4 Kronen.
Festgestellt in der Sitzung der größeren kirchlichen Gemeindevertretung.

Großpold, am 15. Oktober 1899

Diese Statuten wurden ebenso wie die Statuten der Bruderschaft sorgsam aufbewahrt, und nach ihnen richtete sich das Leben der jungen Leute in Großpold. Auf dem Weg zum Erwachsenen erfuhren das Mädchen und der Bursche wichtige Normen und Hinweise, die das Leben in der Gemeinde – ganz im Sinne des Protestantismus und der Arbeitsamkeit – zu einem unproblematischen machen sollten.

Um die „Aufsicht über die Schwesterschaft" (für die Bruderschaft gilt dasselbe) zu „erleichtern" teilte man diese in drei Abteilungen auf: in die „sächsische Abteilung", in die „ältere deutsche Abteilung" und in die „jüngere deutsche Abteilung", wobei unter der „deutschen Abteilung" immer die Schwesterschaft der Landler zu verstehen ist. Dies erinnert an den obigen Hinweis, daß die Landler, als sie in Siebenbürgen später einwanderten, von den Sachsen als die „Deutschen" bezeichnet wurden.

Der Chef der Bruderschaft untersteht ebenfalls dem Pfarrer und den Kirchenvätern. Er wird am Tag von Peter und Paul gewählt. Sein Ehrentitel ist „Altknecht", und als solcher ist er mit dem „Knechtvater", derzeit ein Mann von ungefähr 60 Jahren, in Kontakt. Dieser ist es, der die Beziehung zum Pfarrer herstellt. Der Pfarrer übt also über den Knechtvater, dem er seine Wünsche an die Burschen mitteilt, Kontrolle über diese aus. Der Altknecht wieder, als Vorsitzender der Burschen, verständigt die beiden ‚Irtenträger'[31] und diese wieder geben die entsprechenden Informationen, daß z. B. ein Begräbnis, ein Abendmahl oder eine Beichte anzusagen sei, an die anderen Burschen weiter.

Erzählungen zufolge geht es bei der Wahl des Altknechtes heiter zu. Man trinkt bei einem der Burschen Wein und scherzt. Verbunden mit der Wahl des Altknechtes ist die „Eingrüßung" der jungen Konfirmanden in die männliche Jugend des Dorfes. Im Anschluß daran geht man in das Haus des Altknechtes, wo dieser einen Eimer Wein aus seinem Weinkeller spendiert. Als Stellvertreter des Altknechts fungiert der Jungaltknecht. Er spendiert der Jugend sechs Liter Wein. Manche alten Landler meinen allerdings, daß heute die Bruderschaft

viel lockerer sei als noch in den dreißiger Jahren: „Wohl gibt es noch die Bruder- und Schwesterschaft, aber nur mehr der Form nach. Früher mußten wir jeden Sonntag zur Kirche, vormittags, und auch nachmittags zur Vesper. Ging einer nicht, so mußte er einen Entschuldigungszettel schreiben und einen stichfesten Grund für das Fernbleiben angeben. Konnte er das nicht, so mußte er Strafe zahlen. Vor dem Krieg zwar nur mit fünf Lei, aber es war eine Strafe. Jeden Monat gab es den sogenannten Zugang, das war das Treffen der Burschen. Dort wurden diejenigen gefragt, die am Sonntag nicht in der Kirche waren, wo sie gewesen sind. Wenn sich zwei verprügelt oder gezankt haben, ist das bei der Bruderschaft angezeigt worden. Dann hat es geheißen: Ihr habt euch gezankt oder geschlagen, ihr werdet mit 250 Lei bestraft. Haben sich zwei beschimpft, so war die Strafe 50 Lei."
Und von einem anderen Landler erfuhr ich, daß in früheren Zeiten Mädchen und Burschen angehalten wurden, bis zur Vesper am Sonntagnachmittag den ersten und den zweiten Vers des Hauptliedes vom Gottesdienst niederzuschreiben, damit sie sich im Schreiben übten. Die Zettel wurden bei der Schwesterschaft dem Altmensch, wie die Vorsitzende dort heißt, und bei der Bruderschaft dem Altknecht übergeben. Diese kontrollierten das Geschriebene und unterstrichen die Fehler. Ein Landler, den ich bereits in dieser Weise oben zitiert habe, meinte, in Großpold hätte es einen „echten Wettbewerb im Anständigsein" gegeben. So sei es zum Beispiel eine Schande gewesen, wenn ein „Junge zu viel getrunken" habe. An einem solchen seien anständige Mädchen nicht interessiert gewesen. Ebenso hätten leichtsinnige Mädchen keine hohe Achtung genossen. Nach wie vor reden denn auch alte Landler von „anständigen" jungen Leuten mit Respekt. Interessant ist, daß sie einen braven und anständigen Sohn als „großen Knecht" bezeichnen, also in Anlehnung an den „Altknecht", den Vorsitzenden der Bruderschaft. Das Wort „Knecht" verweist auf eine alte bäuerliche Tradition und darauf, daß Gehorsam und Unterordnung für eine solche alte Gemeinschaft wichtig sind. Der junge Bursche, der in Sieben-

bürgen mit dem Titel „Knecht" belegt wird, ist also jemand, der sich der Gemeinschaft fügt und daher als achtbar zu gelten hat. Und in ähnlicher Weise nennt man „brave" Mädchen „große Menscher". Die Bezeichnung „Mensch" ist das Gegenstück zu „Knecht", ein wohl altertümlicher Ausdruck für „Magd".

Gemeinsame Unterhaltungen von Burschen und Mädchen mußten vom Pfarrer genehmigt werden. Als besonders gefährlich wurden die Tanzveranstaltungen erachtet, weshalb bei derlei Gemeinschaftsaktivitäten auch die Kirchenväter als Kontrollorgane anwesend waren. Der Altknecht bat dann den anwesenden Kirchenvater höflich, mit dem Tanz beginnen zu dürfen. Dieser gestattete es, und dann erst nahm das Tanzvergnügen seinen Anfang. Während der Veranstaltung achtete der Knechtvater peinlich darauf, daß Burschen und Mädchen beim Tanzen die entsprechende Distanz zueinander einhielten. Stolz erklärte mir ein alter Landler: „Wenn jemand sich beim Tanzen schlecht aufgeführt hat, wurde er bestraft. Die modernen Tänze waren verboten. Hat jemand begonnen, modern, also eng an das Mädchen geschmiegt, zu tanzen, so wurde er hinausgeschmissen. Der Knechtvater... mußte die Aufsicht über die Burschen und Mädchen halten, damit alles in Ordnung geht und niemand Schweinereien macht. Das ist sehr, sehr genau gewesen. Nach dem Krieg ist alles anders geworden...

Wenn ein Tanz war, so hat man sich die ganze Nacht unterhalten, das hat niemanden gestört. Man mußte auch keinen Eintritt zahlen. Der folgende Sonntag war Zahlungssonntag. Jeder Bursche, der am Tanz teilgenommen hat, ging zum Altknecht, um den Tanz zu zahlen. Der Altkecht hat ausgerechnet, was jeder für den Abend zu zahlen hat. Für den Saal mußten wir 200 Lei zahlen und für die Musik soundsoviel. Das wurde aufgeteilt. Da war kein Gewinn und kein Betrug dabei. Keiner hat etwas verdient dabei."

Dennoch riskierten die jungen Leute dann und wann auch andere Tänze als Polka und Walzer, die als einzige zugelassen waren. Heiter meinte ein Landler dazu, wenn ein Paar enger getanzt habe als zugelassen, dann habe es geheißen: „Sie halten sich gegenseitig im Schatten.“ Dieser alte Spruch gibt auch einen Hinweis darauf, daß die strengen Regeln trotz Strafdrohung bisweilen doch unterbrochen wurden. Freilich, zulassen konnte man „unanständiges“ Tanzen nicht, wenngleich der informelle Bruch toleriert wurde, solange er nicht von jemandem wie dem Knechtvater zu einer öffentlichen Sache gemacht wurde. So mancher mag wohl auch seine Freude daran gehabt haben, wenn ein verliebter Landler mit seinem Mädchen einen engen Tanz wagte.

Jugend und Gemeinschaftsleben

Trotz all dieser strengen Normen bezeichnen Landler ihre Jugendzeit als schön. Dies betonte eine alte Landlerin mir gegenüber: „Wir haben eine schöne Jugendzeit gehabt. Und während des Krieges, als die Wehrmacht – die 5. Kompanie – durchzog, waren die Soldaten in Großpold einquartiert. Denen hat es gut bei uns gefallen. Jeden Samstag gab es einen Kameradschaftsabend. Unsere große Musikkapelle spielte im großen Saal unseres Veranstaltungshauses." Übrigens diente dieser Saal auch für Hochzeiten und bis heute als Kino.

Neben der Bruder- und Schwesterschaft existieren traditionell noch andere informelle Verbände von jungen Leuten, die ihre Bedeutung für die Kontakte, das Leben und den Umtrunk haben.

Dazu gehören die sogenannten Jahrgänge: Landler des gleichen Geburtsjahrganges verweisen gerne darauf, daß bestimmte Personen von „ihrem Jahrgang" seien. Damit will man andeuten, man hätte eine besondere Beziehung zu diesen Leuten, man fühle sich ihnen verpflichtet und man unterhalte sich gerne gemeinsam. Auch die Jahrgänge haben ihre Tradition. Dies hört man aus dem Bericht einer alten Landlerin heraus: „Diejenigen, die demselben Jahrgang angehören, halten mehr als andere zusammen, das ist die Kameradschaft. Mit der Bruderschaft oder Schwesterschaft hat sie nichts zu tun. Diese Kameradschaft der Jahrgänge kommt von der Schule her. So wie man in die Schule gegangen ist, ist man weitergegangen. Wenn sich die Leute verstehen, gehen sie zusammen aus und feiern. Wir waren acht Madeln in der Klasse, und wir sind zusammen ausgegangen. Und zwar am Sonntag. Wir haben uns auch am Abend getroffen und sind zum Aufbleiben gegangen."

Daneben gibt es die sogenannten Kränzel oder Cliquen. Diese Cliquen treten ergänzend zu den anderen Freundschaftsverbänden hinzu. In diesen Cliquen tun sich also jene zusammen, die weder in Bruder- und Schwesterschaften noch in Jahrgängen miteinander Beziehungen herstellen können. Die Cliquen bestehen aus Freundschaftspaaren, Ehepaaren oder sonstigen Grüppchen. In den Cliquen findet man Freunde, mit denen man sich gerne unterhält, Wein trinkt und Feste feiert, wie Abschiede (usw.) und Geburtstage. Von einem typischen festlichen Ereignis, das durch Cliquen bestimmt ist, erzählte mir ein heiterer junger Landler: „Bis vor ein paar Jahren fuhren einzelne Cliquen mit Pferdewägen jährlich zu Pfingsten in den Wald. Dort suchte man nach Birken. Jede Clique schnitt für sich einige Birken nach der Anzahl der Mädeln ab und brachte sie mit dem Wagen zu einer Wiese am Waldrand. Meist war es die Rieger-Wiese, auf der man dann feierte. Es war Mittag, als man mit den Wägen zur Wiese kam. Dann wurde gegrillt, gegessen und getrunken. Jeweils ein Baum wurde vom Altknecht, dem Chef der Bruderschaft, und den Irtenträgern der Bruderschaft zum Kirchhof getragen. Und am späten Nachmittag fuhr man zu den Häusern der Mädchen, denen man jeweils eine Birke in den Hof setzte. Das Mädchen bewirtete anschließend die Burschen."

„In letzter Zeit", schilderte der Landler lächelnd, womit er auf den großen sozialen Wandel, der sich heute zeigt, verweisen wollte, „kam es auch vor, daß ein Bursch alleine mit dem Mädchen zu ihrem Haus ging, um dort die Birke zu pflanzen. Früher war man bis in den Morgen unterwegs. Überall wurde man bewirtet. Mit dem Akkordeon spielte einer auf, und es war viel Lärm ...

Jetzt jedoch gibt es kaum noch Madeln in Großpold." Etwas wehmütig klang mein Freund. Auch er will wegziehen nach Deutschland. Es scheint, daß dieses offensichtliche Frühlingsfest mit dem Setzen des „Maibaums" in der Tradition alter Fruchtbarkeitskulte steht.

Eine weitere gemeinsame Feier, in diesem Fall zu Pfingsten, schilderte mir eine sehr alte Landlerin. Diese Feier dürfte bis zum Krieg üblich gewesen sein. Sie fand jeweils am dritten Pfingsttag statt. Bei diesem Fest war die ganze Jugend von

Großpold unterwegs und freute sich über den Frühling: „Das ganze Dorf hat sich mit der Blasmusik am dritten Pfingsttag vor dem Pfarrhof versammelt. Alles war in Tracht. Der Pfarrer kam, als alle versammelt waren, zur Fliederhecke und gratulierte den Leuten zum heutigen Pfingstsonntag und wünschte ihnen alles Schöne. Dann zogen die Leute, allen voran die Adjuvanten (Musiker), zum Kippchen, dem Hügel bei Großpold. Am Fuß des Kippchens hörte die Musik auf mit dem Spielen. Und wir krochen hinauf. Oben hatten die Burschen bereits in der Früh um eine Fichte einen Tanzplatz hergerichtet. Und daneben noch einen Platz nur für die Kinder. Auch Stühle und Bänke waren herausgebracht worden. Die Frauen kamen mit Körben an, in denen Schnitzel waren, und mit Wein. So feierten wir da oben am Kippchen ein schönes Fest. Wir tanzten und sangen. Und am Abend marschierten wir zurück in den Ort, und am Hauptplatz sangen wir zuerst das Lied ‚Siebenbürgen, Land des Segens' und dann das ‚Großpolderlied'." Dieses „Großpolderlied", das ich am Ende dieses Buches wiedergebe, drückt die Lust am gemeinsamen Scherz aus ebenso wie die Verpflichtung zur Arbeit und veranschaulicht so diese meine Ausführungen zum Thema Jugend und Gemeinschaftsleben.

Die dörfliche Gemeinschaft Großpolds ist zwar heute durch die Abwanderung gerade der jungen Leute im Schwinden begriffen, aber es gibt immer noch junge Burschen, die sich als eine Art Clique beinahe täglich bei einem Glas Wein zusammenfinden, plaudern und singen. In ihrer Mitte verbrachte ich im November 1990 gesellige Abende. Wir tranken Wein und redeten über ihre Probleme, über Autos aus Deutschland, die es billig zu kaufen gibt, und über die künftige Reise eines der Burschen nach Deutschland. Er hatte soeben das Visum bekommen und wollte sich einmal in dem ersehnten Land umschauen. Die anderen beneideten ihn darum. Besondere Bewunderung genoß in dieser Runde auch ein Bursche, der vor einiger Zeit in Deutschland ein Auto, wahrscheinlich einen alten verrosteten Kübel, um 150 DM erstanden hatte.

Auffallend war, daß die Burschen den Wein nur aus einem Glas tranken, das reihum ging. Hatte einer getrunken, so füllte er gleich nach und reichte den Wein weiter. Dieses Trinkritual hat etwas Verbindendes an sich. Wir, die wir gemeinsam aus einem Glas tranken, fühlten uns verbunden, zumindest für diesen einen Abend. Als ich das Glas hob, fielen ein paar Tropfen Wein zu Boden, und einer der Burschen erklärte mir darauf, die Tropfen seien den Toten zugedacht. Ich nickte und fügte hinzu, daß ich die von mir verschütteten Tropfen meinem vor kurzem in die ewigen Jagdgründe heimgegangenen Dackel Sokrates weihen wollte. Dem stimmten die Burschen lächend zu.

Außer diesen häufigen Treffen bei Freunden, die mit einem heiteren, rituellen Trunk verknüpft sind, gibt es noch jeden Samstag eine Zusammenkunft. Dabei treffen einander junge Burschen, jetzt auch schon Mädchen, in einem leerstehenden Haus, dessen Besitzer bereits irgendwo in Deutschland auf eine angeblich bessere Zukunft warten. In diesem Haus haben sich die jungen Leute eine gemütliche Stube für die samstäglichen Trinkgelage eingerichtet. Das Haus wird stolz „Schloß" genannt, womit wohl die Würde des Lokals kundgetan werden soll. Jeder oder die meisten der hier eintreffenden Burschen bringen selbst Wein mit.

Ein echtes Gasthaus wie in Österreich und Deutschland gibt es hier in Großpold nicht. Wohl existiert noch eine „Cafeteria", diese bietet jedoch keinen besonderen Anreiz, denn sie ist, wie auch ich gesehen habe, eher sparsam und kärglich ausgestattet. Besucht wird sie vor allem von Zigeunern. Früher, wahrscheinlich noch in den Nachkriegsjahren, soll es auch ein Schenkhaus gegeben haben. Es ist nicht uninteressant, was ein älterer Landler mir dazu erzählte: „Die Männer sind dorthin gegangen, um Wein zu trinken und Karten zu spielen. Aber die meisten Großpolder haben das Wirtshaus gemieden. Es war nicht sehr angesehen. Zigeuner und Rumänen waren hauptsächlich drinnen. Ich selbst war höchstens ein- oder zweimal im Jahr dort, um ein rumänisches Bier zu trinken. Es schmeckt nicht gut, weil es nicht ausgereift ist.

Das Bier bekommt man heute in Hermannstadt im Nahrungsmittelgeschäft. Aber man erfährt es erst am Tag zuvor. Wenn die Leute es erfahren, so stehen sie bereits in der Nacht darum an. Man stellt die Kisten oder die Rucksäcke in eine Reihe. Wenn dann das Bier kommt und man selbst an die Reihe kommt, so ist kein Bier mehr da."

Die Jugendlichen haben sich damit abgefunden, daß es keine öffentlichen Lokale gibt, in denen man Getränke nach Wahl und musikalische Unterhaltung geboten bekommt. Sie treffen einander eben privat bei einem von ihnen, um zur Gitarre Lieder zu singen, oder samstags im „Schloß", wo man bei der Musik aus Kassettenrecordern mit Mädchen scherzt.

Hat jemand Geburtstag, so organisiert er ein kleines Fest, bei dem er meist eigenen Wein ausschenkt. Auch ich habe an einer solchen Geburtstagsfeier teilgenommen. Zu sechst saßen wir im Kreis in der gemütlichen Küche des Landlerhauses, die direkt an den Hof grenzt und in welcher der Einladende, er ist Lehrer im Dorf, seinen Arbeitstisch hat. Wir tranken auf sein Wohl und ließen das vom jeweils Trinkenden aufgefüllte Weinglas kreisen. Die Stimmung erhöhte sich, als der Gastgeber seine Gitarre hervorholte und man Lieder zu singen begann. Es entspricht der Kultur der Landler, daß man deutsche Volkslieder singt, aber auch alte Kriegslieder, die auf das gemeinsame Schicksal und die Verbundenheit mit der deutschen und österreichischen Geschichte verweisen. Irgendwie erschienen die Burschen auch stolz darauf zu sein, derartige Lieder zu beherrschen, denn durch sie greifen sie über ihren Raum hinaus in ein fernes, idealisiertes Vaterland (darauf bin ich oben bereits eingegangen).

So sang man ein Panzerlied, das an den Zweiten Weltkrieg erinnert, ein Lied vom Rhein und schließlich ein Kriegslied, das vielleicht aus dem Ersten Weltkrieg stammt und in dem der „Erbfeind" Rußland genannt wird. Bemerkenswert in diesem Lied ist auch der Hinweis auf Großpold. Es heißt da unter anderem: „Ich bin ein Jungsoldat von 21 Jahren, geboren in Großpold, Großpold ist mein Heimatort... Von Rußland komm ich her, da hat man mich geschlagen...

zwei Kugeln in mein junges, junges Herz... ieder dieser Art umrahmen die Zusammenkünfte und die Trinkgelage der jungen Burschen, sie geben ihnen den Gehalt des Männlichen und zeigen auch den Wunsch des jungen Mannes nach Heldentum auf, sie sind daher auch so etwas wie Mannbarkeitsrituale.

Traurig meinten die Burschen, ihnen voran der Altknecht der sehr reduzierten Großpolder Bruderschaft, es gebe nicht mehr sehr viele junge Leute hier im Dorf, die meisten seien bereits in Deutschland. Früher hätte es viele Cliquen hier in Großpold gegeben, die insgesamt so viele Mitglieder hatten, daß sie in einem einzigen Zimmer nicht Platz gefunden hätten. Man könne die hiergebliebenen Burschen, aber auch Mädchen an den Fingern abzählen. Das sei traurig, aber auch sie wollten, vielleicht im Frühjahr, Großpold den Rücken kehren. Ich merkte ihnen an, daß ihnen dies nichts ausmachte. Im Gegenteil, ich hatte das Gefühl, die Abreise aus Großpold würde ihr Ansehen als mutige Leute, die die Ferne suchen, heben. (Mich berührt dies, zumal hier meines Erachtens gemeinschaftliche Verbindungen, die viel Schönes bergen, unwiderruflich zugrunde gehen.)

Partnerwahl und Hochzeitsfest

Für eine Gemeinschaft, die ihre Kultur und ihre Identität behalten will, ist die Frage der Partnerwahl ihrer Mitglieder von großer Bedeutung. Es haben sich daher in den verschiedensten Gruppen Regeln herausgebildet, die – vielleicht den einzelnen nicht bewußt – mehr oder weniger streng die Kriterien vorschreiben, nach denen die Partner ausgesucht und schließlich geheiratet werden. Auch hier in Großpold achten diejenigen, die Autorität haben, wie Eltern oder der Pfarrer und seine Vertreter, sorgfältig darauf, daß die jungen Leute sich diejenigen als Ehepartner auswählen, die in die bäuerliche Kultur Großpolds passen oder zu ihr gehören.

Die Bande zu der künftigen Ehefrau oder dem künftigen Ehemann werden bei den im vorigen Kapitel bereits geschilderten Tanzveranstaltungen, Umtrünken in einem der Weinkeller, den samstäglichen Zusammenkünften im „Schloß", wo der Wein reichlich fließt und die Mädchen heiter sind, und bei diversen Gemeinschaftsveranstaltungen geschlossen. Finden sich die beiden sympathisch und haben die Eltern gegen eine Heirat nichts einzuwenden, so kann geheiratet werden.

Das Durchschnittsalter der Burschen und auch Mädchen bei der Heirat dürfte, wie aufmerksame Landler meinen, bei 22 oder 23 Jahren liegen.

Dadurch, daß Landler und Sachsen in Großpold wahrscheinlich schon seit langer Zeit untereinander heiraten, ergibt sich im Dorf ein dichtverzweigtes Verwandtschaftsnetz. So weiß ich von einem Landler, daß einer seiner Neffen eine Nichte seiner Frau geheiratet hat. Dies bringt vielfältige verwandtschaftliche Verpflichtungen bei Festen und schließlich auch bei der Hofübernahme mit sich.

Da nun Sachsen und Landler eine verschiedene Geschichte haben und auch einen unterschiedlichen deutschen Dialekt sprechen, kam es dennoch nie zu einer vollkommenen Vermengung beider Gruppen. Jeder war und blieb stolz dar-

auf, Landler oder Sachse zu sein. Heiratet nun ein Sachse eine Landlerin, so wurde mir erzählt, dann wird in der Familie, wie schon erwähnt, im Prinzip Sächsisch gesprochen. Ist jedoch der Ehemann ein Landler und die Ehefrau Sächsin, so ist es das Landlerische, das gepflegt wird. Allerdings kommt es auch nicht selten vor, daß die traditionelle Sprache des betreffenden Hauses, in dem die beiden wohnen, auch weiterhin gesprochen wird, oder daß der Mann aus Gründen der Sympathie die Sprache der Frau verwendet.
Auch können sich die jungen Leute von Großpold ihre Ehepartner aus einem Nachbarort wählen, soweit er sächsisch oder landlerisch ist. Interessant ist, was mir eine freundliche Landlerin dazu erzählte: „Mit Reußmarkt, dem Nachbarort, wo Sachsen leben, hat es immer Spannungen gegeben. Viel mehr als mit Urwegen, einem anderen Nachbarort. Von hier in Großpold haben mehr Burschen und Mädchen nach Urwegen, das ist auch sächsisch, geheiratet als nach Reußmarkt. Das hat sich so übertragen bis jetzt, ohne daß man es wollte. Kennengelernt hat man sich bei der Arbeit oder beim Tanz. Wenn es geheißen hat, im Nachbardorf ist Tanz, ist man hinübergegangen. Aber meistens nach Urwegen."
Ein Schock konnte es jedoch für die Eltern sein, wenn ein Deutscher bzw. eine Deutsche eine Rumänin bzw. einen Rumänen heiratete. Ein solcher Fall wurde mir aus Hermannstadt berichtet. Ein Bursche aus einer angesehenen sächsischen Familie hatte sich in eine Rumänin verliebt. Seine Eltern verboten ihm den Umgang mit diesem Mädchen. Doch der junge Mann ließ nicht von ihr ab, heiratete sie heimlich und stellte die Eltern vor die vollendete Tatsache. Für diese bedeutete die Heirat zunächst das „größte Unglück". Doch seine Mutter besann sich schließlich eines Besseren und fand sich bald mit der neuen Situation ab.
Sie machte dem Sohn das Angebot, sie würde mit dieser Ehe einverstanden sein, wenn sie bei der Erziehung der Kinder mitwirken könne, die Kinder also in deutscher Sprache und Kultur erziehen dürfe. Der Sohn und seine rumänische Frau waren damit einverstanden. Die rumänische Schwiegertochter

entpuppte sich schließlich als tadellose Hausfrau, die sparsam und tüchtig ist. Mischehen sind allerdings höchst selten, sowohl in Großpold wie auch in den Nachbargemeinden, und immer ist man bemüht, die Kinder aus Mischehen in deutsche Schulen zu schicken.
Stirbt ein Ehepartner, so wird vor allem dann eine neue Ehe eingegangen, wenn Hof und Kinder es notwendig machen. Etliche verwitwete Frauen haben sich wiederverheiratet, um eine Unterstützung bei der Arbeit auf dem Hof zu bekommen. Insgesamt muß gesagt werden, daß unter den Landlern eine Wiederverheiratung im wesentlichen dann gerechtfertigt zu sein scheint, wenn Not am Mann oder an der Frau war. Aus anderen Gründen ist man eher selten eine neue Ehe eingegangen.
Bemerkenswert ist, daß in drei mir bekannten Fällen die Witwe den Bruder ihres verstorbenen Mannes heiratete, was den Vorteil mit sich bringt, daß die Kinder besser versorgt werden und eine gewisse Kontinuität in der Erziehung gewährleistet ist. Darüber hinaus erscheint es auch als nützlich, daß die Schwiegereltern dieselben bleiben. Der Bruder des verstorbenen Ehemannes tritt in dessen Fußstapfen, als Schwager kennt er die Familie und den Hof und weiß um die Probleme.
Es gibt aber auch Frauen, die es nach dem Tode ihres Mannes vorzogen, nicht mehr zu heiraten, und die Mühe auf sich nahmen, alleine zu wirtschaften.
Ein Landler wies mir gegenüber auf die hohe Moral der Witfrauen hin: „Wie ich ein Kind war, nach dem Krieg, da kannte ich ungefähr 30 Witfrauen und Frauen, die alleine waren, bei denen der Mann in der Fremde war. Von denen haben sich vielleicht zwei verloren, daß sie ihrem Mann untreu wurden. Ich kannte aber keine.
Alle diese Frauen wußten den Pflug in die Hand zu nehmen und mit den Ochsen zu fahren. Sie sorgten sich auch um die Kinder. Sie kannten nichts anderes. Keine hat auf eine unkeusche Sache das Geld verdient. So war es damals, und das haben wir alles dem Glauben zu verdanken."

Von einer verwitweten Landlerin wurde mir erzählt: „Unsere Nachbarin ist Witwe, sie hat nicht mehr geheiratet. Sie hat eine schöne Rente und große Kinder. Auf einen Mann ist sie nicht mehr angewiesen. Es gibt viele, die sagen: Was soll ich noch mit einem Mann, wenn ich ohnehin meine Rente habe? Früher war eine Witwe froh, wenn sie jemand zum Heiraten gefunden hat, wegen des Hofes. Heute hat sich einiges geändert."

Ebenso wie für eine Witwe kann auch für einen Witwer eine neue Ehe Vorteile für Hof, Kinder und das alltägliche Leben bringen. Ich lernte einen ungefähr sechzigjährigen Landler kennen, dem die Frau in jungen Jahren gestorben war und der mit zwei Kindern auf einem sauberen Hof lebte. Seine Schilderung erscheint mir wesentlich, weil sie die Bedeutung des Pfarrers zeigt und auf eine besondere Form der Partnerwerbung eingeht: „Meine erste Frau ist im Alter von 32 Jahren gestorben. Sieben Monate nach ihrem Tod habe ich wegen der Kinder, die damals zwei und acht Jahre alt waren, geheiratet. Ich brauchte jemanden, der sich um die Kinder sorgt. Meine zweite Frau stammt ebenso wie ich aus Großpold. Sie ist etwas älter als ich. Ich kannte sie schon lange. Sie hatte ein gutes Zeugnis in der Gemeinde. Bis auf den heutigen Tag hat das gestimmt. Das, was ich heute bin, habe ich ihr zu verdanken. Diese Frau war als junges Mädchen sogar in Rußland verschleppt. Sie hatte einen Verlobten, der damals gestorben ist, in Rußland. Ich ging nach dem Tode meiner Frau zum Pfarrer und habe zu ihm gesagt: ‚Herr Pfarrer, schauen Sie, ich habe niemanden, der für die Kinder sorgt. Muß man ein Jahr lang trauern?' Darauf sagte der Pfarrer: ‚Nein. Ich weiß, daß Sie nicht aus irgendeinem falschen Grund heiraten. Man hat geschworen beim Heiraten, zusammenzubleiben, bis daß der Tod euch scheidet.' Der Pfarrer wollte dann wissen, wen ich heiraten will. Er war dann froh, daß ich mich für meine jetzige Frau entschieden habe. Bevor ich aber beim Pfarrer war und nicht lange nach dem Tod meiner ersten Frau, hatte mich schon Frau P. zu sich gerufen. Sie hat uns beide gut gekannt. Zu mir hat sie gesagt: ‚Herr L., ich weiß, daß es

Ihnen leid tut um Ihre Frau. Aber jetzt sollen Sie nur beten, daß der liebe Gott Ihren Kindern wieder eine gute Mutter schenkt.'

An einem schönen Abend bin ich dann zu meiner jetzigen Frau gegangen und habe zu ihr gesagt: ,Guten Abend, ich bin im Elend! Ihr wißt, daß meine Frau gestorben ist und ich alleine bin. Ich möchte dich bitten, ob du meine Frau willst werden und um meine Kinder sorgen wirst?' Nach drei Tagen hat sie mir das Jawort gegeben. Ihre Eltern waren bereits gestorben, sie hat damals bei ihrem Schwager gewohnt.

Nachdem ich von meiner Frau das Jawort hatte, bin ich zu meinen Schwiegereltern, den Eltern meiner ersten Frau, gegangen und habe ihnen alles erzählt. Die haben mich nicht gefragt, wen ich heiraten will, sie waren damit einverstanden, daß ich wieder heirate.

Als ich das erste Mal zu der Frau gegangen war, haben mich meine Kinder gefragt: ,Wohin gehst du, Vater?' Was sollte ich ihnen sagen? Der eine hat gefragt, weil ich mich gut angezogen habe: ,Gehst du zur Kirche?' Denn immer wenn ich mich besser anziehe, das wußte er, gehe ich zur Kirche. Ich habe den Kindern dann erzählt: ,Schaut, der liebe Gott hat uns die Mutter genommen. Sie ist jetzt gestorben. Wir können nicht so bleiben. Wir bekommen eine andere Mutter!' Vor Freude sind die Kinder zu meinen Schwiegereltern gelaufen und haben geschrien: ,Wir bekommen eine Mutter! Wir bekommen eine Mutter!' Der Zweijährige kannte ja seine Mutter nicht. Die Kinder vertragen sich gut mit meiner jetzigen Frau. Meine erste Frau hat in der Kantine der Staatsferm gearbeitet. Meine zweite Frau war viermal aushelfen dort. Wie ich sie nun geheiratet habe, hat die Köchin von der Kantine mir erzählt, daß meine erste Frau gesagt haben soll: ,Schade um dieses Mädchen, daß es nicht heiratet, es könnte auch jemanden glücklich machen.' Und dann ist sie die neue Mutter meiner Kinder geworden."

Mit seiner zweiten Frau beendete dieser Landler schließlich den Bau seines Hauses, den er mit seiner ersten Frau begonnen hatte.

Zusammenfassend sei hier festgestellt, daß Ehe und Familie wichtige Institutionen für das gemeinschaftliche dörfliche Leben darstellen, dessen Harmonie von allen angestrebt wird. Unvollständige Ehen oder große öffentliche Ehestreitigkeiten passen nicht in das Bild des Dorfes.
Ehescheidungen kommen in einer solchen bäuerlichen Kultur auch grundsätzlich nicht vor, da sie im Gegensatz zu einer gottgefälligen Ordnung stehen, für die das Funktionieren der Gemeinschaft zum Wohle aller anzustreben ist.
Eben weil die eheliche Verbindung für die Landlergemeinde bedeutungsvoll ist, sind die Hochzeiten wahre Feste für alle Großpolder, auch wenn sie nicht zur Feier geladen sind. Grundsätzlich feiert man die Hochzeiten zur Winterzeit, wenn der Bauer wenig oder kaum Arbeit auf dem Feld hat. Dabei zieht man die Tage und Wochen vor Weihnachten und zwischen dem Neujahr und Ostern vor.
Heiraten junge Leute, so ist es Aufgabe der Paten, ein Schwein für die Hochzeit zu besorgen. Gemeinsam marschieren die Herren Paten los, um das Schwein zu kaufen. Während früher jeder Pate ein zirka 30 Kilogramm schweres Schwein brachte, spendieren heute alle Paten zusammen eine zirka 120 Kilogramm schwere Sau.
Man prüft die Tiere, scherzt und läßt sich zum Wein einladen. Auf diese Weise zieht man auf der Suche nach einem schönen Schwein herum und bringt dieses schließlich ins Haus eines der Paten, wo es für das Hochzeitsmahl zubereitet wird.
Jeder Pate muß den jungen Leuten außerdem noch Geld für den künftigen Hausstand überreichen. Der Betrag liegt heute bei ungefähr 1 200 Lei. Die Patinnen kommen billiger davon, von ihnen werden jeweils nur 200 oder 300 Lei erwartet, so daß jedes Ehepaar gemeinsam zirka 1 500 Lei zu spendieren hat.
Die Hochzeit fand früher meist an einem Sonntag statt, in neuerer Zeit auch an Samstagen. Am vorangehenden Donnerstag wird das Schwein geschlachtet und am Freitag backen die Patinnen 40 bis 50 Gugelhupfe. Die erforderliche Menge

an Mehl, Eiern, Butter und Zucker etc. wird ihnen von all jenen Dorfbewohnern gebracht, die sich mit den Hochzeitsgebern „gut fühlen", auch wenn sie nicht zum Hochzeitsfest eingeladen sind. Sind die Gugelhupfe gebacken, so schickt die Hochzeitsgeberin durch anverwandte Helferinnen jedem Spender je zwei Schnitten von einem Gugelhupf „zum Kosten".

Zur Hochzeitstafel kommen nur diejenigen, die von den Paten und den beiden Vätern des Hochzeitspaares persönlich eingeladen wurden. Dies sind meist die näheren Anverwandten und Geschwister. Am Tage vor der Hochzeitstafel bringen die geladenen Gäste eine geputzte Henne.

Am Vorabend der Hochzeit erhalten diejenigen, die etwas gespendet haben, Speise und Trank. Beim Wein unterhält man sich und scherzt in Vorfreude auf die Hochzeit am nächsten Tag. Am Hochzeitstag treffen sich um zehn Uhr die Geladenen im Hochzeitssaal, das war früher der deutsche Gemeindesaal. Alte Landler erinnern sich noch an die Hochzeiten im alten Gemeindehaus, wo eine eigene Küche und sämtliches für die Hochzeit wichtige Inventar vorhanden war. Die Hochzeit beginnt mit einem Essen. Daran anschließend geht man zur Kirche, wo der Pfarrer das Paar traut. Nach der Kirche findet im Hochzeitssaal das sogenannte „Gaben" statt, wobei das Hochzeitspaar seine Geschenke erhält. Man ißt, trinkt und unterhält sich.

Dann beginnt der heitere Teil des Festes, das große Hochzeitsessen, bei dem eine bestimmte Sitzordnung vorgeschrieben ist, die auf die Bedeutung der Teilnehmer und ihre Beziehung zueinander verweist. (s. u.)

Nach einem vom Pfarrer gesprochenen Tischgebet langt man zu. Die Krönung des Hochzeitsmahles ist der Braten. Danach hält der Pfarrer eine heitere Rede, erhebt das Glas und prostet dem Brautpaar zu.

Das Fest dauert bis in den Morgen hinein. Dann geht man zu Bett. Der Nachmittag nach der Trauung, die festlich mit Brautjungfern, die man in Großpold „Mitbräute" nennt, begangen wird, dient schließlich der freundschaftlichen und heiteren

Unterhaltung. Dabei werden auch Rätselspiele veranstaltet. Eine Landlerin erzählte mir dazu: „Einmal nahm vor den Hochzeitsgästen eine Frau den Bräutigam und setzte ihn auf einen Sessel inmitten des Saals. Da fragte sie die Braut: ‚Na, Mirl, jetzt kommst du und setzt dich dem Hans auf den Schoß.' Nachdem die Braut gekommen war, fragte sie weiter: ‚Was ist das jetzt?' Als niemand antwortete, sagte sie: ‚Das ist Hans im Glück!' Man hat gelacht und sich gefreut, denn die beiden hatten sich gern. Dann nimmt sie die Mädeln und stellt sie in einer langen Reihe auf. Vor sie gab sie dann eine Kinderbadewanne und fragte: ‚Was ist das?' Das war uns neu. Nun sagte sie: ‚Der Wahn ist kurz, die Reu ist lang!' (Wahn = Wanne; Reu = Reihe) Bis fünf Uhr früh sind wir bei dieser Hochzeit geblieben. Manche Burschen wollten sich überhaupt nicht schlafen legen. Die sind gleich in der Früh aufwecken gegangen. Sie sind mit einer Ziehharmonika herumgezogen."

Über dieses „Aufwecken" berichtete ein freundlicher älterer Landler: „Zuerst haben die Burschen alle Paten geholt, die durften nicht lange schlafen. So sind sie zu allen Männern gegangen, die auf der Hochzeit waren. Und in jedem Haus hat man Wein getrunken. In den Kuhstall und überall haben die Burschen hingeschaut, ob alles in Ordnung ist. Ist etwas nicht in Ordnung, so kritisiert man ihn. Hatten sie Hunger, so konnte es vorkommen, daß sie Eier aus den Hühnernestern genommen und getrunken haben.

Zu Mittag gingen sie in das Hochzeitshaus und haben gegessen, was übriggeblieben ist. Dann sind sie weitergegangen. Auch haben diese Männer sich das Bett angeschaut, in dem das Brautpaar geschlafen hat. Sie haben begutachtet, was da passiert ist." Bei den Hochzeiten geht es also nach der Trauungszeremonie und dem gemeinsamen Essen turbulent und ausgelassen zu. Das ganze Dorf soll dabei seinen Spaß haben. Zu Beginn der fünfziger Jahre, als die nach Rußland Verschleppten zurückkehrten und heirateten, sollen an manchen Sonntagen nicht weniger als drei Hochzeiten auf einmal stattgefunden haben.

An dieser Stelle soll noch ein weiterer Landler zu Wort kommen, der nicht wenige Hochzeiten miterlebt hat: „Einmal haben drei Männer, die schon etwas betrunken waren, alte Töpfe, altes Geschirr, welches die Leute weggehaut haben, zusammengeklaubt. Es waren Witzvögel, die die Hochzeit nachgemacht haben. Der eine der Männer hat den Pfarrer gespielt, die anderen beiden das Brautpaar. Nun sind die anderen gekommen und haben den beiden alles Gute für das künftige Leben gewunschen. Das war sehr lustig. Sie haben also nach der Hochzeit noch einmal Hochzeit gespielt. Bei den Hochzeiten wird getanzt und gespielt. Manche fahren mit der Schubkarre und schreien."

Lärm und Heiterkeit begleiten also das Hochzeitsfest des jungen Großpolder Paares, dem so bewußt wird, daß die Gemeinschaft hinter ihm steht, und daß es auch weiterhin mit der Gemeinschaft rechnen kann.

Die Geburt – Position der Frau

Kinder sind Ausweis für eine lebendige Gemeinschaft, besonders für mehr oder weniger geschlossene Gruppen wie diejenige der Landler.

Die Ehelichkeit eines Kindes attestiert gerade hier in Großpold, daß das Kind in einer „anständigen", gottgefälligen Ehe gezeugt wurde und einer Familie entstammt, die Ansehen besitzt.

In städtischen Kulturen ist die Aufnahme des eben geborenen Kindes in die Gemeinschaft eine eher formlose und kaum beachtete Angelegenheit. Anders in bäuerlichen dörflichen Kulturen. Hier sind Geburt und Taufe von großer gesellschaftlicher Bedeutung. Eine Landlerin schilderte mir aus ihrem Erleben: „Als ich damals von meinem ältesten Kind, einem Mädel, entbunden wurde, durfte ich nicht hinaus auf die Straße. Bei uns war es damals so, daß die Mutter so lange nicht aus dem Haus durfte, bis ihr Kind getauft war. Bei der Taufe des Kindes, etwa sechs Wochen nach der Geburt, durfte die Frau zum ersten Mal wieder auf die Gasse gehen. Gemeinsam mit dem Paten ging sie zur Kirche. Dort wurde das Kind getauft und die Mutter eingesegnet. Zuerst taufte er das Kind, und dann hat die Mutter das Kind genommen und ist vom Altar gegangen. Nun hat der Pfarrer Kind und Mutter gemeinsam gesegnet. Als Paten für das Kind nimmt man Geschwister und Cousins. So habe ich es gemacht. Ich habe bei allen meinen Kindern dieselben Paten gehabt. Meine Schwägerin wieder hat bei jedem Kind andere Paten genommen. Nachdem der Pfarrer uns gesegnet hat, sind wir nach Hause gegangen, wo wir ein Essen für die Paten gemacht haben.

Erst nach dem Segen des Pfarrers durfte ich auf die Straße hinaus. Während dieser Zeit ist ein guter Bekannter von uns gestorben. Nicht einmal zu seinem Begräbnis bin ich gegangen."

Mit der Geburt und der Taufe des Kindes sind strenge Regeln

verknüpft, die rituell der Frau klarmachen sollen, daß sie für die Gemeinschaft ein Kind geboren hat, das einmal Bedeutung für den Bestand dieser Gemeinschaft haben wird. Vor diesem Hintergrund ist es zu verstehen, daß die Abtreibung eines Kindes ein schwerer Verstoß nicht nur gegen das sittliche Leben in Großpold ist, sondern auch gegen die Gemeinschaft als solche. Zu diesem Thema meinte eine Frau: „Ich bin gegen die Abtreibung. Wenn ich so etwas machen müßte, könnte ich nie mehr froh sein. Ich habe meinem Mann gesagt: ‚Mach, was du willst, aber ich mache da nicht mit, auch wenn wir zehn Kinder haben. Ich kann das nicht verantworten.'" Diese Einstellung zur Abtreibung deckt sich mit der des Pfarrers und überhaupt des Protestantismus, für den der Mensch Achtung verdient als ein Geschöpf Gottes, das für die tägliche Arbeit, die getan werden muß, gezeugt wurde. Aus obigem Zitat geht aber noch etwas anderes hervor, was auf die Position der Frau in dieser Kultur hindeutet: Die Frau hat sich demütig der Kirche und dem Pfarrer unterzuordnen. In traditioneller Weise sind es die Männer, die als Pfarrer und Kirchenväter im Ort auf das Leben der Landler in Großpold einzuwirken vermögen. Dies gilt vor allem in Bereichen des rituellen und kirchlichen Lebens. Die Männer sind die Häupter der Familie, wie die Landler meinen. Als ich einem Landler gegenüber einwarf, daß Frauen nicht immer damit einverstanden seien, vom Mann regiert zu werden, erwiderte er: „Manchmal hat auch die Frau das Recht. Aber in der Kirche hat sie nicht viel zu reden."

Im informellen Bereich des Alltags in Haus und Hof allerdings scheint die Frau in wesentlichen Dingen, was die Kinder, die Einrichtung im Haus, die Anschaffung diverser Geräte u. ä. anbelangt, mit das Sagen zu haben. Wohl versucht der Mann zu dominieren, doch die Landlerin versteht es manchmal mit Witz, ihren Willen durchzusetzen. Somit gelingt es ihr sehr wohl, außerhalb des Ritus, in Haus und Hof, die Geschicke der Familie nach ihren Vorstellungen zu lenken.

Symbolisch ist jedoch die Frau dem Manne eher untergeordnet. Dies zeigt sich sowohl an der Sitzordnung in der

Kirche als auch an der Kleidung, wie ich weiter unten noch zeigen werde. Allerdings zeichnet sich heute ein Wandel in der Symbolik ab, die für die Frauen durch die Tradition bindend war, so in der Kirche, wo in letzter Zeit immer mehr junge Frauen davon abgehen, in der alten Tracht im Gottesdienst zu erscheinen.
In der Öffentlichkeit der Kirche und der Straße hat sich die Frau diszipliniert und zurückhaltend zu erweisen, worauf auch die Schwesterschaft großes Augenmerk richtet. So ist es in Großpold etwa unvorstellbar, daß eine Frau raucht.
Ebensowenig vereinbar mit den Regeln im Alltag ist es, daß eine Frau sich auffällig und laut gebärdet oder dem Alkohol zuspricht. Im geselligen Gespräch allerdings kann sie durchaus unter Beweis stellen, daß sie sich vom Mann nicht unterkriegen läßt, und die Unterhaltung dominieren.

Der Wert der ehelichen Treue – Scheidung und Ehebruch

Wie ich schon festgehalten habe, ist die Ehe hier in Großpold für die Ewigkeit gedacht. Scheidungen kommen so gut wie nicht vor. Geschiedene Leute stehen im Widerspruch zu der vom Pfarrer und den Kirchenvätern vertretenen Auffassung von „Anständigkeit". Eine Scheidung – ebenso wie Ehebruch – würde zu Problemen für die gesamte bäuerliche Gemeinschaft führen: Streit um Haus und Hof, um die Kinder, um die Teilung des Hausrates und ähnliche Dinge. Da die Großpolder in einem engen sozialen Kontakt miteinander stehen, der auch verwandtschaftlicher Natur ist, würde eine Scheidung die Dorfgemeinschaft entzweien.

Gerade bei den älteren Landlern spielt der Begriff der Treue eine sehr wichtige Rolle: Man ist sich selbst treu, der Kirche, dem Dorf und dem Ehepartner. Eine Landlerin meinte mir gegenüber: „Treue ist bei uns ganz groß geschrieben. Dadurch unterscheiden wir uns auch von den Rumänen, für die das Wort Treue nicht wichtig ist." Und sie führte weiter aus: „Ich war mit meinem Sohn Hans in einem Kurort an der Moldau. Wegen seiner Bronchien mußten wir hin. In dem Ort waren nur Rumänen. Wir mußten täglich in ein Salzbergwerk einfahren, das zu einem Sanatorium ausgebaut worden ist. Wir haben dort einen Rumänen kennengelernt, der hat zu uns gesagt: ‚Wer nichts zu tun hat mit einer Frau, der ist verkehrt.' Darauf habe ich gesagt: ‚Er muß deswegen nicht verkehrt sein, aber er kann seiner Ehefrau treu sein.'"

Zum selben Thema äußerte sich auch eine Bäuerin um die fünfzig, deren Vertrauen ich gewonnen hatte. Auf meine Frage hin, ob es in Großpold unter Landlern und Sachsen Ehebruch gegeben habe, antwortete sie mit ernster Miene: „Ehebruch hat es auch bei den Landlern gegeben. Aber das war nicht gut. Hat man von jemandem gehört, daß er seine Frau betrügt, so hat man es ihm zwar nicht gesagt, aber man denkt es einem in das Gesicht. Und manchmal redet man darüber. Ich habe zwei Monate in Michelsberg gearbeitet, mit mir war auch eine sechzigjährige Frau. Einmal hat sie nach der Arbeit zu mir gesagt: ‚Lisi, ich soll dir etwas sagen: Sorge dich gut um deinen Andreas, deinen Mann.' Sie wollte mir damit sagen, daß es eine Frau gibt, die mir meinen Mann wegnehmen will. Ich habe darauf gesagt: ‚Frau Hermann, das gibt es in Großpold nicht, daß man zum Nachbarn geht und ihm allerhand schlechte Sachen über andere erzählt!' Darauf sagte sie zu mir: ‚O ja, Lisi, das (den Ehebruch) gibt es überall. Du weißt es nur nicht.' Ich war damals erst zwanzig Jahre alt. Aber heute weiß ich, daß die Frau recht gehabt hat, Ehebruch gibt es auch in den kleinen Dörfern. Es ist komisch, aber wahr." Und als ich meine Gesprächspartnerin frage, ob ihr Fälle von Ehebruch bekannt seien, erzählt sie: „Es war so ein Fall. Sie war Postausträgerin, ein schönes stattliches Weib. Sommer und Winter ist sie immer durch die Gemeinde gegangen. Bald hat man gehört: Die verführt den Mann und jenen Mann. Dabei hat es sich ums Geld gedreht. So etwas gibt es, leider. Ich weiß auch von einem Mann – er war verheiratet mit der Cousine meines Schwiegervaters –, daß er bis ins hohe Alter zu einigen Frauen hier in Großpold gegangen ist. Die Frauen haben sich mit ihm eingelassen. In der Nachkriegszeit waren viele Frauen allein, weil die Männer gefallen sind. Zu einer solchen ist er gegangen. Mit ihr hatte er ein Kind. Als das Kind zur Welt kam, war er schon über sechzig Jahre alt. Daneben ist er auch zu anderen gegangen. Einige Male habe ich ihn am Abend, um sechs Uhr, gesehen, wie er schön angezogen gegangen ist. Damals hatten die Männer ja noch Schürzen an, und zwar blaue Schürzen, mit denen haben die Männer nicht nur gearbeitet, sie hatten sie auch an, wenn sie zum Beispiel zur Gemeinde gingen. Es ist komisch, wenn am Wochentag jemand schön angezogen geht. Und außerdem ist dieser Mann gewöhnlich schon um sechs Uhr im Bett gelegen. Das wußte ich, weil ich dorthin um die Milch gegangen bin. Wenn er nicht ausging, lag er am Abend im Bett. Und daher ist es mir besonders aufgefallen, daß er um diese Zeit, noch dazu in einem schönen Gewand und nicht

mit der Schürze, ausgegangen ist. Der ist zu einer Freundin gegangen. Das glaube ich fest."
Für einen Ehebrecher war es fast unmöglich, sein Tun gänzlich zu verbergen. In einem Dorf wie Großpold fallen Handlungsweisen, die von der Norm abweichen, sofort auf und werden in entsprechender Weise interpretiert.
Die erwähnte Bäuerin wußte noch von einer anderen Geschichte zu berichten, in der es um den für die Großpolder Gemeinschaft untypisch lockeren Lebenswandel eines älteren Herrn geht: „Vor vielen Jahren, ich war noch nicht verheiratet, spazierte ich mit meinem Mann den Bach hinauf. Da schaute eine Frau, sie war verheiratet, neugierig aus dem Fenster heraus. Nach einer Zeit ist diese Frau mit einer anderen Frau – von der ich schon erzählt habe, sie hat das Kind von dem Mann – hinter uns gegangen. Und ein Stück vor uns ging der Jirgvetter, ein Verwandter von uns. Oben im Wald haben wir sie zu viert gesehen. Kann man sich das vorstellen? Ein Mann mit zwei Frauen und einem Kind im Wald. Wir sind unseren Weg gegangen. Aber plötzlich war nur mehr die Frau mit dem Kind zu sehen. Mit der anderen war er im Wald verschwunden." Auch der Sohn dieses Mannes pflegte Umgang mit Frauen, obwohl er verheiratet war. Man erzählt sich, daß er zwar unter seinem ehebrechenden Vater gelitten hätte, aber dennoch als Erwachsener dieselben Verhaltensweisen an den Tag legte. Seine Frau vertraute ihm zunächst, als er sie jedoch mit ihrer besten Freundin betrogen hatte, ging sie zu ihr. Meine Gesprächspartnerin kommentierte diese Situation: „Das hätte sie nicht tun sollen. Es wäre besser gewesen, sie hätte ihn sich vorgenommen und zu ihm gesagt: ‚Ich weiß, was du machst. Wenn du so weitermachst, dann laufe ich weg.' Statt dessen ist sie zu dieser Frau gegangen. Auch diese Frau war verheiratet, sie hatte vier Kinder. Ihr Mann hat aber zu ihr gehalten, er hat nichts über sie kommen lassen. Das Verhältnis war nun gestört. Die Frau des alten Mannes ist krank geworden und ist vor drei Jahren gestorben. Sie hat sich über ihren Mann gekränkt. Vor einem Jahr ist der Sohn an einem Herzinfarkt gestorben. Die junge Witwe ist nun

geblieben... Nun ist der Mann alleine und hat Zeit zum Nachdenken. Seine Schwiegertochter ist tagsüber öfters bei ihm, sie schläft aber bei ihrer Mutter..." Mit dieser Geschichte deutete meine Gesprächspartnerin geschickt an, daß Ehebruch soziale Ordnungen zerstört, daß er Negatives bewirkt und Menschen an ihrer Seele schadet.

Ehebruch wird also als gefährlich angesehen, als etwas Verderbliches, vor dem man sich hüten müsse.

Tracht und Kleidung – Das Wäschewaschen

Im Alltag des Landlers dominiert die einfache, aber gepflegte und reinliche Kleidung. Doch an Sonn- und Feiertagen, an Festen und bei feierlichen Anlässen zeigen sich die Landler würdig in ihrem besten Gewande, zu dem vorrangig die Tracht[32] gehört. Als ich in Goisern eine dorthin ausgewanderte Landlerin darauf ansprach, meinte sie kopfschüttelnd, bei ihnen in Siebenbürgen wäre es unvorstellbar gewesen, daß Leute sich in der Kirche oder bei einem Begräbnis nicht entsprechend gekleidet hätten. Ihr gefalle es nicht, daß hier in Österreich zum Beispiel bei einem Begräbnis auch bunte Kleider getragen werden. In den alten Landlerdörfern seien bei einem Begräbnis alle in Schwarz erschienen. Der Kleidung kommt also eine hohe symbolische Bedeutung zu, vor allem der Tracht.

Die Tracht gilt dem Landler (und dem Sachsen) als Symbol der Zugehörigkeit zu einer Gemeinschaft, die eine besondere Geschichte und eine besondere Kultur besitzt. Durch die Tracht wird die kulturelle Distanz zu anderen Gruppen rituell betont. Landler und Sachsen kultivierten auf diese Weise ein besonderes Gefühl für die Zugehörigkeit zur Gruppe der Deutschen in Rumänien. Eine besondere Bedeutung dürfte das Tragen der Tracht in jenen Perioden gehabt haben, in denen die Siebenbürger Deutschen um ihre Identität gegenüber den Ungarn und Rumänen zu kämpfen hatten.

In diesem Sinne betonte ein Landler, die Tracht, die leider heute an Attraktivität verloren habe, sei „etwas Gutes" gewesen. Und er zitierte Stefan Ludwig Roth, einen Siebenbürger Patrioten, der sich gegen den ungarischen Adel aufgelehnt hatte und erschossen wurde. Dieser soll gesagt haben: „Wenn eine Minderheit sich in eine Nation auflöst, ist es das erste Zeichen, daß sie die Tracht aufgibt." Und resignierend fügte der Landler hinzu: „So ist es auch bei uns."

Tatsächlich sind es heute nur mehr die älteren Frauen und die Kirchenväter, die am sonntäglichen Gottesdienst in ihren

Trachten teilnehmen. Die jungen Mädchen und Frauen tragen die Tracht nur mehr bei bestimmten Festen, wie dem Erntedankfest. Ansonsten jedoch scheinen die Trachten aus dem Bild der Kirche, in der sie ja ihre besondere Bedeutung hatten, zu verschwinden. Mit Bedauern meinte eine Landlerin: „Die Jugend ist heute aus dem Ritual herausgewachsen, eigentlich schade."

Die älteren Landler verbinden mit der Tracht ihre ganze Kultur und ihr Leben. Landlerinnen, die nach Deutschland ausgewandert sind, haben ihre Tracht mitgenommen, als ein Symbol, das sie an die alte Heimat erinnert. Sehr anschaulich erläuterte mir eine Landlerin, eine liebenswürdige Gesprächspartnerin so um die fünfundvierzig, die mich auf ein Glas Wein zu sich nach Hause eingeladen hatte, die Bedeutung der Tracht der Landler, während sie stolz ihre aus Pelz und schwarzem Samt gearbeitete Trachtenkappe aus einer Schachtel herausnahm, um sie mir zu zeigen: „Unsere Kirchentracht war eine schöne. Wir Landler hatten keine solch teure Tracht wie die Sachsen. Interessant ist, daß die Trachten der Landler von Neppendorf und Großau sich von unserer Tracht hier in Großpold unterscheiden, aber die Kappen ähneln sich. Es gibt bei uns Landlern eine eigene Sommer- und eine eigene Wintertracht. Zur Wintertracht gehört die Kappe. Die Wintertracht tragen wir ab dem Reformationstag im November. An diesem Tag riecht es in der Kirche nach Naphtalin, da man die Tracht aus den Schachteln herausgeholt hat. Zu Christi Himmelfahrt legen wir die wollenen Sachen ab und ziehen die Sommertracht an. Die Männer hatten eine schöne Tracht. Sie trugen eine Stiefelhose aus schwarzem Wollstoff und schöne Stiefeln. Ich halte die Tracht für etwas sehr Wichtiges. Wir tragen sie in der Kirche. Die Tracht hat etwas Heiliges für mich, denn ich ziehe sie nur für die Kirche an. Mit dieser Trachtenkleidung gehe ich sonst nirgendwohin. Mir bedeutet es viel, wenn die Frauen mit den Trachten in der Kirche sitzen. Das ist eine solche Einheit. Die, die anders gekleidet sind, die stören mich irgendwie. Die Tracht muß in Ordnung sein. Wenn eine Frau vor mir in der

Kirche sitzt mit einem Kleid, in dem Falten sind, obwohl sie nicht dazugehören, so muß ich das nicht unbedingt sehen. Mich lenkt es ab, wenn etwas schlecht genäht ist. Wir haben leider keine ordentliche Schneiderin im Ort. Für mich und meine Kinder habe ich mir alles selbst genäht."

Wie oben schon angedeutet, schwindet heute die Beziehung zur Tracht mehr und mehr, dies auch durch die Abwanderung. Mir wurde erzählt – darauf habe ich bereits weiter oben hingewiesen –, daß Landler, die Haus und Hof überstürzt verlassen haben, ihre Männertrachten an Zigeuner verkauft haben sollen. Nun tragen einzelne Zigeuner alte Landlerkleidung, allerdings stecken sie das Hemd nicht in die Hose, sondern lassen es nach Sachsensitte auf der Hose aufliegen.

Auch im Alltag entwickelten die Landler eigene Kleidungsformen. Diese Alltagstracht war ebenfalls von einem hohen Symbolwert. Deutlich unterschieden sich darin Landler und Sachsen von den Rumänen: Schon aus der Ferne etwa erkannte man, ob ein Landler oder ein Sachse bei der Feldarbeit war, und zwar am weißen Hemd und dem blauschwarzen Kittel. Die verheirateten und älteren Frauen kleideten sich in Schwarz. Dazu erzählte mir die schon zitierte Landlerin: „Man ist früher nicht so bunt gegangen wie heute. Auch heute gehen die Frauen noch in Schwarz. Man hat gesagt: ‚Sollte etwas schwärzer sein als schwarz, das würden die Großpolderinnen kaufen.'" Und sie fährt fort: „Früher sind alle Frauen in schwarzer Kleidung gegangen. Ab der Heirat ist man mit dem Häubchen gegangen. Eine verheiratete Frau durfte nicht mehr mit dem bloßen Kopfe gehen. Das ist heute auch noch so. Als Mädl sind wir mit bloßem Kopf gegangen. Als ich 27 Jahre alt war und meine Zwillinge bekam, sagte meine Mutter zu mir: ‚Na, Lisi, du hast jetzt vier Kinder, du gehst jetzt nicht mehr mit dem weißen Schurz.'" Die weiße Schürze war mit Blumen bestickt. Ich habe meiner Mutter geantwortet: ‚Mutter, mein Mann lebt ja noch. Dich kenne ich nur in Schwarz.' Meine Mutter ist immer schwarz gekleidet gegangen, seit sie von Rußland heimgekommen ist, aber da war der Vater auch nicht mehr da, er ist ja im Krieg gefallen. Nur ein einziges

Mal, bei einer Hochzeit, hat meine Mutter eine Schürze getragen, die nicht schwarz, sondern mit dunkelblauen Kleeblättchen bestickt war."

Bis in die jüngste Zeit gab es mehr oder weniger strenge Kleidervorschriften für die Frauen, die älteren Landlerinnen erkennt man heute noch an ihren schwarzen Blusen, Röcken, Schürzen und Kopftüchern. Das Kopftuch als Symbol für die verheiratete Frau bestimmt immer noch das Dorfbild, obwohl sich bereits etliche Frauen auch schon mit bloßen Haaren zeigen. Besonders augenfällig ist dies in der Kirche.

Dieser Kulturwandel ist wohl bedingt durch die vermehrten Kontakte nach Deutschland durch Großpolder, die ausgewandert sind und zu Besuch manchmal zurückkehren, und schließlich durch das Einfließen neuer Wertvorstellungen im Zusammenhang mit den Emanzipationsbestrebungen der Frauen.

Daß die Kleidung diese Bedeutung hat, liegt vielleicht auch daran, daß ihre Herstellung mit einiger Mühe verbunden ist. Auch dazu möchte ich eine Großpolderin zu Wort kommen lassen: „Die Hemden, die Unterhosen der Männer und vieles andere waren aus selbstgemachter Leinwand hergestellt. Die Hemden machte man aus Hanf und die Männerhosen aus dem Werg. Werg ist das Grobe, das zuerst herausgearbeitet wurde. Der Hanf mußte drei Wochen im Wasser liegen, und er wurde dann dreigeteilt. Als junge Frau, Ende der fünfziger und Anfang der sechziger Jahre, habe ich mir das alles noch selbst gemacht. Wenn der Hanf, der im Wasser gelegen war, schön weiß geworden ist, dann hat man ihn getrocknet. Dazu hat man ihn in Form von Häuschen zusammengestellt. Dort haben wir gerne als Kinder gespielt. Später wurde der Hanf gesponnen und an einen Roggen gebunden. Das habe ich selbst noch gemacht. Meine Großmutter hat sogar aus dem noch Zwirn gesponnen. Das war eine besondere Kunst, die ich nicht mehr beherrscht habe. Ich hatte kein Gefühl dafür und keine Übung. Der Zwirn der Großmutter war dreifach gezwirnt. Mit diesem festen Faden hat man die Trachten genäht. Das hat gehalten. Auch unser Bettzeug haben wir uns selbst gemacht. Wenn ich das Bett mit leinenen Sachen überziehe, so gefällt mir das. Die Leinwand, die man in letzter Zeit hier gekauft hat, war ja keine richtige Leinwand mehr. Wenn man sie gewaschen hat, so haben sich so richtige Klümpchen gebildet."

Auch das Waschen und Pflegen der Wäsche war ein Ritual, das Zeit und Umsicht erforderte. Zumindest bis in die sechziger Jahre war in Großpold das alte Waschzeremoniell üblich, erst damals tauchten hier und da auch Waschmaschinen auf. Das Waschen der Wäsche war ehedem keine gewöhnliche Arbeit gewesen, sondern eine gemeinschaftliche Angelegenheit, bei der die Frauen miteinander in Kontakt kamen und auch scherzten. Wie mühselig diese Angelegenheit aber grundsätzlich war, geht aus folgender Schilderung einer Landlerin hervor, die überdies Einblick gewährt in den sozialen Zusammenhang: „Zwei Tage lang haben wir Wäsche gewaschen. Damals hatten wir noch kein Bassin für das Regenwasser. Mit unserer Mutter haben wir Mädchen Wasser im Schaff aus dem Bach geholt. Dieses Waschwasser ist weicher als das Brunnenwasser, das war uns lieber. In dieses Wasser haben wir die Wäsche mit Seifenlauge eingeweicht." Auf meine Frage nach der Herkunft der Seifenlauge fügte sie ein: „Die Seife haben wir uns selbst hergestellt, gekocht, mit dem, was vom Speck abfällt. Auf einen Kilo Laugenstein kamen neun Liter Wasser und vier Kilo von dem Speck, samt Schwarte. Auch altes Fett, das nicht mehr gut war, haben wir dazugegeben. Das alles mußte man zum Kochen bringen, und zwar so lange, bis es von unten braun herausfloß. Dann ist die Seife von der Lauge geschieden worden. Das machen wir heute noch so. Mit dem Laugenstein muß man sehr aufpassen, er zerfrißt alles, er soll nicht an die Hände kommen. Und die Lauge, die unten bleibt, die ist braun, mit der waschen wir die Dielen, den Fußboden."

Und sie fährt in ihrem Bericht fort: „Das haben wir ins Wasser gegeben und die weiße Wäsche darin eingeweicht. Nach dem Einweichen wurde sie mit Seife und Bürste eingerieben, Stückchen für Stückchen auf der Waschbank. Die Wäsche kam dann Stück für Stück in ein breites Schaff, das nach unten enger wurde und unten ein Loch hatte. In diesem Loch steckte ein Stock. Stück für Stück legte man also die Wäsche zusammen, nicht irgendwie, sondern schön in Falten. Zuunterst kamen in das Schaff die leinenen Überzüge der Matratzen, dann die Leintücher, dann die Männerunterhosen, die Frauenhemden und schließlich die Handtücher. Das so angefüllte Schaff wurde nun auf ein Gestell mit drei Füßen gehoben. Über die Wäsche im Schaff kam ein grobes Leintuch, das Aschertuch. Und auf dieses Tuch legte man Asche, und zwar Asche aus dem Ofen, aber keine Erlenasche, denn diese machte schwarze Flecken. Zehn – fünfzehn Zentimeter Holzasche lag nun auf dem Tuch. Jetzt wurden in einem Kessel sieben Eimer zum Kochen gebracht. Dann schüttete man das heiße Wasser auf die Asche. Mit dem Holzstock, der in dem Loch steckte, regelte man das Hinunterfließen des Wassers. Das kochende Wasser mußte über diese Wäsche durch. Immer wieder schüttete man Wasser drüber, so viel, bis die Lauge unten kochte. Diese Arbeit machten wir meistens an einem Nachmittag. Vormittags wurde die Wäsche ja eingerieben. Bis zum nächsten Tag ließ man die Wäsche so stehen. Am anderen Morgen machte man dieselbe Lauge noch einmal heiß und schüttete sie noch einmal über die Wäsche. Dann lud man das Faß auf einen Wagen und fuhr mit ihm zu einem Bach. Die weiße Wäsche wurde am Bach gut ausgeklopft, damit die Lauge weggeht. Dies machte man so, daß man zuerst die Wäsche nur ein wenig ins Wasser eingetaucht hat. Dann klopfte man sie und tauchte sie wieder ein, jetzt etwas mehr. Dies machte man so lange, bis die Lauge ausgewaschen war.

Nun gab man die Wäsche in einen kleinen Tümpel im Bach und ließ das klare Wasser über sie rinnen. Die Wäsche wurde nur geschwenkt und nicht gewrungen. Dann legte man die Wäsche schön gefaltet über eine Waschbank, wo sie abtropfte. Die Wäschestücke lagen dabei separat, Handtücher bei Handtüchern und Unterhosen bei Unterhosen. Nach dieser weißen Wäsche kam die blaue Wäsche dran, die

Alltagswäsche, in das Faß. Und es wiederholte sich die Prozedur."
Über den geselligen Aspekt des Wäschewaschens wurde ebenso berichtet: „Beim Waschen waren wir fünf oder sechs Frauen. Es war oft recht lustig, auch wenn im Winter unsere Schürzen gefroren waren. Wenn man sich als Mädchen die Schürze beim Waschen sehr naß gemacht hat, hat man gesagt: ‚Du bekommst einen besoffenen Mann.' Danach müßten wir heute alle besoffene Männer haben. Damals, in den fünfziger Jahren, hatten wir noch keine Gummistiefel, wir hatten Holzschuhe an, die uns die Männer gemacht haben. Die Holzschuhe bestanden aus Holzsohlen, auf die das Leder von alten Schuhen genagelt wurde. So haben wir Wäsche gewaschen, und es war auch lustig. Als ich 1953 geheiratet habe, wollten wir die Tischtücher schön weiß haben und haben sie im Bach gewaschen, doch damals haben uns die Enten geärgert und das Wasser trüb gemacht."
Wäschewaschen war also darüber hinaus auch eine Handlung, in der man vollkommen eingebunden war in die Natur wie in die Gesellschaft: Der Bach mußte rein sein, und man war abhängig von anderen Frauen. Alleine konnte eine Großpolderin die Wäsche nicht sauber kriegen.
Die älteren Frauen in Großpold erinnern sich gerne an diese traditionelle Art des Wäschewaschens, das Menschen miteinander in Kontakt brachte und das in ihrer alten Kultur wurzelte, fernab von der Unpersönlichkeit der maschinellen Reinigung, wie sie heute gepflogen wird. Demgemäß achtete man auch sorgsam auf jedes Wäschestück und hütete sich, es leichtfertig zu beschmutzen. Mit Kleidung und Wäsche, das wollte ich aufzeigen, verband man also eigenes menschliches Schaffen.
Für den jungen Landler sind die modernen Produkte der Industriekultur, zu der Konfektionsware und Waschmaschine gehören, interessanter und erstrebenswerter als überkommene Dinge, weshalb auch Jeans und bunte Kleidung in Großpold Einzug gehalten haben. Trotzdem existieren noch Reste alter Landlertradition. Dazu gehört etwa der

Webstuhl, der in einigen Häusern noch Verwendung findet, so zur Herstellung von Fleckerlteppichen. Ich selbst erhielt, wie bereits erwähnt, von einer freundlichen Landlerin einen wunderschönen Fleckerlteppich geschenkt, den ich mit nach Wien nahm, und der nun den Boden meines Studierzimmers ziert. Ein fünfundfünzigjähriger Landler erzählte mir stolz, daß er als Bub noch selbstgewobene Hosen getragen habe. Und sein Schwager, der als Bub 1950 in die Schule nach Hermannstadt geschickt worden war, trug damals noch das bäuerliche Hemd. Erst im zweiten Schuljahr habe ihm die Mutter zwei Hemden gekauft. Allmählich nur wurden die alten Techniken der Kleider- und Wäscheherstellung durch die kommunistische Praxis der kollektiven Fabrikation und geregelten Verteilung in den Hintergrund gedrängt, aber dennoch nicht vollständig ersetzt.

Das Christfest als Fest der Gemeinschaft und der Familie

Die Sonn- und Feiertage, die verschiedenen Feste, wie das Erntedankfest, aber vor allem das Christfest, bereichern das Leben des Landlers und heben ihn aus den Mühen des Alltags. In feierlicher Kleidung und Tracht begibt man sich zur Kirche, würdigt so den Tag und hört auf den Pfarrer. Alle diese Tage und Feste sind Sachen der Gemeinschaft, die sich so näherkommt und sich stärkt.

Das wohl wichtigste und schönste Fest der Landler ist das Weihnachts- oder Christfest. Auf besondere Weise verbindet dieses Fest das Leben in der Gemeinschaft des Dorfes mit der Intimität der Familie. Bereits am ersten und am zweiten Adventsonntag sind die Altnachbarinnen an den Nachmittagen unterwegs, um von den Nachbarinnen „Mehl, Eier, Butter, Fett, Äpfel, Zucker und Lei (Geld)" zu sammeln. Damit backen sie dann, unterstützt von Jungnachbarinnen und den Irtenträgerinnen, Kekse. Diese werden dann in den Pfarrhof gebracht und dort für die Christbescherung in kleinen Taschen aufbewahrt. Das gesammelte Geld dient dem Kauf von Bonbons, Schokolade, Bleistiften, Radiergummis, Taschentüchern und ähnlichen Dingen, die ebenfalls in die Taschen wandern. Alte und kranke Leute, die nicht zur Kirche gehen können, werden von der Altnachbarin besucht und mit Bäckerei und Kleinigkeiten beschenkt.

Das Christfest beginnt am 24. Dezember um sechs Uhr am Abend mit dem Gottesdienst, der Vesper. Vor der versammelten Gemeinde spricht der Herr Pfarrer am Altar sein Gebet, und der Chor singt vierstimmig „Stille Nacht, Heilige Nacht" und „Es ist ein Ros' entsprungen". Buben und Mädchen sagen Gedichte auf, Konfirmanden lesen mit verteilten Rollen das Weihnachtsevangelium, und vor dem Weihnachtsbaum singen die älteren Kinder. Haben sie ihre Lieder („Du lieber, heilger, frommer Christ" und „Nun singet und seid froh") gesungen, beginnt der Höhepunkt des Abends. Jetzt gehen die Kinder nacheinander hinter den Christbaum, wo jedes ein Täschchen mit Geschenken erhält. Es entsteht ein Gedränge, da die Kinder schnell nach Hause wollen, wo die Feier im Familienkreise weitergeführt wird: Das Christkind ist dort in der Zwischenzeit gekommen.

Der erste Weihnachtstag beginnt mit dem Läuten der großen Kirchenglocke. Das Läuten dauert eine Stunde, von fünf bis sechs Uhr früh. Die Landler werden schließlich durch das Turmblasen der Adjuvanten an die Feier des Tages gemahnt. Die Adjuvanten sind in der Dunkelheit mit Laternen auf den Turm gestiegen. Damit ihnen wärmer wird, erhalten sie von ihrem Kassier je einen Schluck Schnaps. Der befeuert sie zu weiteren Musikstücken.

Um sieben Uhr beginnt die Christmette. Die Kirche wird durch Kerzen, die auf mit Girlanden umwundenen Leuchtern stehen, in ein gedämpftes Licht getaucht. Man singt abwechselnd Weihnachtslieder. Dann heißt es, nach Hause zu eilen, wo im Stall die Tiere zu füttern sind.

Um zehn Uhr vormittag wird schließlich der Hauptgottesdienst gefeiert. In früheren Zeiten wurden auch am Nachmittag die Landler in die Kirche zu Vesper gebeten, doch in den letzten Jahren ist man davon eher abgegangen.

Auch der zweite Weihnachtsfeiertag beginnt mit einem Gottesdienst, und auch an diesem Tag gibt es noch kleine Geschenke. Man genießt die Ruhe des Tages und findet sich in trauter Gemeinschaft zusammen.

Die Nachbarschaft – Die Bedeutung des Begräbnisses

Die Bedeutung, welche die Gemeinschaft für die Landler hat, wurde im Rahmen dieser Arbeit schon mehrfach betont. Das dörfliche Leben ist wesentlich von dem Grundsatz bestimmt, daß gemeinsam alles besser geht. Zu diesen Strukturen des Zusammenhalts gehört nun auch eine für das Gemeinschaftsleben sehr wichtige Institution, nämlich die sogenannte „Nachbarschaft“: Menschen, die in einer Straße wohnen, sind verpflichtet, einander in vielerlei Hinsicht zu unterstützen. Diese Nachbarschaften sind heute, in einer Zeit, in der vor allem junge Leute aus Großpold auswandern, am Verschwinden. Es gibt sie nur mehr „teilweise“, wie man mir gegenüber betonte. Vor kurzem existierten in Großpold noch 18 solcher Nachbarschaften, deren Größe sich nach der Länge der Straße richtete. Eine Gasse hatte für gewöhnlich zwei Nachbarschaften, auf jeder Seite eine.

Mitglieder der Nachbarschaften sind Ehepaare. Mit der Eheschließung treten beide Partner der Nachbarschaft „ihrer“ Straße bei. Der Beitritt geschieht rituell durch das sogenannte „Eingrüßen“, meist unmittelbar nach der Hochzeit. Ein Landlerpaar berichtete mir, daß sie anläßlich des Eingrüßens der Nachbarschaft fünf Liter Wein für die Männer, drei Liter mit Zucker gesüßten Wein für die Frauen und zwei Gugelhupfe spendiert haben. Organisiert war die Nachbarschaft ähnlich wie die Bruderschaft. Jede Nachbarschaft hatte einen Altnachbarn und einen Jungnachbarn. Beiden sind zwei Irtenträger zugeordnet. Der Altnachbar ist für zwei Jahre ein Primus inter pares der Nachbarschaft, also jemand, der als „Gleicher unter Gleichen“ die Veranstaltungen, Faschings- und Gartenfeste sowie auch die Begräbnisse organisiert. Nach zwei Jahren folgt ihm der Jungnachbar, der nun zum Altnachbarn wird.

Mit der Nachbarschaft konnte man rechnen, wann immer Not am Mann war. Die Nachbarschaft vermittelte einem das Gefühl, nicht alleine zu sein. An der Architektur der Landler-

(und auch Sachsen-)Häuser zeigt sich bereits eine baulich enge Verbindung zwischen den einzelnen Familien: Jedes Haus schließt direkt an das Nachbarhaus an. Wie ein gemeinsames Band vereinen die auf diese Weise miteinander verbundenen Häuser und Höfe die darin lebenden Menschen.
In gemeinsamer Arbeit und im gemeinsamen Feiern zeigt sich die nachbarschaftliche Verbundenheit. Ein Landler erzählte dazu: „Als ich meinen Brunnen machte, war dies eine schwere Arbeit. Ein dicker Schwengel mußte aufgestellt werden. Ohne meine Nachbarn wäre mir dies niemals gelungen. Als alles fertig war, haben wir Wein getrunken. Ohne Nachbarschaft kann man kaum bestehen. Sie hat geholfen, wenn man sie gebraucht hat." Und ein anderer Landler wußte zu berichten: „Die Nachbarn sind gekommen, als ich sie angeredet habe, daß ich mein altes Haus abreiße und ein neues aufbaue. Ohne Geld haben sie das getan. Nur ein Mittag- und ein Abendessen habe ich ihnen gegeben. Fünfzig Fuhren Steine habe ich damals gebraucht für das neue Haus. Von fünf Kilometer her haben sie mir mit den Ochsen die Steine gebracht."
Ebenso wichtig war die nachbarschaftliche Hilfe aber auch bei Hochzeiten und Begräbnissen. Und ein Landler meinte sogar, heutzutage bestehe die Hauptaufgabe der Nachbarschaft in der Durchführung von Begräbnissen:
Stirbt jemand, so wird am Kirchturm von Großpold die kleine Glocke geläutet. Aus dem Haus des Verstorbenen geht nun jemand zum Altnachbarn, um diesem den Todesfall zu melden. Der Altnachbar wieder ruft die Irtenträger, und diese teilen ihrerseits den Nachbarn den Tod der betreffenden Person und den Zeitpunkt des Begräbnisses mit.
Der Altnachbar macht sich dann daran, für die Familie des Toten die anfallenden Formalitäten zu regeln.
Ähnlich wie früher auch in manchen ländlichen Gebieten Österreichs wird der Tote in seinem Haus drei Tage lang aufgebahrt. An einem der Abende trifft sich die Nachbarschaft zur Totenwache, um am Sarg gemeinsam zu beten und – dies ist Sache der Frauen – zu singen.

Denjenigen, die zur Aufbahrung kommen, wird Brot und Wein angeboten. Man ißt und trinkt, wobei man vor dem Trinken sagt: „Gott verleih ihm eine selige Ruhe." Der gemeinsame Trunk verbindet die Nachbarn und Trauernden mit dem Toten. Er bleibt weiter einer der ihren, und der Wein wird so zum Symbol einer ewigen Verbundenheit der Landler untereinander. Daher achtet der Landler auch peinlich genau darauf, daß im Keller ein guter Wein parat ist. So erzählte mir mein Freund Martin Bottesch, daß sein Vater, als er im Sterben lag, seine Familie bat, darauf zu achten, daß der Wein, der den Trauernden kredenzt werden sollte, in Ordnung und wohlschmeckend sei. Es ist ein besonders guter Wein, den der Landler bei seinem Tod seinen Freunden und Nachbarn gönnt. Und daher wird dieser spezielle Wein auch als „Leichenwein" bezeichnet. Ein Ausdruck, der auf die Selbstverständlichkeit des Todes hinweist, den der Landler nicht zu fürchten scheint. Es kann auch vorkommen, wie eine Landlerin kritisch anmerkte, daß „ein guter Trinker ein bisserl viel trinkt". Im allgemeinen jedoch, so fügte sie hinzu, „sorgt jeder, daß er nicht zu viel trinkt".
Dennoch ist festzuhalten, daß diese Art des Totenrituals, bei dem in Anwesenheit des Toten nicht nur gebetet und gesungen, sondern auch getrunken und gegessen wird, die Menschen aneinander band. Der Tote bleibt symbolisch weiter Mitglied der Gemeinschaft, die sich von ihm betend und weintrinkend nicht verabschiedet, sondern eher in aller Frömmigkeit sich selbst klarmacht, daß der verstorbene Landler weiter einer der ihren ist.
Am Tag des Begräbnisses tragen daher zwei Nachbarn und zwei Täuflinge des Toten – oder zwei Paten, wenn der Tote ein junger Mensch ist – den Sarg aus dem Haus. Nach einer gewissen Strecke übernehmen vier andere Träger den Sarg und werden nach einiger Zeit wieder von den ersten abgelöst und so fort. Der Wechsel der Trägermannschaft erfolgt immer am Ende eines Trauermarsches.
Nachbarn und Täuflinge – oder Paten – des Toten schaufeln das Grab.

Der Friedhof in Großpold – wo ich etliche Grabsteine mit österreichischen Namen entdeckte – ist nicht ein Ort der Trauer, wie mir schien, sondern ein Ort der Begegnung mit den vorangegangenen Verwandten und Freunden. Daher stehen wohl auch auf dem Tor die Worte „Ort der Ruhe". Es ist übrigens bemerkenswert, daß dieser Friedhof verschlossen ist. Nur jene können ihn betreten, die auch einen Schlüssel dazu haben. Auf diese Weise bleibt der Friedhof der Dorfgemeinschaft von Landlern und Sachsen vorbehalten.
Die Teilnahme am Begräbnis ist für die Nachbarn des Toten eine heilige Pflicht. Jemand, der unentschuldigt dem Begräbnis fernbleibt, wird von der Nachbarschaft mit einer kleinen Geldstrafe belegt. Es sei denn, er ist verhindert und schickt einen Vertreter. Ein solcher Vertreter am Begräbnis muß jemand aus einer anderen Nachbarschaft sein.
Einmal im Jahr trifft sich die Nachbarschaft, um über all die Dinge zu beraten, die getan werden müssen, und jene zu überdenken, die während des letzten Jahres schlecht getan worden sind. Dazu gehören auch die Versäumnisse der Teilnahme an den Begräbnissen. Heute ist eine Nachbarschaft alleine nicht mehr in der Lage, ein Begräbnis zu organisieren, und andere Nachbarschaften müssen bei der Durchführung mithelfen. Die Auflösung der Nachbarschaft durch die Auswanderung der jungen Leute erfüllt die alten Landler in Großpold mit tiefer Sorge. So meinte einer zu mir: „Es ist eine große Angst hier, denn zuerst zieht der Nachbar links weg, dann der von rechts. Die Häuser stehen leer. Unsere Leute waren gewohnt, in Gemeinschaft zu leben und die Gemeinschaft zu pflegen. Nun bricht das zusammen. Es fehlt der Nachbar zur Rechten und zur Linken, um Gemeinschaft zu pflegen. Die Nachbarschaft ist hier die Existenzgrundlage. Man braucht die anderen. Das ist bald nicht mehr." Und resignierend fuhr er fort: „Wir haben uns jetzt in Großpold einen Leichenwagen mit vier Rädern angeschafft, damit wir überhaupt ein Begräbnis durchführen können. Bis jetzt hat man den Sarg mit Traggurten getragen. Es waren Leute aus der Nachbarschaft, die dies taten. Erst seit einem Monat

(September 1990) braucht eine Nachbarschaft die Unterstützung der anderen Nachbarschaft. Jetzt haben wir uns gesagt: Wir besorgen uns einen Leichenwagen, weil die Leute zum Tragen des Sarges fehlen."

Auch an Musikern, die wesentlichen Anteil am traditionellen Begräbnisritual hatten, mangelt es bereits. Viele Instrumente können nicht mehr besetzt werden; sie hängen verwaist an der Wand, wenn die verbliebenen Musiker eine Probe abhalten. Die kleine Musikkapelle wird so zum Symbol einer verschwindenden Kultur.

Sitzordnung: in der Kirche, bei der Hochzeit und im Haus

Für jede Gemeinschaft hat die Sitzordnung im Alltag und bei Festen einige Bedeutung. Bei den Landlern scheint sie von besonderer Wichtigkeit zu sein, zumal man sehr genau auf die Einhaltung der alten Sitzordnungsregeln achtet, oder besser: geachtet hat, denn auch hier zeichnet sich schon ein Bruch mit der Tradition ab.
Der Platz des einzelnen verweist auf seinen sozialen Rang, und er gibt Auskunft darüber, was von ihm erwartet werden darf. Entsprechend dem Ansehen und der Stellung der Kirche wird der kirchlichen Sitzordnung große Beachtung geschenkt. Auf den ersten Blick erscheint die Sitzordnung in der Kirche kompliziert, dem Eingeweihten jedoch eröffnet sie Einblicke in die Stellung, die die einzelnen Kirchenbesucher im kirchlichen und damit auch im dörflichen Leben haben.
In der Großpolder Kirche befinden sich – ebenso wie in der Großauer und Neppendorfer Kirche – zwei nebeneinander angeordnete vordere und zwei ebensolche hintere Sitzreihen. Die vorderen Bänke der linken Seite gehören den Konfirmandinnen und die vorderen Bänke der rechten den Konfirmanden. Dahinter sitzen die jungverheirateten Frauen nach dem Datum der Hochzeit: Diejenigen, die am längsten verheiratet sind, sitzen hinten. Ist kein Platz mehr vorhanden, so wandert die letzte Frau in die letzte Reihe der rechten Seite, wenn sie eine Landlerin ist. Ist sie Sächsin, in die der linken Seite.
In der Mitte der vorderen linken Seite sitzt alleine die Frau des Pfarrers. Auf der Bank ihr gegenüber nehmen die Lehrer Platz. Hervorzuheben ist, daß in den linken hinteren Bänken die Sächsinnen und in den rechten die Landlerinnen nach ihrem Alter sitzen. In den ersten der hinteren Bänke sitzen übrigens die Mädchen, wieder aufgeteilt nach Sächsinnen und Landlerinnen.
Den Männern sind die Querbänke rechts (Landler) und links

(Sachsen) der Sitzreihen vorbehalten. Die Presbyter, die Mägdeväter und Knechtväter (als Kontrolleure der Schwester- und Bruderschaften) sitzen in den Bänken, die näher am Altar sind. Daran schließen vorne die Bänke der älteren und hinten die der jüngeren Männer an.
Rechts vom Altar gibt es vier Sitze für die kirchlichen Honoratioren, den Kurator, den sächsischen Kirchenvater, den landlerischen Kirchenvater und den Kirchenkassier. Ihnen gegenüber, hinter der Kanzel, finden, wenn die Kirche voll ist, Konfirmandinnen Platz.
Bemerkenswert ist auch die Sitzordnung auf den Emporen rechts und links des Kirchenschiffes. Auf der rechten Seite sitzen oben die Altknechte (die Vorsitzenden der Bruderschaften), dann folgen die älteren und schließlich die jüngeren Burschen. Und in den letzten oberen Querbänken drängen sich die Kinder. Im oberen Teil der linke Hälfte sitzen die jungverheirateten Männer sowohl der Landler als auch der Sachsen. Dann folgen die älteren sächsischen Burschen, die Kinder und die Mädchen. Vor der Orgel haben die Adjuvanten, die Musiker, ihre Stühle.
Interessant ist auch die Rangfolge beim Verlassen der Kirche: Nach der Frau des Pfarrers gehen die Sächsinnen hinaus, die das ältere Recht für sich in Anspruch nehmen, da ihre Vorfahren lange vor denjenigen der Landler in Siebenbürgen beheimatet waren. Ihnen folgen die Landlerinnen. Nach den Frauen setzen sich die Männer in Bewegung, alle streng nach Alter. Zum Schluß verlassen die kleinen Buben die Kirche.
Die Sitzordnung symbolisiert die kleine Welt des Dorfes und verweist also auf die Leute, die Macht über andere haben, und auf jene, deren Stimme in der Gemeinschaft noch nicht viel Gewicht hat – die jungen Buben und Mädchen.
Als ich die Kirche in Großpold beim Erntedankfest besuchte, merkte ich, wie locker und lose diese alte Sitzordnung geworden war. Ich erkannte hier ein Abgehen von alten Traditionen und alten Ordnungen, denen die jungen Landler heute zu entfliehen scheinen. Auch bei großen Festen, vor allem bei Hochzeiten, demonstrieren die Sitzordnungen in deutlicher

Weise die Hierarchie im Dorf und die Beziehungen, die die einzelnen Personen zueinander und, im Falle einer Hochzeit, zum Brautpaar haben.
An einem großen länglichen Tisch sitzt am Tischende die wichtigste Person des Dorfes, der Herr Pfarrer, der zum Hochzeitsmahl in feierlicher Weise von zwei Brautführern abgeholt wird. Neben ihm werden dem Alter nach die Paten der Hochzeiter plaziert. An einem anderen Tisch, der quer zu dem ersten steht, präsidiert die Frau Pfarrer, neben ihr nehmen, auch dem Alter nach, die „Goten" Platz, das sind die Taufpatinnen und die Frauen der Paten.
Am dritten Tisch, auch quer zum ersten, sitzen oben die Brautleute. Umgeben werden sie von Mädchen und Buben, die man Bidermägde und Biderknechte nennt. Diese fungieren nicht nur als Begleiter während des Ganges zur Kirche, sondern sie helfen auch beim Auftischen und Abräumen.
An einem Tisch in der Front des Zimmers, auf einer Art Bühne, sitzen die Adjuvanten. Sie geben dem Fest den würdigen und auch heiteren Rahmen, den es verdient. Die übrigen Gäste verteilen sich auf die anderen Tische.
Auch in der Familie, vor allem an den Sonn- und Feiertagen, wird auf eine überkommene Sitzordnung Wert gelegt.
Das Mahl, sowohl das zu Mittag als auch das am Abend, wird für gewöhnlich durch ein Gebet eingeleitet und beendet. Gott wird um seinen Segen gebeten, und man dankt ihm. Es sind die Schätze, die der Garten und der Hof zu bieten haben, hier und da ein Stückchen Fleisch, und vor allem Kartoffeln in verschiedener Zubereitung, die die Landler stärken sollen. Dazu gibt es einen Schluck Wein oder bloßes Wasser, dem Frauen und Kinder zusprechen.
Das gemeinsame Mahl versammelt die Familienmitglieder um den großen Tisch im Wohnzimmer, an dessen einem Ende der Hausvater sitzt. Am anderen Ende, dort, wo die Lade ist, befindet sich der Platz der Hausmutter. Sie verwaltet die Lade, in der das Besteck und das Brot sorgsam aufbewahrt werden. Ihr Griff in die Lade stört somit weder den Hausherrn noch die neben ihm sitzenden Gäste.

Der Hausvater schöpft als erster aus dem aufgetragenen Topf, dann kommen die Gäste an die Reihe, und erst zum Schluß bedient sich die Hausmutter. Sie erscheint als Gastgeberin, jedoch nicht als eine bloße Dienerin, denn, dies betonte mir gegenüber auch eine Landlerin, mit Ausnahme der kleinen Kinder müssen sich alle die Speisen selbst nehmen. Die Frau als Regentin der Küche trägt allerdings die Verantwortung für das Gelingen des gemeinsamen Mahles und sie ist stolz, wenn es den Anwesenden schmeckt.
Die Kultur der Landler ist also auch eine Kultur der Sitzordnungen, die auf einer langen Tradition beruhen und ein genaues Bild der sozialen Hierarchien liefern.

Alltag der Landler

In den vorigen Kapiteln bin ich bereits auf die verschiedenen Strategien der Landler eingegangen, mit denen sie versuchen, ihr Leben zu meistern. Wir haben dabei gesehen, daß der Alltag der Landler wesentlich von Religion und Kirche geprägt wird. Ergänzend dazu will ich nun einige Themen ansprechen, die sich auf den Tagesablauf, die Versorgung und ähnliche Dinge beziehen. Der Alltag der Großpolder Landler spielt sich auf den Feldern, in den Weingärten, in den Gassen Großpolds und vor allem im eigenen Haus ab. Haus und Hof der Landler sind von einzigartiger Sauberkeit. Der hübsche Garten mit den Blumen im Hof und der reinliche Stiegenaufgang, der in das Haus führt, erinnerten mich an die fünfziger Jahre bei uns in Österreich, an die kleineren Bauern mit ihren bescheidenen Anwesen, den niedrigen, noch nicht aufgestockten Häusern und schmucken Blumen.
Ein alter Landler berichtete mir aus der Zeit vor dem Krieg, der klassischen Zeit der Landler – wie ich sie bezeichnen möchte –, als man noch einen Knecht oder eine Magd beschäftigen konnte: „Wenn es hell wurde, haben wir das Vieh versorgt. Dann sind wir in die Arbeit gegangen. Im Herbst hieß es, Korn säen, Gerste säen, und im Frühjahr mußten wir Kartoffeln und Rüben anbauen, den Mais säen. Und dann kam die Hackfrucht dran. Wir haben den ganzen Tag hart gearbeitet. Dann kam die Ernte. Mit der Sense haben wir noch das Korn gemäht. Einen Mähdrescher hatten wir noch nicht. Um neun Uhr oder auch um zehn Uhr abends sind wir schlafen gegangen. Manchmal sogar später. Die Frauen hatten immer genug Arbeit zum Kochen und am Abend war es zum Abwaschen. In der Früh hieß es immer: ‚Schnell, schnell, daß wir weiterkommen!‘ Vor dem Krieg hatten wir auch einen Knecht und während des Krieges eine Magd. Der Knecht hat im Sommer im Stall geschlafen. Der Knecht war ein Rumäne. Die Landler selbst sind nicht als Knechte gegangen. Die Landler, die nicht am Grund (auf dem Hof) gearbeitet haben, die

haben ein Handwerk gelernt als Maurer, Tischler, Zimmermann oder Schlosser. Der Knecht hat das Vieh versorgt. Er mußte bei jeder Arbeit helfen. Er mußte das Vieh treiben."

Die Arbeit bestimmte den Tagesablauf. Wenn es hell wurde, war man schon auf. Im Sommer um fünf Uhr und im Winter um sechs Uhr. Das Vieh mußte versorgt werden, vor dem Krieg waren es bei typischen Landlerbauern beispielsweise zwei Ochsen zum Ziehen des Wagens und eine Kuh für die Milch, manchmal auch ein Pferd. Das Pferd scheint heute noch für den arbeitsamen Landler ein wichtiges Symbol des Wohlstandes zu sein. Man ist stolz auf das Pferd und läßt sich von ihm durch den Ort kutschieren.

Auf dem Hof lebte und lebt der Landler mit Frau und Kindern. Vor dem Krieg strebte er danach, durch seiner Hände Arbeit auch etwas zu verdienen, zum Beispiel durch den Weinbau. Ein Landler erzählte mir, er hätte auf seinem Grund und Boden mit acht Joch, von denen seine Frau drei in die Ehe gebracht hat, 3 000 Weinstöcke angepflanzt gehabt, und darauf habe sich sein Wirtschaften konzentriert. Vom Weinverkauf lebte er. Doch als vor dem Krieg, 1938, der Wein durch ein Überangebot billiger geworden ist – er bekam damals nur zwei Lei für den Liter –, hielt er ihn zurück. 1942 hat er ihn dann um sieben Lei pro Liter verkauft.

Es geht den Landlern, dies soll damit angedeutet werden, also durchaus auch darum, klug zu spekulieren. Heute noch, trotz Kommunismus und Kollektiv, weiß der Landler, mit Verstand zu überleben. Dazu gehört unter anderem, daß Landler heute versuchen, enteigneten Grund zurückzugewinnen. Das gelingt, wenn man in einer Staatsferm, einer Staatsfirma, angestellt ist. Ich lernte einen Landler kennen, der als Tischler in einer solchen Staatsferm arbeitet und es geschafft hat, jenen Grund zu erwerben, der seinem Schwiegervater enteignet worden war. Und auf diesem Grund baute er schließlich sein jetziges Haus. Ich möchte ihn, der heute ungefähr 58 Jahre alt ist, hier zu Wort kommen lassen: „Ich war 43 Jahre lang Tischler. Vor 44 Jahren habe ich als Lehrling begonnen,

und vor 29 Jahren bin ich in das neue Haus übersiedelt. Mein Nachbar und ich sind die ersten Deutschen nach dem Krieg gewesen, die gebaut haben. 1959 habe ich mit dem Bau begonnen. Die Rumänen haben schon vorher eine Unterstützung gehabt. Hier auf dem Grund, auf dem mein Haus steht, war nur Gras. Der Brunnen war zugestopft mit Stroh. Er war vorher schon gemacht worden. Hier war die LPG, die Landwirtschaftliche Produktionsgenossenschaft, sie hatte die Schafe hier. Damit die nicht in den Brunnen fallen, hat man ihn einfach zugestopft."
Als Handwerker und gleichzeitig Bauer ist es dem Landler gelungen, trotz des kommunistischen Systems, sich eine eigene Welt aufzubauen, in der er seinen Alltag bewältigt. Innerhalb seiner Hofmauern ist er sein eigener Herr, als der er zum Beispiel im Winter aus dem geschlachteten Schwein Speck und Fett herstellt. Allerdings, wie schon angedeutet, hat das System des Kommunismus den Landlerbauern arg getroffen. Ein Symbol für diese Bedrängnis des Kommunismus ist, daß der Backofen, der in den meisten Landlerhäusern noch vorhanden ist, nicht mehr verwendet wird, denn das Brot bäckt die kollektive Bäckerei, zu der man jedoch das Mehl zu bringen hat, will man Brot. Ein Wandel ist aber festzustellen, da über Hilfe aus Österreich nun auch eine private Bäckerei ihre Arbeit begonnen hat.
Die tägliche Nahrung des Landlers war und ist bescheiden, wie aus der Schilderung einer Landlerin hervorgeht: „Wir essen viel Kartoffeln, Krummbirnen sagt man hier zu ihnen. Sogar am Sonntag gab es Kartoffeln. Wir haben sie schön gewaschen und in die Bratröhre getan. Mein Großvater hat immer gesagt dazu: ‚Heute essen wir gebratene Feldhendeln, (-hühner).' Während der Woche essen wir nur am Abend etwas Warmes, etwas Gekochtes. Am Morgen gibt es Tee und Brot. Mein Mann, der als Traktorist arbeitet, nimmt sich für das Mittagessen Speck und Brot mit, manchmal auch gekochte Eier und Wurst. Das genügt. Zwiebeln essen wir als Zuspeise. Gerne esse ich rohen Speck."
Auch ich wurde mit rohen, geschnittenen und dann heraus-

gebratenen Kartoffeln köstlich bewirtet. Das Öl, in dem die Kartoffeln gebraten wurden, stammte aus Deutschland – Bekannte haben es meiner Gastgeberin zukommen lassen. Heute ist es übrigens durch Lieferungen und Spenden aus Österreich und Deutschland für die Landler nicht allzuschwer, zu Lebensmitteln, wie etwa Öl, Kaffee, Tee, zu gelangen. Trotzdem ist ihr Speiseplan nach wie vor bescheiden.

Die Landlerin, die mir die obige Schilderung gegeben hat, erzählte mir auch noch, wie sie als junges Mädchen den Tag begann und was sie als Verpflegung bei der Arbeit mitnahm: „Ich war 17 Jahre alt, da bin ich in der Früh von meiner Mutter kräftig aufgeweckt worden, sie hat an den Fensterrahmen geklopft. Die Mutter hatte schon meinen Rucksack gepackt, damit ich schnell zur Arbeit wegkomme. Um sieben Uhr begann die Arbeit. Im Rucksack für das Mittagessen befanden sich ein Stückchen Speck, ein Stückchen Brot und eine Zuspeise, entweder eine Tomate oder eine Zwiebel."

Urlaub im modernen Sinn, in dem Sinn, wie wir ihn in Österreich oder Deutschland heute kennen, den gibt es bei den Landlern nicht. Wohl haben sie, wenn sie als Arbeiter in einem staatlichen Betrieb beschäftigt sind, „Urlaub", aber die freien Tage werden vornehmlich der Arbeit im Haus oder am Hof gewidmet, wie eine Landlerin und ihr Mann erzählten. Die Frau fügte hinzu: „Ich habe Urlaub gemacht, als ich mit dem Jungen viermal auf Erholung war. Aber der Urlaub war nicht bezahlt. Den bezahlten Urlaub habe ich für andere Arbeiten verwendet. Erst wenn alles versorgt ist, ist man frei." Und dann sagte sie noch: „Fragen Sie meinen Mann, wie sein Urlaub ist!"

Das tat ich auch und erhielt zur Antwort: „Ich nehme mir immer Urlaub, wenn ich wichtige (private) Arbeiten habe. Ich habe bezahlten Urlaub. Zehn Tage Urlaub habe ich mir genommen, um nach Deutschland zu fahren. Jetzt habe ich noch vier Tage bezahlten Urlaub. Den brauche ich, wenn wir Schweine schlachten."

Einen Urlaub in der Weise, daß man sich von der Arbeitszeit

erholt und auf Ferien irgendwohin fährt, gibt es bei den Landlern in Großpold also nicht. Auch der von dem Landler erwähnte Deutschlandaufenthalt diente nicht der Erholung oder einer Ferienfahrt, sondern der Erkundung, um Informationen für seine Kinder einzuholen. Statt von Urlaub sollte man bei den Landlern wohl eher von einem „Freisein" von Arbeit sprechen, denn fällt Arbeit an, so muß sie getan werden.

Die freie Zeit – Wein und Schnaps als zeremonielle Getränke

Dieses Freisein von Arbeit wird genossen, an den Festtagen, bei Hochzeiten, im Fasching und zu ähnlichen Anlässen. Der Abend dient dem Zusammensein der Familienangehörigen, ebenso wie die Samstagnachmittage oder die Sonntagnachmittage, an denen Freunde oder Verwandte erwartet werden. Dann bespricht man bei einem Glas Wein oder einem Schnaps die Probleme der Woche, den politischen Ärger und die Hoffnung, die man in die Zukunft setzt.

Wein und Schnaps sind geradezu rituelle Mittel, mit denen man dieses Freisein von Arbeit genießt. Und daher nimmt man sich Zeit und Mühe, um diese Getränke herzustellen und zu lagern. Mit besonderer Sorgfalt wird der Wein behandelt.

Der Wein gehört zum Leben in Großpold, sowohl im Alltag als auch bei Festen. Ein Landler faßte diese Bedeutung so zusammen: „Bei allen Unterhaltungen wird hier Wein getrunken. Wenn jemand zu Besuch oder wegen einer Arbeit ins Haus kommt, stellt man ihm ein Glaserl Wein auf den Tisch. Sonst trinkt man bei Unterhaltungen und Hochzeiten. Die Jugend füllte für ihre Veranstaltungen ein Faß. Jeder Bursche mußte einen Eimer einfüllen, und jedes Mädchen fünf Liter. Jeder, der auf dem Tanzboden war, konnte aus dem Faß trinken." Wohl hatte und hat der Wein bei feierlichen Gelegenheiten und unterhaltenden Veranstaltungen einen hohen Wert, aber ebenso im Alltag. Hier ist er vor allem als ein Getränk zu sehen, das in den Alltag Abwechslung bringt, so, wenn am Abend Freunde kommen. Dem müden Landler dient der Wein am Abend dazu, sich gemeinsam mit seiner Frau von der Last des Alltags zu erholen, dem trockenen Kartoffelgericht etwas Geschmack zu geben, und schließlich, um rituell damit Gäste zu bewirten.

Den Weinkellern sieht man die intensive Pflege des Weines an: Der Keller ist peinlich sauber, kein Staub liegt auf dem Boden. Bei meinen Besuchen in Weinkellern wurde der Wein jedes Mal zeremoniell mit dem Heber aus dem Faß geholt und mir angeboten. Und als ich von den Landlern Abschied nahm, erhielt ich von zweien je eine Weinflasche mit auf den Weg, und einer schenkte mir eine Flasche selbstgebrannten Schnaps.

Auch der Schnaps hat seine rituelle Funktion, allerdings nur unter Männern. Beim Schnapsbrennen aber, das einen besonderen gesellschaftlichen und familiären Charakter aufweist, ist auch die Frau des Hauses dabei. Eine freundliche Landlerin, mit der ich noch in Briefkontakt bin, schilderte mir in einem ihrer Briefe den Ablauf des Schnapsbrennens: „Altes Fallobst und auch reifes Obst, soweit man es nicht für Marmelade braucht, gibt man in ein Faß, welches gut schließen muß, denn sonst kommt der Geist heraus. Dann, im Winter, wenn auf dem Feld keine Arbeit mehr ist, wird Schnaps gebrannt. Natürlich mußten wir vom Schnaps viel dem Staat abgeben und die Männer bezahlen, welche dabei mithalfen. Aber es ist genug geblieben. Nun wird diese gegorene oder vergorene Masse in große Kessel gegeben und gekocht. Wenn es im Kessel kocht, steigt der Dampf durch eine Röhre auf und wird durch ein Kühlfaß geleitet und unten rinnt der Schnaps heraus. Dieser wird aber noch einmal gebrannt. Dies machen die Bauern für sich alleine. Dieser Schnaps schmeckt auch allen. Aber schon manchen wurde er zum Verhängnis. Denn schon viele konnten sich nicht beherrschen und tranken zu viel von dem starken Getränk."

Der Schnaps hat ebenso wie der Wein eine nicht unwichtige Bedeutung für den Kontakt der Landler untereinander. Allerdings gilt das Schnapstrinken als Sache der Männer. Den Frauen, so schreibt die Landlerin, „dient der Schnaps als Medizin. Wenn wir Bauchweh haben oder wenn wir im Sommer viel Wasser, welches wir nicht gewohnt sind, getrunken haben, dann tut ein Stamperl Schnaps gut. Mir selbst ist er zu scharf, ich trinke ihn nicht gerne."

Zum Leben der Landler gehört der Schnaps als ein würdiges Getränk, mit dem Männer ihre Trinkfestigkeit beweisen können und das für Frauen eine heilende Wirkung zu haben scheint.

Schnaps und Wein sind also zeremonielle Getränke, die den Landlern die karge Freizeit veredeln.

Spiel und Witz

Auch Brettspiele dienen – neben dem Fernsehen, das bereits die Wohnzimmer der Landler erobert hat – dazu, dem Alltag, wenn auch nur kurz, zu entfliehen. Der Feierabend oder der Sonntagnachmittag erhielt und erhält durch das Spiel einen besonderen Höhepunkt. Das Spiel verbindet die Familie und die Leute, die zu Gast sind. Heute, so sehe ich es, dürfte das Brettspiel etwas an Bedeutung verloren haben, eben wegen des Fernsehens, denn das rumänische Fernsehen bringt auch deutsche Filme – allerdings mit rumänischen Untertiteln. Anläßlich der letzten Fußballweltmeisterschaft, die fast zur Gänze im Fernsehen ausgestrahlt wurde, verbrachten Landler, wie ich erzählt habe, viele Stunden vor ihren Apparaten, um schließlich zu jubeln, als Deutschland Weltmeister wurde. Das Brettspiel übt jedoch traditionell eine große Anziehungskraft aus, wie eine Landlerin erzählt. An ihrer Erzählung ist auch folgendes interessant: „Einmal blieb vor unserm Haus ein Auto stehen, es war kaputt. Der Fahrer bat uns, das Auto einstweilen in den Hof stellen zu dürfen. Dies ließen wir zu. Der Mann war ein paar Tage bei uns, weil er nicht weg konnte. Ich war damals noch ein Kind (so um 1950). Am Abend haben wir mit ihm täglich ‚Mensch ärgere dich nicht' gespielt. Ich habe auch mitgespielt. Immer wenn eine Figur geschlagen wurde, hat er gesagt: ‚Geh nach Hause!' Seitdem habe ich sehr gerne ‚Mensch ärgere dich nicht' gespielt. Auch als Erwachsene habe ich es gerne gespielt, bis heute. Wir haben uns bei diesem Spiel immer gut unterhalten. Es ging nicht darum, schnell als erster mit den Figuren nach Hause zu kommen. Wir wollten alle nach Hause kommen."

Das Spiel schafft also freundschaftliche Kontakte und erhebt über den Alltag.

Wichtig für das Alltagsleben der Großpolder sind auch jene Orte, an denen sie einander treffen und Gedanken austauschen können. Dazu gehören neben dem Platz vor der Kirche – wo an Sonn- und Feiertagen die Möglichkeiten des Kontaktes besteht – gemeinschaftliche Räume, die allerdings auch mit der Kirche in Zusammenhang stehen.

Ein solcher Raum ist das Musikzimmer, welches in einem der Kirche benachbarten Haus eingerichtet ist. Darin versammeln sich sangesfreudige Großpolder, wobei, wie mir auffiel, die Frauen in der Überzahl sind. Ein freundlicher Chorleiter bemüht sich redlich um eine gute Stimmlage und um das Einlernen der beim sonntäglichen Gottesdienst zu singenden Lieder. Die Zusammenkunft ist nicht nur Gesangprobe, sondern sie bietet auch Gelegenheit, Gedanken miteinander auszutauschen und zu scherzen. Im Musikzimmer treffen einander auch die Adjuvanten, die Musiker der Musikkapelle mit ihren Trommeln, Trompeten und anderen Instrumenten. Neben dem Einstudieren ernster Begräbnismusik – bei Begräbnissen zu musizieren ist ihre Hauptaufgabe – dienen die Proben vor allem der Geselligkeit: Man hat Spaß miteinander, bespricht alltägliche Ereignisse und Probleme und leert ein paar Flaschen Wein.

Die Adjuvanten sind für ihre Trinkfreudigkeit bekannt. Sie selbst erzählen gerne die Anekdote von dem Manne, der ein Kalb von der Kuh entwöhnen wollte. Das Kalb wollte aber nicht trinken. Da sagte der Mann: „Ich gebe dich zu den Adjuvanten, dann lernst du saufen!"

Solche Scherze, in freundlicher Weise vorgebracht, gestalten die Zusammenkünfte der Adjuvanten abwechslungsreich und scheinen durchaus im Sinne eines gottgefälligen Lebens zu sein. Der Ernst, der Kirche und Leben ansonsten bestimmt, wird dadurch abgeschwächt und erträglich gemacht.

Insgesamt muß hier betont werden, daß es dem Landler immer wieder gelingt, der Ernsthaftigkeit des täglichen Einerlei mit Witz und Humor zu begegnen. Vor allem dann, wenn es um schwierige, beinahe existentielle Fragen im Alltag geht, wie zum Beispiel um das Problem des Verkaufes von Tieren, Milch und Feldfrüchten. Denn jeder Verkauf bringt dem Hof etwas und schafft spannende Situationen. In dieser Richtung verstehe ich folgende mir bei einem gemütlichen Glas Wein erzählte Geschichte: „Jemand wollte seine Kuh verkaufen und bat jemanden: ‚Komm, du sollst mir helfen, die Kuh zu verkaufen.' Der Mann bejahte, und als Leute kamen, um nach der Kuh zu fragen, sagte er ihnen: ‚Das ist eine besonders gute Kuh. Sie gibt sehr viel Milch! Sie ist anspruchslos beim Füttern, geduldig beim Melken und kommt von der Herde immer rechtzeitig heim!' – ‚Halt ein! Wenn sie so gut ist, verkaufe ich sie nicht.'" In einer anderen heiteren Geschichte heißt es: „Ein Landler wollte Ferkel kaufen und ging zu einem anderen Landler, um nach einem Ferkel zu fragen. Der betreffende war aber nicht da, dafür sein Großvater. Als der hörte, daß der Mann ein Ferkel kaufen wolle, nahm er ihn mit sich in das Haus. Der Mann fragte den Großvater: ‚Wohin entführst du mich?' Darauf der Großvater: ‚Um dir das Schwein zu zeigen.' Er führte ihn in die Stube und zeigt ihm das Sparschwein, das auf der Kommode stand."

„Spaßvögel", die derlei Geschichten zum besten geben, bringen Munterkeit und Abwechslung in das Dorfleben und sind deshalb überall gern gesehen. So auch der Mann, über den ich folgendes hörte: „Einmal hat ein alter Landler den Wagen in den Hof geschoben, um die Ochsen einzuspannen. Daher bat er seine Frau, sie solle das Joch für die Ochsen auf die Deichsel geben. Die Frau legte es aber verkehrt hin. Wie der Alte sieht, daß das Joch verkehrt ist, nimmt er die Ochsen und spannt sie verkehrt vor den Wagen. Die Frau stürzte aus dem

Haus und schrie: ‚Du alter Narr, was machst du jetzt?‘ Darauf er: ‚Was soll ich machen!? Du hast das Joch so hingelegt auf die Deichsel, daher spanne ich die Ochsen auch so ein.‘“ Solche Geschichten tragen zum Amüsement des bäuerlichen Menschen bei und entheben ihn zumindest für kurze Zeit der Last des Alltags.

Zum Zeit-„Gefühl“ der Landler

Nicht uninteressant in diesem Zusammenhang sind ein paar Gedanken zum Thema Zeit, denn Zeit ist etwas, das zwar schwer faßbar und schwer definierbar ist, das aber den Menschen vollkommen bestimmt. Daher bemüht er sich, die Zeit zu messen und sich an ihr auszurichten.

Er tut dies allerdings je nach Kultur anders: In städtischen industriellen Kulturen sind es der Stunden- und der Minutenzeiger, die beispielsweise den Büroangestellten zwingen, seinen Amtsplatz zu verwalten. In bäuerlichen Kulturen geben der Hahnenschrei und das Auf- und Untergehen der Sonne dem Bauern kund, wann mit der Arbeit zu beginnen oder aufzuhören ist.

Mich interessierte nun, welche Bedeutung die „Zeit“ für den Landler hat. Wie ich oben schon angeführt habe, bindet den Landler im Alltag das protestantische Pflichtgefühl, also das Arbeitsethos. Im Sinne seiner bäuerlichen Tätigkeit richtet sich der Landler nach dem natürlichen Sonnenlauf, aber daneben auch nach dem Läuten der Kirchenglocken. Mit dem Fleiß des Landlers und seiner Exaktheit bei der Arbeit ist ein gewisses Maß an Verläßlichkeit verknüpft. Als ich eine Landlerin fragte, ob sie zum Beispiel pünktlich irgendwo um sechs Uhr sei, wenn sie es vereinbart habe, antwortete sie: „Es kommt drauf an, mit wem wir es uns ausmachen. Wenn wir uns mit einem Landler verabreden, so sind wir pünktlich dort. Wenn man sich so etwas mit einem Rumänen ausmacht, so kommt der vielleicht eine Stunde nachher. Wir Deutsche hier halten uns an die Pünktlichkeit.“

Für den Landler ist sein Leben mehr oder weniger genau geregelt, ein Abweichen von vereinbarten oder üblichen Terminen würde seinen Vorstellungen von „Anständigkeit" widersprechen. Dies konnte ich auch erfahren, als ich einmal mit jungen Burschen ein Treffen vereinbarte. Sie waren alle pünktlich zur Stelle. Und ich – Gott sei gelobt – auch.
Der Alltag des Landlers verläuft nach einem strengen Zeitplan, genauso wie das Leben des Landlers im allgemeinen, in welchem Konfirmation, Hochzeit und ähnliche Ereignisse genau anzeigen, daß der Landler und die Landlerin im Rahmen ihrer Lebenszeit neue Rechte und Pflichten zugeteilt bekommen. Symbolisch wird dies vor allem durch neue Kleidung hervorgehoben. Zum Beispiel wird eben erwartet, daß die Frau nach der Hochzeit einen dunklen Rock und eine dunkle Bluse trägt. Die Landler wissen, daß die Zeit ihr Tun und ihr Leben bestimmt, und sie richten sich danach. Es ist dem „klassischen" Landler daher auch nicht einsichtig, daß, wie in Europa und den USA, das Alter des Menschen geleugnet wird und man auf „ewige" Jugend hofft, die Medizin und Kosmetikindustrie den Leuten versprechen. Die Landlerin und der Landler leben vielmehr in dem Wissen, daß das Alter seinen Wert für die Gemeinschaft hat und daß es vor allem unabwendbar ist. Daher akzeptiert man es und ordnet sich ihm symbolisch – durch eine andere Kleidung oder neue Pflichten – unter. Im Leben des Landlers hat also alles „seine Zeit". Und diese steht fest, sowohl als vereinbarter Zeitpunkt im täglichen Kontakt wie auch als Prinzip, das langfristig und endgültig das Leben bestimmt.

Neugierde

Neugierde ist typisch für die dörfliche Gemeinschaft. Man ist am Leben der Nachbarn und Bekannten interessiert, allerdings gilt es gerade in kleinen Gruppen als unschicklich, anderen nachzuspüren. Eine ältere Landlerin erzählte mir zum Thema Neugierde: „Ich möchte niemandem die Neugierde befriedigen. Meine Nachbarin ist sehr neugierig. Einmal war mein Schwager, der Bruder meines Mannes, hier. Im Sommer ist er überhaupt viel hier. Mein Schwager ging also an einem Sonntag spazieren, er kam nach Kleinpold und Ludas, über Reußmarkt marschierte er zurück. Zu dieser Zeit war der Sohn der Nachbarin aus Deutschland mit dem Auto da. Er fuhr mit ihr in der Gegend herum und dabei sahen sie meinen Schwager auf der Straße gehen. Diese Frau fragte nun meine Schwiegermutter: ‚Was hat denn der Michel in Reußmarkt getan?' – ‚Ich weiß nicht', antwortete die Schwiegermutter, ‚warum soll ich es wissen?'" Hier wird die Neugierde, die zum Dorfleben zu gehören scheint, von der Landlerin kritisiert, die fortfährt: „Wir haben neugierige Leute. Eine meiner Nachbarinnen hat ein Kind gefragt: ‚Du, was kocht die Mutter heute?' Ich wäre auf so etwas nie gekommen, ein Kind zu fragen, was die Mutter kocht. Solche neugierigen Leute kriegen heraus, was sie wissen wollen. Ich sage mir: Je weniger ich weiß, um so weniger muß ich mich damit beschäftigen. Wenn ich etwas nicht weiß, weiß ich es nicht." Die Neugierde kann also zu einer sehr unangenehmen Aktivität werden, gegen die sich der Landler und die Landlerin mit Recht wehren. Aber dennoch gehört die Neugierde zum Alltag, und man weiß sehr wohl, mit ihr – auch scherzend – fertigzuwerden. Andererseits jedoch ist Neugierde ein wesentlicher Aspekt einer dörflichen Gemeinschaft: Informationen über andere können mitunter sehr nützlich sein, wie zum Beispiel das Wissen, auf welche Weise der Nachbar die Milchabnehmer hineinlegt.

Als gefährlich wird Neugierde jedoch dort betrachtet, wo man sich allzu kontrolliert sieht und in seinem privaten Bereich behelligt fühlt. Es ist dem Landler wichtig, in seinem Eigenleben nicht durchgehend der Kontrolle der Nachbarn und Bekannten ausgesetzt zu sein. Eine private Sphäre muß gewahrt bleiben, zumal er in vielfältiger Hinsicht durch gemeinschaftliche und kirchliche Belange ohnehin ein Leben in der Öffentlichkeit zu führen hat.

Zusammenfassend läßt sich sagen, daß der Landler seinen Alltag mit Langmut und Humor zu tragen weiß. Er arbeitet

hart und läßt es sich dennoch zur gegebenen Zeit gutgehen. Mit Stolz und Würde begegnet er den verschiedenen Mißlichkeiten, so erwähnte eine Landlerin mir gegenüber, daß sie und ihre Familie nie auf Matratzen, wie sie der brave Mitteleuropäer kennt, geschlafen hätten und auch weiterhin nicht darauf schlafen würden. Selbstbewußt meinte sie: „Wir wollen nichts anderes. Jeden Tag schütteln wir unseren Strohsack und unseren Wollsack aus." Hochgemute Worte, die wohl auch als eine Ablehnung der den Landlern von außen aufgezwungenen Kulturgüter zu verstehen ist.
Der Landler hat eine Reihe von Haltungen und Handlungsformen entwickelt, mit denen er es schafft, seinen Alltag auf eine ihm gemäße Weise zu meistern. So gelingt es ihm, sich neben seiner Arbeit im Kollektiv, in der Staatsfirma oder auf dem eigenen Hof eine Welt zu erzeugen, in der er sein tägliches Glück findet.

Die Abwanderung der Landler

Während meines Aufenthaltes in Großpold wurde ich Zeuge einer Zeit des Aufbruchs. Landler – ebenso wie Sachsen – gehen den Weg zurück, den ihre Vorfahren vor Jahrhunderten gegangen sind. Die Gründe, die die Landler heute bewegen, die Wanderschaft zurück nach dem Westen anzutreten, ähneln denen ihrer Vorfahren, die nach Siebenbürgen verbannt und vertrieben worden waren, nicht jedoch denen der Sachsen. Diese haben freiwillig vor 800 Jahren den Weg hierher gefunden. Die Vorfahren der Landler waren von intoleranten Herrschern aus Österreich vertrieben worden, weil sie sich nicht „katholisch machen" lassen wollten. Und die Landler heute kehren ihrer siebenbürgischen Heimat den Rücken, weil sie einem unglücklichen politischen System entfliehen wollen.
Die Jugend zieht es, nachdem die Grenzen geöffnet und alte Zwänge aufgehoben wurden, hinaus in die Ferne, in das wirtschaftlich starke Deutschland mit seinem Überfluß an Konsumgütern und seiner freieren Lebensart. In Deutschland und Österreich erhofft man sich ein Leben unter Seinesgleichen, unter Brüdern und Schwestern. Der Reiz, das Glück in der Heimat der Vorväter zu suchen, ist groß und bestimmt die jungen Leute in Großpold.
Sie werden immer weniger, denn sie nutzen die nun mit einem Mal über Nacht hereingebrochene Freiheit, um auszuwandern. Vor der Revolution war es schwierig, zu emigrieren, aber man versuchte es, schließlich gibt es in Siebenbürgen auch eine Tradition des Auswanderns. So etwa sind manche Landler und Sachsen während der Zeit des letzten Krieges in Deutschland geblieben. Und diese in Deutschland (oder Österreich) Verbliebenen zogen wiederum ihre direkten Verwandten nach. Die damalige Situation schilderte mir eine alte Landlerin gut: „Der rumänische Staat hat kaum jemanden fahren lassen. Da haben wir den Mut verloren. Unser Staat hat nur Kinder zu den Eltern oder Eltern zu den Kindern reisen

lassen, also nur zu erstgradig Verwandten. Aber nicht Geschwister zu Geschwister, oder dies nur selten. Es hat viel Geld gekostet. Die Fremden haben keine Ahnung, wie es uns früher ergangen ist hier. Man sieht unsere schönen Häuser, aber unseren Zustand kannte man nicht. Wir haben früher oft gesagt: ‚Mit leeren Händen würden wir über die Grenzen gehen. Wenn man uns nur läßt.' Jetzt ist die Möglichkeit da."

Die Auswanderung hat in Siebenbürgen also eine lange Tradition. Seit dem Jahr 1957 existierten legale Möglichkeiten der Familienzusammenführung. Die BRD hatte sich erbötig gezeigt, für jeden Auswanderer eine Art „Kopfgeld" zu zahlen, welches zuletzt die enorme Höhe von 12 000 DM erreichte. Kritisch meinte ein alter Landler mir gegenüber: „Die Abwanderung von hier haben die Politiker in Deutschland verschuldet. Sie haben dem rumänischen Staat viel gezahlt, um Leute loszukaufen. Dies hat vielen geholfen, aber die viel größere Hilfe wäre es gewesen, die Leute hier in Siebenbürgen zu unterstützen. Man schätzt nur das, was man nicht hat. Vielleicht schätzt man in 50 Jahren erst unsere Kultur."

Nach der Aufnahme diplomatischer Beziehungen zwischen Rumänien und der BRD im Jahre 1967 kam es im Rahmen der „Familienzusammenführung", die eigentlich die Familien auseinanderriß, zu einem Ansteigen der Auswanderung. Und noch etwas begann nun, was sich letztlich für die Gemeinschaft der Landler fatal auswirken sollte, nämlich der regelmäßige Besuch von bereits ausgewanderten Landlern. Diese Besucher kamen stolz mit ihren neuen Autos und präsentierten sich als „reiche Onkel" aus Deutschland, die mit Schokolade und Kaugummi zu imponieren suchten. Sie gaben wohl wesentlichen Anlaß zu dem kulturellen Wandel, der schließlich dazu führte, daß die Auswanderer zu wahren Helden wurden und diejenigen, die zu Hause blieben und sich mit der Situation hier in Siebenbürgen zufrieden gaben, als Kleinmütige galten.

Mit dem Ehepaar Piringer, das noch nicht daran denkt, Großpold in Richtung Deutschland zu verlassen, sprach ich beim

Hofwein über die Probleme der Abwanderung: „Das Schlimmste ist jetzt, daß es an jungen Leuten fehlt, nämlich an Leuten, die jetzt nach der Revolution die Sache mit Courage angehen. Die Alten hier schaffen es nicht alleine. Sie haben zwar mit Unterstützung von Österreichern, die uns Traktoren geschenkt haben, einen Landwirtschaftsverein aufgestellt. Die Leute vom Verein haben jetzt gerade das Korn für das nächste Jahr gesät. Diese Genossenschaft hat den Grund vom Staat übernommen. Der hat dem Verein jetzt einen Teil gegeben. Das geht nicht, daß man jetzt alles auf privat macht. Das muß etappenweise geschehen. Man muß dazu Köpfchen haben. Wir waren der Meinung: Jetzt nach der Revolution geht es hallo! Das geht aber nicht so schnell. Wir zwei Alten können bei dem landwirtschaftlichen Verein nicht arbeiten. Wir beide sind nicht gut beisammen. Ich (der Mann) bin rheumatisch. Wir beide waren schon mitsammen auf der Schule, sieben Jahre. Als Bauern sind wir hier in Großpold aufgewachsen. Dieses Haus hier haben wir gemeinsam gebaut. Jetzt, wenn man alt ist, ist es nicht mehr schön. Wenn man jung ist, ist es überall auf der Welt schön. Zu Hause ist es für die Alten am besten. Die Jungen wollen leben und nur genießen." Und zum Problem der jugendlichen Auswanderer führte der Landler aus: „Das ist das größte Problem. Wir beide werden nicht wegziehen. Wir haben keine Kinder, wir haben niemanden. Wir sind so eingestellt, daß wir nicht wegziehen. Aber wir haben Angst vor dem Alter. Wer sorgt für uns, wenn hier kein Altersheim aufgemacht wird. Die Verwandten sind schon fast alle weg. Unsere Geschwister sind schon tot. Wir beide sind jeweils die Jüngsten." Hier deutet der Landler an, daß die Versorgung der alten Landler in der Zukunft, wenn niemand von den Jungen mehr da ist, schwierig werden wird. Die beiden Alten bekommen zwar eine angemessene Rente vom rumänischen Staat, mit der sie sich einiges, soweit es vorhanden ist, leisten können, aber auf dem Hof sind sie alleine. Es ist daher auch verständlich, wenn alte Großpolder Landler ihren Kindern und Verwandten in die Fremde nachfahren. Aber eben nicht alle Landler, wie mir einer bestätigte, der beim

Staat angestellt ist und knapp vor seiner Pensionierung steht: „Meine Kinder sind nach Nürnberg ausgewandert. Wir aber sind hiergeblieben. Ich möchte noch hierbleiben. Ich habe Angst, daß ich in Nürnberg keine Arbeit bekomme. Dann gehe ich zugrunde. Und hier habe ich eine gute Pension." Ein anderer Landler, er ist schon 76 Jahre alt, fürchtet sich ebenso vor den Problemen, die sich in Deutschland ergeben könnten: „Wer sorgt dort für uns? Wir möchten gerne hierbleiben, weil wir hier geboren wurden. Hier wollen wir sterben. Unser Sohn ist nach Deutschland ausgewandert. In Deutschland ist aber alles überfüllt. Wenn ich mit meiner Frau in unserm Alter dorthin fahre, so kennen wir dort niemanden. Da steht man und schaut und wartet."
Und wieder ein anderer alter Landler meinte kopfschüttelnd: „Wir sind hier zu Hause, es ist eine schöne Gegend hier. Kinder haben wir keine, die Verwandten sind schon alle weggezogen. Von meiner Seite hat ein Neffe eine Nichte von der Seite der Frau geheiratet. Ich war der Meinung, die beiden ziehen auf unseren Hof, damit wir jemanden haben. Aber sie sind weg. Sie sind nach Deutschland." Als ich einfließen lasse, daß Deutschland für sie wohl das Schlaraffenland wäre, schaut er mich nachdenklich an: „Aber jetzt sitzen viele in Lagern, sie haben noch keine Wohnung. Und hier stehen die Höfe leer. Die Höfe hier sind wie Möbelräume, alles hinein und zugesperrt. Und fortgefahren! Die Leute sind hier fluchtartig fortgefahren. Sie zahlen die Grundsteuer. Früher ging der Hof auf den Staat über, der hat den Eigentümer mit 30 000 Lei abgefertigt. Ein Spottpreis, denn so ein Hof ist mindestens 300 000 Lei wert. Heute tut es bereits vielen leid, daß sie ihre Höfe verkauft haben. Aber dennoch kommt niemand zurück. Für die Höfe haben viele einen Verwalter eingesetzt, das ist meist ein Verwandter, der sich nun um den Hof kümmert." Und eine Landlerin ergänzte: „In dieser Gasse sind auf jeder Seite zwanzig Bauernhöfe. Es ist nicht mehr der dritte Teil hier. Zum Teil stehen die Höfe leer. Jetzt müssen wir nicht mehr Zigeuner hineinnehmen."
In einem Fall, bei dem der Hof auf den Staat überging, weil

der Eigentümer vor der Revolution nach Deutschland abgereist war, mußten dann der Sohn desselben mit seiner Frau den Hof für 500 Lei im Monat mieten. Dies, obwohl sie schon früher dort gewohnt hatten. Auch sie hatten zunächst, lange vor der Revolution, die Absicht gehabt, zu emigrieren, doch hatte man es ihnen verwehrt. Heute sitzen die beiden auf dem Hof und hoffen, bald für immer fortziehen zu können. Nach den Regelungen allerdings, die derzeit in Kraft sind, bleiben Auswandernde Eigentümer ihrer Höfe.

Die Auswandernden lassen aber nicht nur die Höfe zurück, sondern auch Hunde, die auf Haus und Hof aufpaßten. Die nun herrenlosen Tiere werden, wenn möglich, von den Verwaltern der Häuser gefüttert. Diese alleingelassenen Hunde, die durch die Gassen von Großpold streifen, erschienen mir als handgreifliches Symbol für den kulturellen Wandel, und jedesmal, wenn ich einen sah, packte mich Mitleid mit den traurigen Kreaturen, für die im Eldorado der Auswanderer offenbar kein Platz ist. Als ich einen jungen Mann, der seinen Hof, auf dem er alleine wohnt, aufgeben will, um nach Deutschland auszuwandern, fragte, ob er nicht traurig sei wegen seines Hundes, den er zurücklassen müsse, nickte er. Ich sah ihm an, er liebt seinen Hund, der vor dem Haus kläfft, wenn ein Fremder den Hof betritt, er gehört zum Hof und bringt Leben herein. Vielleicht will er ihn mitnehmen, aber das wisse er noch nicht. Aber wegen seines Hundes sei er traurig. Mich jedenfalls überkam Mitleid mit den nun alleingelassenen Vierbeinern, die traurig durch die Gassen von Großpold laufen. Alte Landler, wie ich sie kennenlernen durfte, beobachten den Auszug der Jungen mit Trauer. Und wenn es um die eigenen Kinder geht, so mischt sich in die Trauer Resignation.

Der Weg in die Ferne, das Ausbrechen aus einer alten Kultur, ist auch ein Ausbrechen aus den alten Regeln und Vorstellungen der Landler. Ein alter Landler berichtete mir:

„Ich habe einen Sohn gehabt, der ist 1985 nach Deutschland gefahren. Frau und Kinder hat er hiergelassen. In Deutschland hat er sich einfach eine andere Frau genommen. Jetzt

kam er auf die Idee, seine Kinder nach Deutschland nachkommen zu lassen. Seine frühere Frau läßt dies aber nicht zu. Diese Frau besucht uns öfter. Sie arbeitet im Büro der Kollektivwirtschaft. Wir haben mit den Kindern eine Freude. Die Kinder kommen oft zu uns. Es sind zwei Mädchen, die eine 14 Jahre und die andere 12. Die Schwiegertochter (die frühere) will nicht wegziehen, sie bleibt da. Sie ist eine Landlerin aus Neppendorf. Mein Sohn, der in Hermannstadt gearbeitet hat, hat sie dort kennengelernt." Als ich einen anderen Landler fragte, wie er sich in Hinkunft das Leben hier vorstelle, erhielt ich zur Antwort: „Es ist alles, was geschieht, für die Katz. Wir sind eben verloren." Als ich ihm erzähle, daß ich die Absicht habe, über das Leben hier zu schreiben, damit auch die Nachwelt davon wisse, erwidert er eher abweisend: „Wir legen keinen Wert darauf, daß unsere Kinder und Enkelkinder das alles erfahren. Man soll es vergessen."
Der alte Landler weiß auch, daß er, wenn er auswandert und niemanden in Deutschland hat, der ihm weiterhilft, einer ungewissen Zukunft entgegensieht: „Für die Alten, die auswandern, ist es schwer. Am Anfang müssen sie in Lagern wohnen. Wir Alte bekommen zwar eine Rente, aber das macht auch nicht glücklich. Wir sitzen in Gasthäusern und müssen das essen, was andere gekocht haben. Hier in Großpold haben die Alten sich alles selbst gemacht, ihre Wirtschaft und ihr Essen. Aber die Alten werden immer weniger. Und wer soll einmal die Alten pflegen? Es wird immer schlimmer."
Ein weiterer Landler erzählt: „Es gibt sogar Leute, die bereits ausgewandert sind und hier und da hierher auf Besuch kommen, die Propaganda für die Auswanderung machen. Sie erzählen, wie wunderbar es in Deutschland ist, daß dort in fast allen Bächen Honig fließt und solche Geschichten. Und die jungen Leute lassen sich überreden. Manche, die weggezogen sind, geben damit an, daß sie innerhalb eines Monats sich ein Auto leisten können. Mein Sohn ist, obwohl er sich auch hier ein Auto leisten konnte, er ist Mechaniker, ausgewandert. Er hat sich mit seiner Frau nicht verstanden. Einmal ist er nach Deutschland auf Urlaub gefahren. Dort hat es ihm

so gut gefallen, daß er gleich dortgeblieben ist. Um die Frau hat er sich nicht mehr gekümmert." Auf meine Frage hin, ob nicht auch er ausreisen wolle, gibt mir der Landler zur Antwort: „Solange es geht, bleiben wir, meine Frau und ich. Stirbt aber einer von uns, so würde der andere zum Sohn nach Deutschland ziehen, oder er würde in ein Altersheim gehen. Aber die rumänischen Altersheime sind nicht so gut." Was dann wohl mit seinem schönen Hof geschehen werde, wollte ich wissen, worauf er nachdenklich meinte: „Ich möchte den Hof nicht verkaufen. Ein Nachbar hat seinen Hof um 300 000 Lei verkauft, ein anderer den seinen um 120 000 Lei. Hat er einen guten Käufer, so kann er viel verlangen. Jeder schaut, daß er schnell wegkommt. Aber was soll ich mit den Lei machen, die sind ja nichts wert in Deutschland, falls ich dorthin gehe."

So kehrt die Jugend dem Dorf und seinen Konventionen den Rücken, und den Alten bleibt nur die Resignation. Anschaulich schilderte mir dies ein junger Lander, der demnächst auch wegziehen will: „Die Alten weinen in letzter Zeit hier in Großpold nur mehr. Einer meiner Freunde, der bereits nach Deutschland ausgewandert ist, kam jetzt wieder einmal zurück und meinte: ‚Wenn man hier durch die Straßen geht, sieht man nur noch alte Weiber.' Das ist traurig! Vor ein paar Monaten (Juni, Juli 1990) waren noch Leute da, aber dann, wie mit einem Schub, sind sie weg. Die meisten bekamen eine Arbeit in Deutschland. Ich selbst bin jetzt 25 Jahre alt, auch ich möchte auswandern. Ich habe noch eine Großmutter und eine alte Tante hier. Meine sonstige Verwandtschaft ist schon weg. Ich bin mit meiner Großmutter alleine auf diesem Hof. Sie und meine Tante sind schon sehr traurig, weil ich wegziehen will."

Die politischen und wirtschaftlichen Verhältnisse in Rumänien sind zweifellos nicht dazu angetan, die Landler zum Bleiben zu bewegen. Die wichtigsten Dinge für das Leben sind kaum oder gar nicht erhältlich, und es wird noch viele Jahre dauern, bis die Kollektivwirtschaft sich auf eine private Wirtschaft umgestellt hat. Deshalb versuchen auch ältere Menschen, ihren jungen Verwandten nach Deutschland zu folgen. Die Zukunft, die sie dort erwartet, scheint allerdings auch nicht rosig zu sein, wie mir ein jüngerer Landler versicherte: „Für die Alten, die nun auswandern, ist es schwierig in Deutschland. Am Anfang müssen sie in Lagern wohnen, und es wird ihnen ein Essen vorgesetzt, das ihnen andere machen. Hier haben sie immer sich selbst gehabt, sich und ihre kleine Wirtschaft."

Grundsätzlich befürworten die Alten die Auswanderung ihrer Kinder. Mir wurde sogar erzählt, daß zumindest in zwei Fällen die Eltern ihre Kinder, die allzulange mit der Auswanderung gezögert haben, regelrecht dazu gedrängt hätten. Das Ausmaß der Abwanderung wurde mir offenkundig, als ich einmal einer Probe der Großauer Adjuvantenkapelle beiwohnte. Mir wurden alte, würdige Adjuvanten vorgestellt, die sich eigentlich schon vom Musikantenleben zurückgezogen haben, nun aber einspringen müssen, da einige junge Kollegen bereits den Weg in den Westen gefunden haben. Einer dieser langgedienten Herrn, er spielt Klarinette, hat 15 Jahre nicht mehr gespielt, und ein anderer schlägt seit 25 Jahren zum ersten Mal wieder die Trommel. Nur neun Musikanten saßen im Probenraum. Ein jüngerer freundlicher Herr erklärte mir, auch er werde demnächst auswandern, er sei erst 30 Jahre alt und erwarte sich einiges von der Zukunft. Und ein alter Landler meinte zu mir: „Meine Kinder sind schon ausgewandert. Ich habe sie bereits in Stuttgart besucht. Die beiden, obwohl ihre Wohnungen schlecht sind, fühlen sich wohl. Ihnen gefällt es dort besser als hier. Ich glaube aber nicht, daß sie sich zu Hause fühlen."

Die Musikkapelle ist in Auflösung begriffen. Die Instrumente der Ausgewanderten hängen nun an den Wänden. Ein Landler sagte mir mit einem wehmütigen Blick auf die an der Wand hängenden Instrumente: „Früher waren wir bei 30 Männer, die musizierten. Der Haufen ist schon sehr geschrumpft. Obwohl es heißt, man soll alte Bäume nicht versetzen, wollen jetzt auch die Alten weg." Unter den Musikanten sitzen auch zwei sehr junge Burschen, es sind

Brüder. Der eine ist 14 und der andere 15 Jahre alt. Sie spielen Klarinette und sind erst seit ganz kurzer Zeit dabei, sie sind, ebenso wie die Alten, für abgewanderte Musikanten eingesprungen, aber auch sie wollen, wie sie erzählen, bald nach Deutschland.

Diese geschrumpfte Musikkapelle erschien mir als trauriges Symbol für den Niedergang der Landlerkultur.

So werden die Landler in Rumänien immer weniger. Ein junger Mann kommentierte die Situation: „Vor der Revolution waren noch über 1 200 Seelen in Großpold. Meine Eltern sind schon lange weg. Sie haben bereits 1970 die Ausreise beantragt, als es mit der Wirtschaft in Rumänien bergab ging. Wir wurden immer als Minderheit auf eine gewisse Art unterdrückt, egal auf welchem Amt. Die meisten meiner Freunde sind schon weg. Wenn wir viel sind, so sind wir nur noch 20 Freunde. Früher waren wir 200 bis 300 Burschen hier. Am Anfang des Jahres waren wir noch 100. Oft haben wir uns getroffen. Der Rest trifft sich jeden Samstag bei einer Unterhaltung. Vor ein paar Monaten gab es noch 70 Mädchen hier. Jetzt sind es nur mehr 30."

Auch in der Schule wird die Abwanderung spürbar. Früher sollen bis zu 35 deutsche Kinder in einer Klasse gewesen sein, heute sind es höchstens sechs. Die Lehrer zieht es ebenso in die Ferne. Stellvertretend für die junge Generation charakterisierte ein junger Bursche die Situation: „Der Mensch will frei über seine Sachen verfügen können. Wenn er tüchtig ist, dann soll er dafür auch etwas haben. Das Volk verblödet, wenn man den Menschen zum Nichtdenken verurteilt. Man will hier nur weg. Man ist seit vielen Jahren hier nur westlich ausgerichtet. Wir lesen seit einigen Jahren Zeitschriften aus dem Westen, und Leute, die früher ausgewandert sind, kommen zu Besuch und erzählen uns vom Leben in Deutschland. Man muß ja staunen, was sich die Deutschen alles leisten können."

Voller Bedauern äußerte sich mir gegenüber auch der Pfarrer: „Wenn es hier viele Jugendliche geben würde, wäre es vielleicht etwas anderes, aber es sind nur mehr Alte da. Meine

Aufgabe als Pfarrer ist es heute, die Leute, die nicht auswandern können, zu betreuen und zu trösten. Einen alten Baum soll man nicht verpflanzen. Die Alten haben auch Schwierigkeiten mit den Formalitäten, viele wollen auch nicht weg. Früher hatten wir einen Sanitäter und eine Krankenschwester, Deutsche. Aber die sind alle schon weg. Wenn einmal etwas kaputt ging, ging man zu einem Bekannten. Aber jetzt fehlt es an Leuten."

In derselben Weise meinte eine Landlerin, die mit ihrem Mann ein bescheidenes, aber harmonisches Leben auf ihrem gemeinsamen Hof führt: „Ich bin hier groß geworden. Ich möchte nicht weg, aber alleine wollen wir auch nicht hierbleiben. Viele vom deutschen Volk hier in Siebenbürgen sind schon weg. Es gibt nicht mehr viele hier. Und der Pfarrer muß so lange hierbleiben, bis die letzten weggezogen sind." Und ein Landler, der auch nicht aus Großpold wegziehen will, sagte mir: „Hier bekommt man zwar gut gezahlt, aber nichts zum Kaufen. Jeden Monat bekommen wir für uns zwei Personen zwei Kilo Zucker. Das letzte Mal erhielt ich sogar einen Liter Öl und zwei Kilo Maismehl. Im Keller haben wir Kartoffeln und etwas Grünzeug. Man kann leben. Früher haben wir mit viel Fett und Speck gekocht. Heute haben wir Öl, das ist auch gesünder. Früher hieß es: Brot und Speck reißen alles weg. Und: Krummbirnsuppen macht hupp, hupp, hupp. So war es damals. Uns ging es nie schlecht. Jetzt geht es uns auch nicht schlecht, aber es ändert sich viel. Heute ist die Gasse hier ruhig. Früher aber war die Gasse voll von Kindern. Sie liefen hier herum. Und Leute waren da. Jetzt ist niemand mehr da. Viele sind weggezogen. Hier nebenan waren zwei Kinder, dort waren drei. Im vierten Haus gibt es noch zwei Kinder. Im fünften Haus wohnt aber niemand mehr. Im sechsten Haus waren auch drei Kinder. Und im siebten Haus gab es fünf große Buben und ein Mädchen. Im Haus weiter lebten zwei Mädchen. Jetzt sind sie alle weg. Es ist ruhig hier, man fühlt sich nicht wohl."

Manche der Alten klammern sich verzweifelt an die Hoffnung, daß auch in Siebenbürgen in absehbarer Zeit eine

Besserung der Lebensumstände eintreten wird: „Die Regierung hat versprochen, daß es bald besser gehen wird. Man muß durchs Wasser gehen. Irgendwann wird es besser gehen. Wenn uns jemand gesagt hätte, daß der Ceausescu so schnell von seinem Thron stürzt, hätte ich gesagt: ‚Bist du verrückt?!' Aber das ist so schnell gegangen. Auch mit der Perestroika. Niemand weiß, was kommt. Das Alte funktioniert nicht mehr, und das Neue ist noch nicht da. Die Leute in der (ehemaligen) DDR haben einen reichen Onkel. Ich hoffe, daß es auch mit uns bald bergauf geht."
Hoffnung sprach auch aus den Worten einer ungefähr sechzigjährigen Landlerin, mit der ich ins Gespräch kam, als ich gerade mit meiner Schreibmaschine vor dem Bauernhaus, in dem ich wohnte, saß. Die Frau führte zwei rumänische Kinder an der Hand. Sie erzählte mir, sie würde diesen beiden Kindern auf Wunsch ihrer Eltern Deutsch beibringen und hoffe auf einen Umschwung: „Es wäre schön, wenn Kinder im Dorf sind. Ich kümmere mich um die beiden Kinder. Man muß Gutes tun, überhaupt wenn man zusammenlebt. Ich will noch nicht auswandern. Ich habe noch eine alte Mutter hier. Ich hoffe, daß nicht alle von hier wegziehen. Wir wollen denen, die fortgezogen sind, ihre Heimat bewahren. Diese Gegend hier ist schön, und man sollte eigentlich nicht wegziehen. Es ist traurig, daß das Schönste, was wir haben, die Heimat, verlorengeht." Auch eine andere Frau, die vorbeikam und mich bei der Schreibmaschine vor dem Haus sitzen sah, blieb stehen und meinte fast kriegerisch: „Wir halten die Front! Unsere Kinder sind schon weg. Vielleicht kommen sie wieder. Wenn die Kinder, die noch da sind, bleiben, kann es schön langsam bergauf gehen. Daß den Kindern unsere Kultur mitgegeben wird, dafür sorgen wir Alten. Wenn 400 Landler bleiben, dann wird noch immer etwas sein."
Die Hoffnung, die aus dieser Frau spricht, und die Liebe zu ihrer Heimat stehen allerdings im Widerspruch zum Streben der jungen Landler. Ein ganz junger Landler, der auch stehenblieb und mir verwundert beim Maschine-

schreiben zusah, sagte: „Hier gefällt es mir nicht. Ich habe nur mehr einen Freund, um den tut es mir auch nicht leid. In Deutschland ist es viel schöner als hier." Und er werde nicht traurig sein, wenn er wegziehe, rief er mir noch zu, als er davonlief.

Angst aus der Vergangenheit und mangelndes Vertrauen in die Zukunft diktieren das Leben der Landler, die zurückgeblieben sind: „Ich will hierbleiben, aber die Kinder sind weg. Was sollen wir Alten hier machen? Den ersten Jungen, die weggezogen sind, hat es hier nicht mehr gefallen. Die anderen sind dann weggezogen, weil es Mode geworden ist, wegzuziehen. Fünfundvierzig Jahre lang waren wir abgeschnitten, niemand durfte hinaus. Und jetzt plötzlich sind die Grenzen offen. Früher sind die jungen Leute auch in die Welt hinausgezogen, ein paar Jahre lang, dann sind sie wieder zurückgekehrt. Das war so. Das Wandern steckt im Menschen. Wenn er jung ist, will er sich mal etwas anderes ansehen. Bis jetzt konnte man nicht hinaus, und jetzt kann man es. Wenn man in unsere Schaufenster schaut, gibt es nichts zu kaufen. Damals wollte man uns weismachen, die Menschen in Deutschland und in anderen Ländern würden Hunger leiden und würden arbeitslos sein. Im Fernsehen zeigt man uns, wie gut es uns doch hier in Rumänien geht. Wir hätten sicher gedacht, die haben recht, wenn wir keine Verbindung nach außen gehabt hätten. Wir hätten geglaubt, die leiden überall an Hunger. Das hat man uns gesagt. Aber tatsächlich sind wir die Arbeitslosen am Arbeitsplatz!"

Ebenso meinte ein anderer Landler zu mir: „Wir bekommen vom Kollektiv heute Grund zur Pacht. Aber die Deutschen wollen keinen Grund kaufen. Ich bin 75 Jahre alt. Was soll ich mich plagen? Soll ich jetzt noch mit einer Bauernwirtschaft anfangen? Die anderen sind weg. Das ist sehr traurig. Solange es geht, bleiben wir hier. Sollte ich hinter der Frau bleiben, stirbt also meine Frau, so fahre ich zum Sohn nach Deutschland. Die Frau will nicht weg."

Ein ungefähr sechzigjähriger Landler versuchte, die Hintergründe für die Abwanderung folgendermaßen zu erklären:

„Vielleicht ist es das Nichtvertrauen in die führenden Persönlichkeiten hier in Rumänien, das uns anregt wegzuziehen. Es kann sein, daß es später einmal vielen leid tun wird. Aber das Zurückkommen ist schwer. Ich brauche jetzt die Ru-Nummer, um in Deutschland einwandern zu können. Ich muß nachweisen, daß ich ein Deutscher bin. Man macht es mir nicht leicht. Man hat hier nur Nachteile gehabt, vor allem von 1939 bis 1944, weil man ein Deutscher ist. Mein Vater und seine Kameraden haben beim Militär Dresche bekommen, weil sie Deutsche waren. Man hat uns vom rumänischen Militär nach Hause geschickt. Nach Rußland verschleppt man uns, nur aufgrund unseres deutschen Namens, enteignet hat man uns. Dies alles, nur weil wir Deutsche waren. Als Deutscher war man verachtet. Und jetzt, da wir nach Deutschland auswandern wollen, fragt man uns in Deutschland, ob wir überhaupt Deutsche sind, und macht uns Schwierigkeiten, um die Ru-Nummer für die Einwanderung zu bekommen. Obwohl wir gelitten haben, Deutsche zu sein. Besonders arg ist es ja meinem Vater gegangen. Nach dem Zusammenbruch nahm man ihn gefangen und steckte ihn in ein Bergwerk. Acht Jahre lang war er im Gefängnis, wo er dann auch starb. Unsere Leute haben also viel gelitten. Und daher sollte man es uns Deutschen doch leicht machen, nach Deutschland oder Österreich einzuwandern."
Die sogenannte „Ru-Nummer" – „Ru" für Rumänien – ist Ausweis dafür, daß man als „Deutscher" akzeptiert wird. Wer die Ru-Nummer erhält, darf nach Deutschland auswandern und ist Bundesbürgern gleichgestellt. Über die Schwierigkeiten einer Einwanderung nach Deutschland berichtete mir auch ein anderer Landler. Er weist ebenfalls auf seine Deutschstämmigkeit hin und auf die Probleme, die mit dieser verknüpft waren: „Meine Eltern waren Deutsche. Als Kind bin ich bereits Waise geworden. Ich war ungefähr zwei Jahre alt, als meine Mutter, und drei Jahre, als mein Vater starb. Er ist von den Russen 1946 erschossen worden. Dann waren mein Bruder und ich alleine. Mit 18 Jahren holte man mich zum Militär. Dann arbeitete ich im Bergwerk in Petrogeni. Ich

bekam dort gut bezahlt. Aber dennoch ist es für einen Deutschen hier sehr schwer. Meine Frau ist Ungarin. Ich habe drei Kinder. Zwei sind verheiratet. Die können nicht sagen, daß sie Deutsche sind. Dreiundzwanzig Jahre habe ich in der Grube gearbeitet, jetzt bin ich in der Rente. Meine Kinder, sie sprechen Deutsch und Ungarisch, die wollen hier weg. Sie waren aber auf keiner deutschen Schule. Die Kinder wollen weg, und auch ich will weg, nur heraus von hier. Ein deutscher Mensch hat hier keine Zukunft. Die Deutschen sind unterdrückt. Die deutsche Kultur ist schon untergegangen." Mein Gesprächspartner machte eine Pause und wandte sich an mich als Österreicher: „Ich freue mich, mit einem Österreicher zu sprechen. Hier löst sich alles auf. So zum Beispiel die Nachbarschaften. Die Leute der Nachbarschaft hielten zusammen. Heute fehlen die Leute. Ich will weg. Im letzten Oktober war ich in Deutschland. Vier Wochen war ich dort. Ich wollte nicht mehr zurückkommen. Aber man hat mich abgewiesen von Deutschland. Es war gerade am 3. Oktober, am Tag der Wiedervereinigung. Da haben sie niemanden hereingeholt. Ich habe gespart, daß ich nach Deutschland fahren kann. Für 100 DM zahlte ich 7 000 Lei, und 8 000 Lei kostete der Zug. Ich war verzweifelt. Und was mich besonders geärgert hat, daß ich nach Deutschland nicht durch Österreich fahren durfte, denn die Österreicher haben die Grenzen für Leute aus Rumänien, die kein Visum haben, gesperrt. Ich mußte über die ČSFR fahren, ein Visum wäre mir zu teuer gekommen. Als Deutscher bin ich hier in Rumänien nicht gewollt. Aber es wäre doch richtig, wenn die Österreicher uns freundlicher behandeln würden." Um als Deutscher zu gelten und in Deutschland als ein solcher behandelt zu werden, bedarf es des Nachweises der deutschen Abstammung und des Aufwachsens in der deutschen Kultur. Und um einen solchen Nachweis bemüht sich nun der Landler: „Ich bin jetzt nach Großau gefahren wegen meines Ahnenpasses. Ich muß nachweisen, daß meine Eltern und Ureltern Deutsche waren. Das verlangen die in Deutschland für die Einwanderung. Deswegen war ich beim Pfarrer, damit er in den Taufbüchern

nachschaut. Aber der Pfarrer war nicht da. Nächste Woche muß ich also wieder nach Großau fahren." Der Mann zeigte mir die von ihm bereits erstellte Liste seiner Vorfahren, deren Bestätigung durch den Pfarrer er noch einholen mußte. Unter seinen Vorfahren finden sich auch oberösterreichische Namen wie zum Beispiel Ramsauer.
Ein solcher „Ahnenpaß" ist notwendig, um legal auswandern zu können. Ein Auswanderungspaß muß in Rumänien beantragt werden. Es kann bis zu drei Monaten dauern, bis ein solcher ausgestellt ist. Mit dem „Ahnenpaß" will der Landler schließlich in Köln um die Registrierung als künftiger deutscher Einwanderer ansuchen. Auf dieses Ansuchen hin erhält man dann eine Computernummer, die bereits erwähnte Ru-Nummer. „Wenn du diese Nummer hast, heißt dies, daß die Papiere fertig sind... Und mit dieser Nummer holt man sich dann das Visum", erzählte mir ein junger Landler, der noch hinzufügt: „Bevor man aber um diese Registrierung ansucht, fährt man einmal auf Urlaub nach Deutschland und schaut sich alles an." Für Landler und Sachsen, die in deutscher Kultur in Siebenbürgen aufgewachsen sind, ist es demnach nicht besonders schwierig, in Deutschland Aufnahme zu finden. Allerdings bietet Österreich nicht dieselbe Möglichkeit, da hier zwischen Landlern und anderen in Rumänien lebenden Menschen kein Unterschied gemacht wird. Diese Differenzierung trifft gerade Landler, da sie sich als Nachfahren protestantischer Oberösterreicher sehen.
Auch Rumänen versuchen zunehmend, eine deutsche Herkunft zu konstruieren, um nach Deutschland emigrieren zu können. So wurde mir von einem jungen Mann erzählt, der nach Deutschland auswandern will und zu diesem Zweck behauptet, er habe eine bukowina-deutsche Großmutter. Und ein Sachse, der eine Rumänin geheiratet hat und mit ihr Kinder hat, die allerdings Deutsch sprechen, will mit der Familie nach Deutschland, obwohl seine Frau nicht Deutsch spricht. Sie versteht Deutsch, sie antwortet aber auf Rumänisch. Nun sollen die Kinder sich bemühen, ihr deutsche Wörter beizubringen.

Da nun die Auswanderung als etwas Endgültiges begriffen wird, als ein Hinausgehen in eine fremde Welt, von der es keine Rückkehr gibt, wird der Abschied auch entsprechend gefeiert. Allerdings werden die mit den Auswanderern feiernden Dableibenden immer weniger. Um Abschied von jungen Landlern zu nehmen, treffen sich die jungen Leute Großpolds. Im Haus eines der Burschen bereitet man etwas zum Trinken vor, Brötchen werden gestrichen, und man wünscht dem Wegziehenden viel Glück. Auch die Älteren setzen sich mit den alten Freunden zu einem letzten Umtrunk zusammen. Jedoch in der letzten Zeit, in der Zeit nach der Revolution, hat das Interesse an Abschiedsfeiern nachgelassen. Von einigen ausreisenden Landlern weiß ich, daß sie, nachdem sie für ihr Haus einen Verwalter bestellt hatten, bei Nacht und Nebel in die Weite gezogen sind. Auch im Abschiednehmen ist ein Wandel eingetreten, den ein Landler so illustriert: „Wie die ersten weg sind, hat man etwas Abschied gefeiert. Jetzt hat keiner mehr Zeit dazu. Damals hat man die Verwandten und die Freunde zusammengerufen. Man hat ein Essen gekocht, hat getrunken und sich verabschiedet."
Dem Wegziehenden wünschte man Glück und ließ ihn auch wissen, daß man selbst bald einmal nachkommen werde. Aber auch Lieder sang und singt man beim Abschied. Meist sind es drei – „alle guten Dinge sind drei", meinte ein Landler. Und als ich fragte, welche Lieder üblicherweise gesungen wurden, nannte man mir „Wahre Freundschaft", „So schön wie heute" und „Die Heimat sollst du nie vergessen".
Der jüngere Landler, der sich in Deutschland oder Österreich niedergelassen hat, behält seinen Kontakt zu den Verwandten und Freunden in Großpold bei und tritt auch in der neuen Heimat mit Landlern in Verbindung. Es gibt Siebenbürger Verbände, in denen einander die Auswanderer treffen. Trotz des neuen, mitunter bequemeren Lebens bewahren sich manche Landler eine tiefe Beziehung zur alten Heimat, überhaupt dann, wenn sie als Auswanderer, bevor sie eine neue Heimstätte gefunden haben, zunächst in Deutschland in einem Lager zu leben haben. Dazu eine Landlerin, die mit aus-

gewanderten Landlern in Briefkontakt steht: „Sie schreiben, es geht ihnen sehr gut, und es ist sehr schön. Aber Heimat haben sie keine mehr." Und als ich wissen wollte, was sie unter Heimat verstehe, antwortete sie mir: „Heimat ist dort, wo man geboren ist und wo man sich zu Hause fühlt. Unlängst schrieb mir eine Frau: ‚Wir sind entwurzelt und heimatlos.' Diese Frau, sie ist nicht alt, wohnt nun in einem deutschen Lager." Auf meine Frage, warum solche Landler dann nicht zurückkehrten, meinte sie: „Zurück ist noch niemand gekommen. Die Leute sind entwurzelt und haben Heimweh, aber zurück ist noch niemand gekommen. Das ist so, wie wenn man sagt: Der Wein ist sehr gut, aber bitte bringen sie mir keinen mehr."

Auf die besondere Bindung zur alten Heimat weist auch hin, daß ein junger Landler, der bereits Ende der siebziger Jahre nach Deutschland ausgewandert ist, seine Hochzeit in seinem Heimatdorf feierte. Seine Auserwählte war eine Landlerin, die er näher erst in Deutschland kennengelernt hatte. Die Hochzeit wurde zu einem großen Ereignis, an dem das ganz Dorf teilnahm. Und die Mutter zeigte mir stolz die Fotos von den Feierlichkeiten.

Interessant ist in diesem Zusammenhang auch, daß einige Landler, wenn es ihnen möglich ist, in Deutschland Mitglieder der Familie weiterhin um sich versammeln.

In meinen Gesprächen wurde mir aber auch klar, daß die Auswanderung auch ein psychisches Problem darstellen kann, allerdings nicht für jeden, wie der zurückgekehrte Lehrer analysierte: „Ich war während meiner Zeit in Deutschland viel mit Siebenbürgern zusammen. Denjenigen, die mehr materiell eingestellt sind, gefällt es sicherlich eher in Deutschland. Überhaupt wenn man fleißig ist, und die Deutschen sind im allgemeinen fleißig und ehrgeizig. Wenn es ihnen materiell etwas besser geht, können sie sich so manchen Wunsch erfüllen. Ist jemand ein Gefühlsmensch, so hat er es unter Umständen schwer in Deutschland. Auch unter Jugendlichen gibt es solche Leute, die es nicht leicht haben. Ich war eine Zeit Landesjugendreferent der siebenbürgischen Landsmannschaft in Hamburg und Schleswig-Holstein. Dadurch hatte ich einen guten Kontakt zu vielen Jugendlichen. Ich habe bald gemerkt, daß manche litten. Einige äußerten sich frei darüber, andere drückten es in sich hinein. Aber es ist schwer, wieder zurückzukommen."

Ein Brief aus dem Jahre 1784

Die jungen Landler wollen weg. Sie erzählen bei ihren sporadischen Besuchen in der alten Heimat von den Schönheiten, die sie in Deutschland erleben. Oder sie schreiben nach Hause, wie wohl sie sich fühlten, und man solle nachkommen. Sie schreiben aber nicht von den Problemen und Mühen, die auf den Einwandernden in Deutschland oder Österreich warten. Ähnlich taten dies wohl auch die im 18. Jahrhundert nach Siebenbürgen umgesiedelten Landler, die froh waren, wenn protestantische Verwandte und Bekannte aus Oberösterreich und Kärnten ihnen folgten. Auch sie warnten nicht vor den Plagen und Ärgernissen. Darauf geht ein Brief eines Landlers mit Namen Urban Ganßlmayr vom 28. August 1784 aus Hermannstadt an den Leinweber Johann Hofstätter in Tastelberg ein.
In diesem Brief heißt es: „Es werden auch einige an ihre Freunde hinausschreiben von ihrem guten Wohlstand und daß sie mehr Wein als Wasser trinken, bedenken aber nicht, daß auch viele Arme hier sind, welche recht kümmerlich leben müssen."[33] Ähnliche Situationen könnten auch heute möglich und Menschen enttäuscht sein, wenn sie dem Ruf nach dem Westen folgen und nicht jene Erfolge haben, die sie sich erträumt haben.

Der Rückkehrer als Versager

Von demjenigen, der auswandert, wird erwartet, daß er sich bewährt und Erfolge feiert. Ein Rückkehren würde demgemäß als Kapitulation gewertet werden und den Rückkehrer als jemanden ausweisen, der „es nicht geschafft" hat. Der Rückkehrer wird somit als Versager angesehen und als jemand, der in Deutschland nicht bestehen konnte. Im deutschen Mutterland integriert und akzeptiert zu werden, gilt als höchst ehrenvoll.

Als ich nach Siebenbürgen fuhr, saß bei mir im Abteil ein junger, ungefähr zwanzig Jahre alter Mann, der vor einigen Monaten nach Deutschland ausgewandert war und jetzt seine Jugendfreunde in Siebenbürgen besuchen wollte. Bei der Paßkontrolle an der ungarisch-rumänischen Grenze zeigt er dem Zollbeamten mit sichtlichem Stolz seinen neuen deutschen Reisepaß mit dem rumänischen Visum, für das er immerhin 40 DM hatte bezahlen müssen. Mir erzählte er nachher, er hätte auch seinen alten, noch gültigen rumänischen Paß bei sich, doch den wolle er nicht vorzeigen. Ihm war es offensichtlich wichtiger, seine deutsche Identität hervorzukehren, als beim Visum zu sparen. Auf seinen deutschen Paß ist er stolz, denn mit Deutschland verbinden sich für ihn Erfolg und eine heile Welt. Er reist wieder nach Deutschland zurück. Er ist kein Rückkehrer, denn als ein solcher würde er dokumentieren, daß er erfolglos war.

Mit einem solchen Rückkehrer ein längeres Gespräch zu führen, hatte ich einmal die Gelegenheit. Er ist ein siebenunddreißigjähriger Lehrer an der Schule in Großpold. Zuvor hatte ich bereits mit einem anderen jungen Lehrer gesprochen, der demnächst auswandern will. Diesem Lehrer fehlte es an nichts, er verfügte über einen Computer und besaß ein Auto, welches er aus Deutschland eingeführt hatte. Dennoch will er auswandern, und er verstand seinen Kollegen nicht, der wieder zurückgekehrt war. Ihm käme dies geradezu als abnormal vor: „Wahrscheinlich hat er ein solches Vertrauen in

dieses Dorf. Er ist ein Fanatiker. Er ist mit Frau und Kind zurückgekommen und hat gesagt, er braucht keinen Gehalt und kein Kindergeld."
Der zurückgekehrte Lehrer empfing mich in einem alten Klassenzimmer und führte aus: „Obwohl es bekannt ist, daß meine Frau und ich erfolgreiche Studien an der Universität abgelegt haben und gute Posten hatten, versteht man uns nicht. Es ist ein Schritt in die andere Richtung. Das ist sicher etwas Besonderes. Die meisten wandern ja aus. Wenn jemand es für richtig ansieht, dann soll er auswandern. Man sollte niemanden davon abhalten. Ich möchte keinem raten, hierzubleiben. Ich möchte aber auch niemandem raten, wegzufahren. Es gibt Siebenbürger, die bereits ausgewandert sind und die ihren Verwandten geraten haben, abzuwägen, bevor sie alles aufgeben. Mancher wurde schon von seiner Verwandtschaft gewarnt.
Durch uns Rückkehrer aber fühlt sich mancher, der ausreisen will, verunsichert und angegriffen. Das spüren wir. Ich hatte meine Frau schon gekannt, bevor wir wegzogen aus Siebenbürgen. Es ist nicht bloß Heimatliebe, die uns veranlaßt hat, zurückzukehren. Sondern das Gefühl, gebraucht zu werden. Irgendwo kann man ja helfen, mehr oder weniger. Hier kenne ich die Problematik und die Mentalität der Zigeuner, der Rumänen, der Ungarn und der Deutschen. So eine Rückkehr ist nicht leicht. Wenn ein einfacher Bürger wieder nach Siebenbürgen zurückkehrt, so kann es sein, daß er von seiner Verwandtschaft verhöhnt und verlacht wird. Man gilt dann als jemand, der es nicht geschafft hat. Es ist eine Schande. Wir haben das auch in der eigenen Familie ziemlich stark verspürt, als wir zurückkamen. Das war fast das Schwierigste. Oft wurden wir angegriffen.
Ich habe mich nach meiner Rückkehr um eine Arbeit umgesehen. Sofort habe ich erfahren, daß hier in der Schule Lehrer fehlen. Im Moment ist die Tätigkeit als Lehrer die dringendste. Ich habe in Hermannstadt die pädagogische Schule besucht, aber nicht voll. Und außerdem habe ich in Deutschland Siebenbürger Kindern Nachhilfeunterricht erteilt. Sogar in

Irland war ich einige Monate Lehrer. Ich habe also als Lehrer Erfahrung. Hier unterrichte ich vier Klassen gleichzeitig. Wie lange ich das machen werde, weiß ich noch nicht. Vielleicht fünf oder zehn Jahre. Neue Aufgaben kommen hier auf die Deutschen zu. Viele werden aber noch auswandern."

Dieser Lehrer, ein liebenswürdiger und weitherziger Herr, ist der einzige Rückkehrer, der mir bekannt ist. Ich entdeckte an ihm einen großen Horizont des Denkens. Als ich ihm einige Geschenke, wie Schokoladen und Bäckereien, für ihn und seine Familie übergeben wollte, lehnte er mit den Worten ab, die Zigeuner und Rumänen hätten solche Unterstützung notwendiger, sie würden ob solcher Geschenke mich sogar umarmen. Ich hielt mich an seinen Rat.

Dieser Lehrer zeigte mir also auf, daß die Landler eben durch Lieferungen aus Österreich und Deutschland kaum Versorgungsprobleme haben, im Gegensatz zu Rumänen und Zigeunern. Er unterstrich damit die obige Überlegung, daß es nicht ein bloßer Mangel an Gütern ist, der die jungen Leute in die Ferne treibt. Es ist Deutschland, wie seinerzeit Amerika, welches dem jungen unternehmungslustigen Menschen Möglichkeiten anbietet, um zu Erfolg zu gelangen und Karriere zu machen. Ein Rückkehrer paßt nicht in das Bild des Landlers, der selbst in das Land der vielen Möglichkeiten aufzubrechen gedenkt.

Ich befragte ihn über seinen Entschluß zur Rückkehr. Er erzählte: „Meine Frau, auch eine Siebenbürgerin, und ich waren in Deutschland auch sehr zufrieden. Der Entschluß, wegzufahren, kam nicht sofort. Es ging über Jahre. Der Entschluß war schon vor der Revolution da. Daß nach der Revolution nur langsam die Zustände sich hier ändern, hat auch seinen Vorteil. Im Moment schaut es hier nicht rosig aus. Es ist schlechter geworden. Ich werde hier genauso bezahlt wie die anderen Lehrer. Von Deutschland gibt es keine Unterstützung. Es gibt Lehrer hier, ihnen bezahlt man von Deutschland den Gehalt. Ich bin nicht zurückgekommen, um mich zu bereichern. Man hat mich schon genug kritisiert, weil ich zurückkam. Zum Teil verstehe ich meine Kritiker. Sie sehen alles mit anderen Augen. Ich wohne hier in einem Haus, dessen Besitzer ausgewandert ist, zur Miete. Ich bin der Verwalter. Wir sind erst seit drei Monaten da. Vorher hatte ich schon Kontakt mit den Leuten hier."

Der Rückkehrer wird belächelt, er wird zum Sonderling gemacht, und ein Hauch von Schande umgibt ihn.

Er paßt nicht ins Bild. Man versteht nicht, daß er vom Schlaraffenland Deutschland nach Großpold zurückgezogen ist, um sich hier den Menschen zu widmen. Vor allem die Jungen stehen ihm skeptisch gegenüber und wundern sich über ihn, denn sein Handeln ist geradezu als Auflehnung gegen den Drang nach Auswanderung aller anderen Großpolder zu sehen. Es wird als Beleidigung derjenigen aufgefaßt, die es in die Ferne zieht. Das ahnt der Lehrer auch und bemüht sich, jener Sogwirkung zu trotzen, die von den Ausgewanderten und Auswanderern auf die noch zögernden Landler ausgeübt wird. Allerdings hat er gegenüber allen anderen den Vorteil, daß er Deutschland und die Welt kennt. Sein Horizont hat sich in den Jahren in der Fremde erweitert, und er bringt ein weites Herz mit, um sich in Großpold den Kindern widmen zu können. Seine Lehrerkollegen wundern sich dennoch – und wandern aus. Sie sagen – ebenso wie auch andere Landler –, sie würden vor allem wegen ihrer Kinder wegziehen, damit diese ihr Deutschtum bewahren könnten. Sie wollen weg aus einer Welt, in der sie und ihre Vorfahren es nicht immer leicht hatten und in der sie eingeengt waren. Sie wollen hinaus und die neue Freiheit kosten, die sie mit Deutschland verknüpfen.

Die Auswanderung wurde zu einer Sache beinahe aller Landler. Einer zieht den anderen nach und versucht, ihm das neue Leben in einem anderen Land, zu dessen Symbolen auch Kaugummi und buntes Nachtleben gehören, schmackhaft zu machen. So werden sie immer weniger, die Landler und Sachsen in Siebenbürgen. Die Hoffnung, zu gutem Geld zu kommen, treibt sie hinaus. Und sie sehen nicht, daß auch in Deutschland und Österreich Probleme auf sie warten. Sie nehmen es in Kauf, einen schönen Hof, den sie um höchstens

3 000 DM verkaufen können und der den Fleiß, die ganze Kraft und das Hoffen ihrer Vorfahren symbolisiert, zu verlassen oder ihn einem Verwalter zu unterstellen, der die verlangten Steuern zu zahlen hat (in welchem Fall sie Anspruch auf einen Lastenausgleich in Deutschland haben).

Es schaut traurig aus in Großpold. Dies denken wir, der Herr Piringer, mit dem ich ein Glas Wein trinke, und ich. Auch erwähnen wir, daß Deutschland sich mehr anstrengt, um den Landlern zu helfen, als die Österreicher, die eigentlich ein gewisses Maß an Verantwortung für diese Menschen tragen, denn schließlich waren es österreichische Regenten, wie Maria Theresia, die sie aus Oberösterreich, der Steiermark und Kärnten ausgewiesen haben. Österreicher statten Großpold regelmäßig Besuche ab. Herr Piringer meint: „Ich bin überzeugt, die würden uns nicht verhungern lassen. Wir haben aber unser Auskommen hier, eine Rente. In Österreich, der Heimat unserer Vorfahren, verweigert man uns aber eine Rente, im Gegensatz zu Deutschland. Man sollte mit uns Landlern eine Ausnahme machen. Wir sind keine Fremden in Oberösterreich, von woher meine Vorfahren kommen."

Herr Piringer gießt in mein Glas jungen Hofwein ein, auch sich selbst gießt er nach. Dann prosten wir einander zu. Wir beide sagen: „Es lebe Oberösterreich!"

Abschied

Mir jedenfalls hat Großpold gefallen, und ich hege die stille Hoffnung, daß die Kultur der alten Landler doch nicht ganz verschwindet.

Für mich als Forscher tat sich in Großpold eine Welt auf, die mich faszinierte, eine Welt, in der man nicht Geld anhäuft und nach eitlem Ruhm strebt. Mir imponierte die Bescheidenheit, die den echten Landler auszeichnet, wenn er geruhsam seinen Pflichten auf dem Hof, dem Feld und in der Kirche nachkommt. Daneben weiß man sich jedoch auch, die Zeit zu nehmen für Lustigkeit und einen guten Schluck Wein. Die Großpolder wie die anderen Landler verdienen es, daß man sich ihrer erinnert.

Als ich meinen Abschiedsbesuch im November 1990 bei Familie Pitter machte, lud man mich zu einem guten Wein ein. Frau Pitter verehrte mir einen wunderbaren, selbstgewebten Fleckerlteppich, ein weit über 80 Jahre altes handgewebtes Bauernhemd und eine ebensolche Unterhose mit langen Beinen. Der Teppich ziert, wie ich oben schon erwähnt habe, heute den Boden meiner Studierstube, und die beiden musealen Wäschestücke liegen in meiner Vitrine. Herr Pitter überreichte mir schließlich einen aus Treben und Zwetschken selbstgebrannten Schnaps. Jeweils ein Stamperl von diesem Schnaps erhalten bei besonderer Gelegenheit meine Freunde. Ich freute mich darüber sehr und kündigte an, bald wieder nach Großpold zu kommen.

Von Herrn Lassner, bei dem ich einen schönen Nachmittag verbracht habe, erhielt ich eine Flasche Wein, den er selbst gekeltert hatte.

Als er mir den Wein überreichte, meinte er, dies wäre sein „Leichenwein", der beste Wein in seinem Keller, den er für den Fall seines plötzlichen Todes für seine Freunde aus der Nachbarschaft vorbereitet hat. Der Tod gehört bei den Landlern zum Leben, und es ist im Sinne des Toten, wenn seine Verwandten und Freunde auf sein Gedenken seinen besten

Wein trinken (s.o.). Ich nahm diesen hervorragenden Wein nach Wien mit, wo ich ihn auf das Wohl des Gott sei Dank noch sehr munteren Herrn Lassner trank.
Auch Herr und Frau Piringer, liebenswürdige Menschen, mit denen ich schöne Gespräche geführt habe, steckten mir eine Flasche Wein und etwas Proviant für die Rückfahrt zu.
Ihnen allen sei gedankt, aber auch meinem Freund Martin Bottesch aus Mühlbach, der mich zum Zug in Alba Julia brachte und so lange auf dem Bahnhof wartete, bis ich sicher im Waggon des Orientexpreß meinen Platz gefunden hatte.
Ich habe während meines Aufenthaltes in Siebenbürgen viel gelernt und erfahren, von Menschen in einer faszinierenden alten Kultur, die es bald nicht mehr geben wird, der ich aber Respekt zolle. Einiges an dieser Kultur der Landler habe ich sogar liebgewonnen.
Ich habe jedoch auch gesehen, wie sehr es Menschen heute nach dem Eldorado im Westen zieht, in das Land, wo vermeintlich Milch und Honig fließen und wo das Gold auf der Straße zu liegen scheint.

Ein Jahr danach – Ein Nachtrag

Ungefähr ein Jahr nach meinem Forschungsaufenthalt in Großpold fuhr ich im September 1991 wiederum nach Siebenbürgen zu den Landlern. Diesmal gemeinsam mit meinem Sohn in dessen Auto. Er chauffierte mich schonungsvoll. Dafür sei ihm gedankt. Wir hatten das Auto genommen, um einige Dinge, wie Babywäsche und andere Sachen, die in Rumänien vonnöten sind, zu transportieren. Frau Anneliese Pitter, die mir bei meiner Studie im letzten Herbst bereits sehr behilflich gewesen war, empfing uns freundlichst in Großpold, ebenso ihr Herr Gemahl, der auf unser Wohlsein guten Landlerwein aus dem Keller holte. Beide stellten uns das an der Hauptstraße nach Mühlbach gelegene Haus und den Hof ihres mit seiner Familie bereits nach Deutschland ausgewanderten Sohnes zur Verfügung. Wir richteten es uns gemütlich ein und verbrachten anregende Tage auf dem schönen Hof mit seinem romantischen, verschwiegenen Örtchen, das wir Österreicher als Plumpsklo bezeichnen. Dieses erinnert an alte Zeiten und ist Symbol für eine bäuerliche Kultur, die noch kein Kanalsystem kennt und in der Menschen Wasser für andere Dinge verwenden als für Klosetts. Mein Sohn meinte übrigens, daß auch mittelalterliche Könige solche Örtchen aufgesucht hätten, wir würden uns demnach also in der besten Tradition befinden.

Frau Pitter sorgte freundlichst für uns. Sie wagte es sogar, mit uns beiden eine Wanderung auf den sogenannten Kalkstein, einen dichtbewaldeten Hügel mit einer Kalkfelswand, zu unternehmen. Dieser Kalkstein ist ein Einsprengsel im für diese Gegend charakteristischen Schiefergestein. Von ihm holte man sich früher den für den Hausbau notwendigen Kalk, der unweit dieses Felsens gebrannt wurde. Bei dieser Wanderung verirrten wir uns übrigens und konnten so die prachtvolle Landschaft um Großpold noch intensiver genießen.

Die Zahl der Landler war in Großpold während des letzten

Jahres erheblich zurückgegangen. Im Jahr 1989 gab es noch ungefähr 1 600 Landler in Großpold, im Januar 1991 nur mehr 600, und im September darauf sank die Zahl sogar auf 200, meist alte Leute, die allerdings in Großpold keine Zukunft für sich sehen und merken, wie ihre alte Landlerkultur verschwindet.

Die Abwanderung ist wie eine Seuche, meinen manche Landler. Die Alten, die ohne ihre Kinder und Verwandten nicht leben können und wollen, ziehen auch fort. Es ist ein Prozeß, der nicht zu stoppen ist. Ich selbst wurde Zeuge, wie zwei Autobusse mit auswanderungswilligen jungen Landlern Großpold verließen. Bemerkenswert war für mich, daß auf beiden Autobussen Reklametafeln einer großen deutschen Sportschuhfirma prangten, Symbole einer westlichen Konsumkultur.

Eine alte Frau sagte traurig zu mir, unter diesen Abwandernden seien ihre Kinder gewesen. Frau Pitter erzählte mir, als ihr Bruder für immer nach Deutschland abfuhr, hätte er, den sie niemals weinen gesehen hatte, geweint.

Zu den wenigen, die noch nicht ihr Haus und ihren Hof aufgeben wollen, gehören Frau und Herr Pitter, obwohl ihre vier Kinder bereits in Deutschland Heimat und Arbeit gefunden haben. Frau Pitter telefoniert oft mit ihnen und freut sich, wenn sie zu Besuch nach Großpold kommen. Dies tun sie auch. Frau Pitter versteht es, einen engen Kontakt zu ihren Kindern aufrechtzuerhalten. Dies gelingt aber nicht jedem. Wie ihre Zukunft aussehen wird, weiß sie noch nicht. Sie fügte aber hinzu: „Solange meine Kinder auf Besuch kommen, bin ich froh. Wir müssen das Unvermeidliche in Würde tragen." Und eine andere Landlerin ergänzte: „In Siebenbürgen haben wir es schwer, weil die Jungen weg sind. In Rumänien haben sie keine Zukunft. Wer einmal weg ist, der kommt nicht mehr zurück. Es ist sehr schade, daß die Jungen auswandern, sehr schade. Die Alten sterben weg. Bei uns ist nichts mehr los. Wir hatten einen Lehrer aus Deutschland, doch der ist wieder weg, wie er gesehen hat, daß hier nichts mehr geht."

Es ist nicht einfach, die alte Heimat aufzugeben und sich eine neue zu suchen. Eine alte Landlerin, deren Kinder bereits in Deutschland leben, formulierte dies so: „Wir haben gearbeitet und uns keinen Urlaub gegönnt. Und jetzt sollen wir alles liegen und stehen lassen und mit den Koffern wegfahren. Da sind wir genau dort, wo wir vor 40 Jahren waren. So einen Hof und ein Haus, wie wir jetzt haben, die muß man sich oben in Deutschland erst einmal verdienen." Sie fügte noch hinzu: „Die Jugend, die uns unterstützen soll, ist schon weg. Dafür sind Rumänen bereits auf einigen Höfen. Sollen wir für die Rumänen den Hof halten?"

Die Alten spüren, eben weil es die Jungen wegzieht, daß ihre Heimat verlorengeht, denn eine Heimat ohne Kinder ist für sie keine Heimat. Herr Reisenauer aus Neppendorf meinte: „Ich habe einen großen Garten und bekomme hier in Rumänien eine Rente. Aber die Seele ist nicht zufrieden. Unsere Kultur ist zusammengebrochen." Und weiter führt er aus: „Wir suchen eine neue Heimat, nicht bloß den Wohlstand. Not haben wir ja keine. Wer weiß, wie lange ich es noch hier in Neppendorf aushalte. Wir können unsere Kultur nicht mehr halten. Es ist aus."

Herr Reisenauer hat mit seiner Frau die Absicht, ehebaldigst seinen Kindern, die in Goisern wohnen, nachzufolgen. Bei seinen Kindern, mit denen ich in Goisern gesprochen habe (s.u.), sieht er Heimat und Zukunft.

Es sind die Bilder und Briefe aus Deutschland, die den Zurückgebliebenen das Leben etwas leichter machen. Als ich mit alten Frauen vor ihren Häusern auf der stark befahrenen Hauptstraße des Dorfes, die nach Mühlbach führt, sprach, wurde ich Zeuge einer interessanten Begebenheit. Von der gegenüberliegenden Straßenseite kam eine alte Frau herüber. In der Hand hielt sie wie einen Schatz ein Bild, das sie nun voll Stolz den alten Frauen zeigte. Auf dem Bild war ein Hochzeitspaar zu sehen: ihr Enkel mit seiner Braut, die ebenso wie er aus Großpold stammt. Neugierig und wohlwollend lächelnd besahen die Landlerinnen das Bild und freuten sich mit der Frau.

Frau Pitter führt ein Album, in dem Bilder, Briefe und Karten ihrer Kinder liebevoll aufbewahrt werden. Sie demonstrieren, daß ihre Kinder es geschafft haben und ein zufriedenes Leben führen. Dennoch erscheint den alten Landlern das Leben in der Fremde ungewiß. In diesem Sinn meinte eine Landlerin: „Hier in Rumänien sind wir die Deutschen, und in Deutschland sind wir die Rumänen." Trotz solcher pessimistischer Gedanken, die vielleicht das eigene Zögern bei der Abreise rechtfertigen sollen, lassen sie sich nicht abhalten, ihre Höfe zu verlassen.

Man nimmt den Aufenthalt in deutschen Aufnahmelagern für eine Zeit geradezu als Übergangsritual in Kauf.

Und ein solcher Aufenthalt wird von bereits Ausgewanderten, die ich in Großpold und Neppendorf sprechen konnte, keineswegs als abschreckend, wie ihn vielleicht ein paar zurückgebliebene Alte sehen wollen, beschrieben. Das Leben im Aufnahmelager wird zu einem Ritual, das man über sich ergehen lassen muß, um in ein anderes Leben eintreten zu können. Es wird auf diese Weise zu einem Übergangsritual, für das es typisch ist, daß es mit Mühen verbunden ist, gleich einem klassischen Mannbarkeitsritual. Eine neue Situation und ein neuer gesellschaftlicher Standort werden rituell abgesichert. Ein junger, bereits ausgewanderter Landler meinte: „Mich hat das Lagerleben nicht gestört. Ich habe gewußt, wenn ich von hier weg bin, daß ich durch das Lager muß. Jetzt fühle ich mich in Deutschland wohl. Ich habe meinen Beruf als Lastwagenchauffeur. Damit bin ich zufrieden."

Das Lager ebnet den Weg in eine neue Heimat und bekräftigt die Distanz zu der alten.

Bemerkenswert ist, daß nicht wenige – vor allem ältere – Landler, auch in Großau und Neppendorf, in ihren Häusern rumänische Verwalter eingesetzt haben. Man vermietet die Häuser samt Hof und Garten, um so, wie ich es deute, zumindest symbolisch einen weiteren Bezug zur alten Heimat zu haben. Verkaufen wollen sie die Häuser nicht, denn man bekomme ohnehin nicht viel für sie, und mit diesem Geld könne man auch nichts anfangen.

Außerdem wollen sie die Brücken nicht endgültig abbrechen und das Gefühl haben, ab und zu hierher wieder zurückkehren zu können. So wie ein älterer Landler aus Neppendorf, den ich in seinem Haus aufsuchte. Er ist schon lange ausgewandert und bloß auf Besuch in seinem Dorf. Er hat das Haus an Rumänen vermietet und ist froh, wie er meint, in Deutschland zu sein, denn in Siebenbürgen gebe es keine Zukunft.

Trotz der Distanz und des neuen Lebens bleibt für nicht wenige Landler ein Bezug zur alten Heimat bestehen. Der Heimat soll demonstriert werden, daß man in der Fremde „etwas geleistet“ hat. Ein wichtiges Symbol dafür ist das Auto, mit dem junge Landler auf Besuch dröhnend und schnell und mit deutschen Kennzeichen durch die Ortschaft fahren.

Die ausgewanderten jungen Landler suchen den Kontakt zueinander und sind dankbar, Kollegen zu finden, die denselben kulturellen Hintergrund und dieselben Probleme haben. Es ist daher in gewisser Weise konsequent, wenn Landler ihre Partner aus ihrem Kreis suchen. Dies wurde mir bewußt durch die Hochzeitsbilder, die mir Landler in Großpold von ihren Kindern zeigten. Entweder war das Paar gemeinsam als Unverheiratete ausgereist und heiratete in Deutschland, oder es fand dort zueinander.

Hochzeitsbilder dieser Art zieren die Stuben der Landler. Eine Landlerin unterstrich meine Überlegung: „Sie kommen ja nicht an die Einheimischen in Deutschland oder Österreich.“ Man rechnet also mit einer gewissen sozialen Isolation. Die alte Heimat greift in die neue hinein.

Um zu erkunden, wie ausgewanderte Landler in Österreich leben, hatte ich mich bereits im August 1991 mit dem Fahrrad nach Goisern in Oberösterreich begeben, wo ich mit Landlern aus Neppendorf ins Gespräch kommen konnte. In Gschwandt bei Goisern in einem Jugendheim haben Herr und Frau Reisenauer, junge Leute mit einem kleinen Kind, eine schöne Bleibe gefunden. Frau Reisenauer besorgt das Heim und kocht für die Gäste. Sie ist eine hervorragende Köchin. Das merkte ich, als sie mich zu einem Kaiserschmarrn einlud. Herr Reisenauer ist in einer Goiserer Elektrofirma beschäftigt. Beide scheinen sich hier in Goisern wohlzufühlen. So meinte Frau Reisenauer: „Ich fühle mich hier in Goisern zu Hause. Ich habe kein Heimweh, in Siebenbürgen sind schon fast alle Verwandten weggewandert. Wir hatten großes Glück. Meine Mutter ist noch in Neppendorf. Einmal im Jahr kommt sie für ein paar Wochen hierher. Öfter kann sie sich's nicht leisten, denn die Bahnfahrt ist sehr teuer."

Herr Reisenauer war bereits 1989, schon vor der Revolution, auf abenteuerliche Weise mit einem Freund in einem Güterwaggon nach Österreich geflüchtet. Er erzählt: „An der österreichischen Grenze haben wir geklopft. Die Bahnbeamten haben uns herausgelassen und wollten jemanden holen, der Rumänisch kann, denn der Zug war aus Rumänien. Wir haben ihnen gesagt, daß wir geflohen sind. Darauf haben die verwundert gesagt: Das sind welche, die Deutsch sprechen. Man hat uns dann in das Flüchtlingslager Traiskirchen gebracht. Dort blieben wir zehn Tage, bis sie gesehen haben, daß wir keine Verbrecher sind. Dann fuhren wir zu Verwandten meines Freundes nach Hallein bei Salzburg. Eine Verwandte brachte mich dann nach Goisern, wo mein Vater bereits einige Leute kannte, die uns einmal in Neppendorf besucht haben. Er stand mit ihnen in Briefverkehr. Zunächst fuhr ich aber nach Deutschland, denn dort erhielt ich ohne Probleme die deutsche Staatsbürgerschaft. Die rumänische mußte ich aufgeben. Wegen einer Arbeit kam ich dann wieder nach Goisern. Dort stellte man mich in der Elektrofirma an, in der ich jetzt arbeite. Nun wurde ich als Landler österreichischer Staatsbürger. Die deutsche Staatsbürgerschaft mußte ich jetzt aufgeben. Dann holte ich meine Frau herauf."

Als Landler aus Neppendorf hatte er keine Probleme, die österreichische Staatsbürgerschaft zu erhalten. Die oberösterreichische Landesregierung sah es sogar als historische Schuld gegenüber den vor über zweihundert Jahren wegen ihres Glaubens vertriebenen Landlern, sich um sie zu kümmern. In einem feierlichen Akt in Linz erhielten daher auch einige

junge Landlerfamilien die österreichische Staatsbürgerschaft. Die Zeitungen berichteten darüber, und Oberösterreich war stolz, Landlern geholfen zu haben. Unter den jungen Leuten, die feierlich die österreichische Staatsbürgerschaftsurkunde überreicht erhielten, befand sich auch die Tochter von Frau Pitter mit ihrem Mann und ihrem Kind. Stolz hatte mir Frau Pitter den Zeitungsartikel über diesen feierlichen Akt mit einem Bild von ihrer Tocher mit dem Kind im Arm gezeigt.
Da das österreichische Gesetz die Landler ansonsten mit eingewanderten Ausländern gleichsetzt, ist es nicht einfach für sie, die österreichische Staatsbürgerschaft zu erhalten.
Um sie ihnen dennoch problemlos geben zu können, griff man zu einem Trick. Nach dem Gesetz erhält ein Ausländer die österreichische Staatsbürgerschaft dann unbürokratisch und sofort, wenn er sich einen großen Verdienst, wie einige Oberösterreicher meinen, um Österreich erworben hat. Und die Landler haben ihren Verdienst, weil sie sich über Jahrhunderte die alte österreichische Kultur bewahrt haben.
Der Kontakt der Landler zu Oberösterreich und auch Kärnten wird zumindest seit der Revolution verstärkt.
Goiserer waren auch schon mit einem Autobus nach Neppendorf gekommen, wo es ein wehmütiges Erinnern an eine gemeinsame Vergangenheit gab. Sie besuchten die Kirche, und Herr Reisenauer, der Vater des nach Goisern ausgewanderten Herrn Reisenauer, hielt eine Rede im landlerischen Dialekt. Das in einem Nebenraum der Kirche Neppendorfs eingerichtete Heimatmuseum zeigt übrigens im Detail das Schicksal der Landler und die Wege, die sie nach Siebenbürgen führten. Die auf Goisern zurückgehende Tradition wird dabei genau festgehalten. Herr Reisenauer kann seinen Stammbaum, den er sorgfältig ausgearbeitet und in seinem Neppendorfer Haus hängen hat, bis in das 17. Jahrhundert und direkt nach Goisern zurückverfolgen. Er pflegt die Tradition der Landler von Neppendorf und zeichnet ihre gegenwärtige Geschichte handschriftlich auf.
Man ist stolz auf die revolutionäre und oberösterreichische Vergangenheit. Der junge Herr Reisenauer formulierte dies

so: „Als die Protestanten hier verfolgt wurden, mußten die Stursten der Sturen weggehen. Unsere Vorfahren haben gesagt: Aus uns macht ihr keine Katholiken, wir ziehen lieber weg von hier. Unten in Siebenbürgen sind wir eine deutsche Minderheit geblieben, als Altösterreicher. Ich bin stolz, ein Nachkomme dieser Leute zu sein. Bis auf den heutigen Tag beuge auch ich mich nicht." Er fügte hinzu: „Wenn jemand zu mir sagt, daß ich kein Österreicher sei, dann bekomme ich einen Zorn, das vertrage ich nicht. Seit meiner Geburt bin ich Landler, und dies will ich auch bleiben." Und er schließt seine Überlegung mit den stolzen Worten: „Ich bin ein Urgoiserer. Hier ist unsere Urheimat."

In den Bundesländern Oberösterreich und Kärnten, also den Ländern, auf die sich die Landler hauptsächlich zurückführen, gibt es eine Reihe von Aktivitäten, den Landlern in Siebenbürgen zu helfen. Ein ideales Ziel wäre für sie, die Landler in Siebenbürgen derart zu unterstützen, daß sie nicht wegziehen müssen und ihre Kultur weitertragen können.

Zu den Aktivitäten, die den Landlern helfen sollen, gehören nicht bloß Transporte mit Lebensmitteln und Medikamenten, sondern auch der Einsatz von Lehrern.

Während meines letzten Aufenthaltes in Großpold kamen drei Lehrer aus Oberösterreich in Großpold an. Das österreichische Unterrichtsministerium hatte die Lehrer für ein Jahr freigestellt, um in der deutschen Schule zu Großpold deutschsprachige Kinder unterrichten zu können.

Die Landler und Sachsen freuen sich, wenn aus Österreich Leute nach Siebenbürgen kommen. Einen unterhaltsamen Abend bereiteten ihnen etwa freundliche Sänger einer Studentenverbindung aus Graz, die – auch ich war Zuhörer – in der Kirche von Großpold einen prächtigen Liederabend inszenierten. Der Leiter dieser Gruppe, Herr Universitätsprofessor Dr. Reimann, hielt schließlich noch einen Vortrag über Erzherzog Johann. Es scheint allerdings, daß derartige Bemühungen, die wohl auch einem romantischen Gefühl des in der Ferne von Siebenbürgen weilenden Österreichers entspringen mögen, auf den jungen Landler nur wenig wirken.

Das Bemühen mancher österreichischer Gruppen, die alte Landlerkultur in irgendeiner Weise zu retten, ist wohl zum Scheitern verurteilt. Dennoch geben einige Landler die Hoffnung nicht auf. So auch Frau Pitter, die mit mir und meinem Sohn einen Plan zur Vermietung des leerstehenden Hauses ihres Sohnes an Österreicher, die an einer alten bäuerlichen Kultur mit all ihren Schönheiten und Mühen interessiert sind, ausheckte. Wir werden es versuchen. Aber dennoch, dies wurde mir deutlich, zeigt sich ein großer kultureller Wandel und ein Abgehen von alten Formen.

Rumänen sehen es mit Bedauern, daß „ihre Deutschen" das Land verlassen, und sie werden sich bewußt, daß Landler und Sachsen viel unter ihnen zu leiden hatten. Man gibt jenen, die man zur Zwangsarbeit in die Sowjetunion verschickte, heute eine Rente, man bietet den früher nach Deutschland Ausgereisten ihren alten Besitz, und man verspricht Wiedergutmachung für die Enteignung nach dem letzten Krieg. Der Redakteur der Bukarester „Neuen Literatur" Helmut Britz appellierte an die deutsche Regierung, durch einen Wandel der Politik die Menschen in Siebenbürgen von der Ausreise abzuhalten. Aber der Prozeß des Wandels und Niedergehens alten Kulturerbes scheint nicht zu stoppen.

Bei meiner Abreise gab mir Frau Pitter einige schöngestickte Tücher, für die man hier keine Verwendung mehr hat, mit. Auf einem ist der Spruch zu lesen: „Im Glück nicht jubeln, im Leid nicht klagen, das Unvermeidliche würdig tragen." In diesem Sinne sagte Frau Pitter beim Abschied, man müsse „dies alles, was sich heute bei den Landlern tut, mit Würde tragen".

Es ist ein Einblick in eine noch lebende, aber sich ihrem Ende zuneigende, bäuerliche protestantische Kultur, den ich hier zu geben versucht habe.

Die Landler bauen auf einer stolzen Kultur auf, nämlich einer Kultur der freien Leute, die allerdings eng mit der Geschichte der Sachsen verbunden ist. Die Sachsen kamen als freie Siedler nach Siebenbürgen und anerkannten keine Grundherrn, wie sie das alte Europa hatte. Insofern kann man – mit einer gewissen Großzügigkeit – die Sachsen, aber dann auch

die Landler als echte Uradelige ansprechen. Nämlich in dem Sinn, daß sie freie Leute auf einem freien Boden waren, denn das Wort Adel leitet sich vom altnordischen „odal“ ab, was soviel heißt wie eigener und freier Grundbesitz. Auf diese Tradition freier Leute könnten übrigens auch die zur Männertracht der Landler gehörenden Stiefel, alte Symbole der Herren, der Gegensatz zu den Bundschuhen der unfreien Bauern, verweisen.
Für die Kultur der Landler waren tiefe Frömmigkeit und gottgefällige Arbeit wichtig, aber auch der Glaube an das gelobte Land, den die Vorväter aus Österreich und Deutschland nach Siebenbürgen mitgebracht haben. Und diesen Traum vom gelobten Land wollen sie heute verwirklichen, indem sie ihre Heimat verlassen, auf der Suche nach einer neuen, freien(!) Heimat, die zugleich ihre alte ist.

Großpolderlied

1. Gibt es ein Fest zu feiern,
So sind wir all dabei,
Die Jungen und die Alten,
Mit Trommeln und Schalmei.
Ei so singen wir's Großpolderlied
's Großpolderlied, juchei!
Bei der Arbeit und beim Scherze,
Da sind wir all dabei.
2. Die Resi und die Mirl,
Die Kath und auch die Lies,
Ei fragt mal unsre Burschen,
Wie küssen die so süß.
Ei so singen ... (Ref.)
3. Und wenn Großpolder Burschen
Aufs Nachbardorf mal gehn,
Ei wie die schönen Mädel
Den Kopf nach ihnen drehn.
Ei so singen ... (Ref.)

4. Und unsre Adjuvanten,
Wie blasen die so schön,
Es klingt so hell und lieblich,
Wohl über Tal und Höhn.
Ei so singen . . . (Ref.)

5. Und weil man hier so fleißig
Ist, arbeitet und schafft,
So sei auch unserm Großpold
Ein dreifach Hoch gebracht.
Ei so singen . . . (Ref.)

6. In unsern Rockenstuben,
Da geht von früh bis spat
Bei unsern fleiß'gen Frauen
Das Zünglein und das Rad.
Ei so singen . . . (Ref.)

Anmerkungen

[1] Vgl.: Roland Girtler, Methoden der qualitativen Sozialforschung. Wien 1986

[2] Eine ähnliche Forderung hat bereits im letzten Jahrhundert der vagabundierende Kulturforscher W. H. Riehl gestellt (W. H. Riehl, Wanderbuch. Stuttgart 1903, S. 10). Auch er verband Fußwanderungen mit Forschungen.

[3] Ernst Wagner, Geschichte der Siebenbürger Sachsen. Innsbruck 1987, S. 15. Mit dieser Feststellung widerspricht Wagner früheren romantisch anmutenden Erzählungen, nach denen es über 300 000 deutsche Ansiedler gewesen sein sollen.

[4] a.a.O., S. 23f

[5] a.a.O., S. 24

[6] a.a.O., S. 19

[7] In der Rangfolge: Schäßburg, Mühlbach, Großschenk, Reußmarkt, Reps, Leschkirch und Broos.

[8] a.a.O., S. 53

[9] Vgl.: Norbert Hanrieder, Der oberösterreichische Bauernkrieg. Hrsg. vom Stelzhamer-Bund. Linz 1923 (1. Aufl. 1907), S. 12

[10] Julius Strnadt, Der Bauernkrieg in Oberösterreich. Wels 1924, S. 32

[11] a.a.O., S. 35ff

[12] a.a.O., S. 47f

[13] a.a.O., S. 56

[14] a.a.O., S. 97

[15] a.a.O., S. 105

[16] a.a.O., S. 19

[17] a.a.O., S. 120

[18] Erich Buchinger, Die „Landler" in Siebenbürgen. Vorgeschichte, Durchführung und Ergebnis einer Zwangsumsiedlung im 18. Jahrhundert. München 1980, S. 344.

[19] a.a.O., S. 261

[20] a.a.O., S. 417. Insgesamt waren es ca. 3 000 Österreicher, die wegen ihres Glaubens nach Siebenbürgen deportiert worden waren.

[21] Vgl.: Hans Hülber, Die Transmigration evangelischer Bauern aus dem Raum Pfarrkirchen–Bad Hall nach Siebenbürgen während der Herrschaft Maria Theresias. In: Oberösterreichische Heimatblätter; 1981, Heft 3/4, S. 172

[22] Vgl.: W. Schabus, Die Siebenbürger Landler im Auswanderungsfieber. Feldforschungsprojekt. Maschinegeschriebenes Manuskript. Wien 1990, S. 21.

[23] Strnadt, 1924, S. 128

[24] a.a.O., S. 133

[25] Hülber, a.a.O., S. 178

[26] David Krasser, Geschichte des sächsischen Dorfes Großpold. Hermannstadt 1890, S. 81

[27] Zum Thema „Landlerisch" hat der Dialektforscher W. Schabus eine Publikation in Vorbereitung.

[28] Wenn ich das Wort „Zigeuner" verwende, so ist dies in keiner Weise abwertend gemeint, vielmehr verwende ich hier einen allgemein gebräuchlichen Ausdruck.

[29] Vgl. dazu meine Diskussion über den Fremden. In: R. Girtler, Kulturanthropologie. München 1979, S. 39 ff

[30] R. Girtler, Aschenlauge. Bergbauernleben im Wandel. Linz 1988

[31] Das Wort „Irtengänger" (oder Ürtenträger) kommt von den Handwerkerzünften, wie Martin Bottesch meint. Der „Irten" war der Willkommensgruß, der dem ankommenden Gesellen dargebracht wurde. Derjenige, der ihn darbrachte, war der Irtengeselle oder Irtenträger.

[32] Zum Thema Tracht vgl. näher: Lore-Lotte Hassfurther, Landler-Vergessene altösterreichische Tracht in Siebenbürgen. 1989

[33] Zitiert nach: Julius Strnadt, Der Bauernkrieg in Oberösterreich, S. 122.

Literatur

Erich Buchinger, Die „Landler" in Siebenbürgen. Vorgeschichte, Durchführung und Ergebnis einer Zwangsumsiedlung im 18. Jahrhundert. München 1980

Roland Girtler, Aschenlauge. Bergbauernleben im Wandel. Linz 1988

Ders., Kulturanthropologie. München 1979

Ders., Methoden der qualitativen Sozialforschung. Wien 1980

Norbert Hanrieder, Der oberösterreichische Bauernkrieg. Hrsg. vom Stelzhamer-Bund. Linz 1923 (1. Aufl. 1907)

Lore-Lotte Hassfurther, Landler – Vergessene altösterreichische Tracht in Siebenbürgen. 1989

Hans Hülber, Die Transmigration evangelischer Bauern aus dem Raum Pfarrkirchen–Bad Hall nach Siebenbürgen während der Herrschaft Maria Theresias. In: Oberösterreichische Heimatblätter 1981, Heft 3/4

David Krasser, Die Geschichte des sächsischen Dorfes Großpold. Hermannstadt 1890

Wilhelm Heinrich Riehl, Wanderbuch, 2. Teil zu „Land und Leute". Stuttgart 1903 (1. Auflage 1861)

Wilfried Schabus, Die Siebenbürger Landler im Auswanderungsfieber. Feldforschungsprojekt. Maschinegeschr. Manuskript, Wien 1990

Julius Strnadt, Der Bauernkrieg in Oberösterreich. Wels 1924

Ernst Wagner, Geschichte der Siebenbürger Sachsen. Innsbruck 1987

Max Weber, Protestantische Ethik. Hamburg 1972